역주행 고려사

고려거란전쟁 편

알고 봐도
흥미진진한
역사 이야기

역주행 고려사

고려거란전쟁 편

박종민 지음

중앙books

역사는 쉽고 재밌는 하나의 '이야기'

'역사' 하면 어떤 이미지가 떠오르시나요? '딱딱하고 재미없는 것'이라는 생각이 들지 않나요? 많은 사람들에게 역사는 흔히 지루한 것이라 여겨지곤 합니다. 하지만 저에게는 역사가 그 무엇보다 재미있습니다.

사람들은 '이야기'를 좋아합니다. 영화도, 드라마도, 만화도, 소설도 전부 하나의 이야기이죠. 그런데 영화나 드라마는 재밌게 보더라도 역사는 재미없어 하는 사람들이 많습니다. 아무래도 학교에서 교과서로 역사를 접하다 보니 역사란 단지 '딱딱하고 외울 게 많은 학문'처럼 여겨지기 때문인 것 같은데요.

그렇다면 역사를 그냥 하나의 '이야기'로 바라보는 건 어떨까요? 영화나 드라마는 '가상'의 이야기지만 역사는 '실제'로 과거에 벌어졌던 이야기입니다. 영화나 드라마보다 더 흥미로울 거라 생각되지 않으세요? 저는 유튜버로서 역사 콘텐츠를 다룰 때 '선조들의 삶을 통해 세상을 살아가는 지혜를 얻자'라든가 '역사를 잊은 민족에게 미래는 없다'와 같은 거창한 의미를 담으려 하지 않습니다. 그런 건 잘하시는 분들이 이미 너무 많으니까요.

제가 추구하는 목표는 딱 하나입니다. 바로 '재밌게'입니다. 역사를 '재밌게' 다루자. 그렇게 탄생한 것이 바로 저의 유튜브 채널 '역주행-조선왕조실록'입니다. 채널명은 '조선왕조실록'이지만 조선사뿐만 아니라 세계사나 일본사, 고려사도 다루며 점점 영역을 넓혀가고 있습니다. 또한 역사를 쉽고 재밌게 전달하기 위해서 그림과 애니메이션 그리고 다큐멘터리나 영화, 드라마 등의 형식을 활용하여 여러 방식으로 영상을 제작하고 있는데요. 이를 통해 더 많은 사람들이 역사의 재미를 느끼고 역사에 관심을 가지게 되었으면 좋겠습니다.

유튜브에서 애니메이션 형태로 역사 콘텐츠를 만들고 있지만, 먼저 대본 작업을 거치기에 이 글들을 잘 정리해서 언젠가는 꼭 책을 내고 싶다는 생각을 항상 가져왔습니다. 그러던 중 KBS에서 방영된 드라마 〈고려거란전쟁〉의 인기에 힘입어 고려거란전쟁을 다룬 제 채널 영상들도 흥행에 성공해 이렇게 출간까지 이어지게 됐는데요. 영상에서 모두 담지 못한 이야기들과 부족한 자료들까지 보충해 놓았기에 이미 영상을 보셨더라도, 이 책이 또 다른 재미를 선사해드릴 수 있으리라 믿습니다.

전투 하나하나, 살펴볼수록 더욱 재밌는 고려거란전쟁

사실 고려거란전쟁은 우리 한반도 역사에 있어왔던 전쟁 중에서 인지도가 별로 없는 축에 속했습니다. 교과서에서도 '서희의 외교담판', '강감찬의 귀주대첩' 정도만 짚고 넘어가는 정도였죠.

그런데 이렇게 낮은 인지도에 비해 고려거란전쟁은 사실 규모 면에서도, 고려사에 끼친 영향 면에서도 어마어마한 존재감이 있는 사건입니다. 전쟁 기간 동안 동원된 양측 군대의 규모만 하더라도 최소 거란군 40만, 고려군 40만 이상이 동원되었으며, 그 외 여러 차례에 걸친 국지전과 각 성에 주둔하고 있던 주둔군, 그리고 식량과 보급 등을 챙기는 후방부대까지 더하면 상상을 초월하는 어마어마한 인력이 동원되었을 겁니다. 게다가 이 전쟁을 통해 고려는 지방 호족과의 연합국가적 성격을 띠다가 중앙집권적 국가로 한 단계 성장하기도 했습니다.

더 중요한 건 전투 하나하나가 너무 재밌다는 겁니다. 수십만 대 수십만이 격돌하는 '대회전'부터 '기습', '야습'은 말할 것도 없고요. 항복을 했다가 말았다가 하면서 거짓 항복으로 적을 기만하는 '기만 전술'뿐만 아니라, 성을 그냥 지나쳐 수도로 직공하는 '전격전', 그리고 소수의 결사대가 목숨을 걸고 수만의 포로를 해방시키는 '포로 탈환전'까지. 딱딱하고 지루하고 외울 것만 많은 역사 수업이 아니라 진짜 재밌는 전쟁 이야기를 원하는 분들을 위한 책이니 가벼운 마음으로 재밌게

즐겨주시면 감사하겠습니다.

마지막으로 저에게 이렇게 좋은 기회를 주시고 출간까지 함께 노력해주신 중앙북스 장여진 에디터님께 감사드리고요. 이 책을 만드는 데 애써주신 모든 분들께 감사드립니다. 항상 저를 응원해주고 격려해주는 저의 가족에게 감사를 전합니다.

2024년 봄, 박종민

차례

역주행 고려사
고려거란전쟁 편

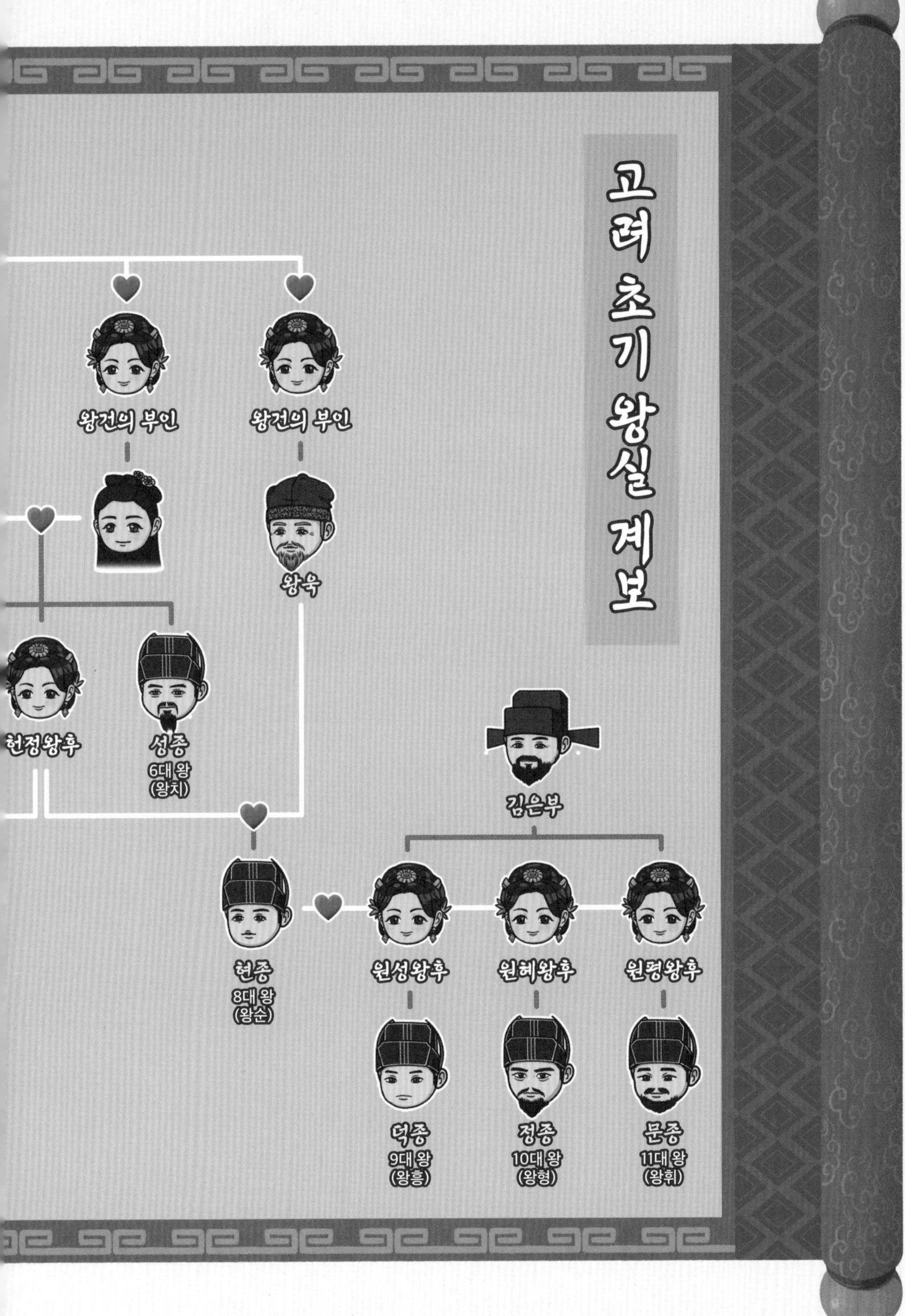
고려 초기 왕실 계보
왕건의 부인
왕건의 부인
왕욱
헌정왕후
성종
6대 왕
(왕치)
김은부
현종
8대 왕
(왕순)
원성왕후
원혜왕후
원평왕후
덕종
9대 왕
(왕흠)
정종
10대 왕
(왕형)
문종
11대 왕
(왕휘)

PART 1

1차 고려거란전쟁

견훤은 실패했는데 왕건은 성공한 이유
고려의 건국

◐ 폭군 궁예의 몰락, 고려의 건국 ◑

서기 676년 마침내 신라가 삼국을 통일하여 통일신라가 탄생합니다. 통일신라는 한동안 평화로웠습니다. 하지만 시간이 지나면 물이 고이고 고인 물은 썩어가는 법. 통일신라도 시간이 갈수록 점점 쇠퇴하기 시작하는데요. 신분제가 무너지고 중앙정부는 힘을 잃었고, 지방에서는 호족들이 세력을 키워갔으며, 호족과 나라의 핍박에 못 이긴 백성들은 난을 일으켰죠.

전국 각지에서 반란을 일으킨 자들은 점차 세력을 키워 왕을 자처하고 나섰는데, 대표적으로 후백제의 견훤, 후고구려의 궁예가 그러했죠. 그리하여 마침내 후삼국시대가 개막했습니다.

후삼국시대의 개막

그러던 어느 날 거침없이 세력을 확장해가던 궁예에게 한 호족이 스스로 복속해옵니다. 바로 송악(개성)을 다스리던 왕륭이라는 자였습니다. 궁예는 기뻐하며 그의 아들 왕건을 송악의 성주로 삼았죠. 왕건은 특히 전쟁에서 탁월한 재능을 보였습니다. 따라서 왕건은 궁예의 칼이 되어 계속해서 군공을 쌓으며 마침내 후고구려의 2인자 자리까지 올라갑니다.

시간이 지나며 후고구려가 점점 강성해지자 궁예는 교만해지기 시작했습니다. 화려한 궁궐을 짓고 호화로운 의복을 입었을 뿐만 아니라 스스로 미륵불을 자처하며 불경을 짓고 불법을 설파하기까지 했어요. 또한 관심법으로 사람의 마음을 꿰뚫어볼 수 있다면서, 증거도 없이 트집을 잡아 신하를 마구 죽이기 일쑤였죠.

이처럼 궁예는 공포정치를 통해 절대왕권을 추구해갔습니다. 그러던 어느 날, 궁예의 칼 끝이 왕건에게까지 향합니다. 궁지에 몰린 왕건은 선수를 치기 위해 미리 세력을 규합하여 하루아침에 궁궐로 쳐들어가 궁을 장악해버렸죠.

그렇게 후고구려를 손에 넣은 왕건은 국호를 고려로 바꾸고 고려의 초대 왕으로 즉위합니다. 한편 궁예는 홀로 도망쳤으나 백성의 손에 처참하게 맞아 죽었습니다.

◐ 고려의 삼국 통일 ◑

왕건이 폭군 궁예를 몰아내고 왕위에 올랐으나 아직 고려 조정은 안정을 찾지 못했습니다. 궁예의 독심술이 허황한 건 아니었는지 계속해서 반란 모의가 일어났고, 심지어 실제로 반란이 일어나기도 했죠. 하지만 왕건은 이들을 차례로 진압하며 점차 조정을 안정시킵니다.

한편, 고려 인근 지역들에서 고려로 복속해오는 자들이 늘어나면서 고려의 영향력은 날로 커져만 갔습니다. 게다가 북쪽에선 거란이 발해를 멸망시키면서 발해의 태자까지 고려로 귀순해왔죠. 그렇게 한반도의 패권 다툼은 고려와 후백제의 양강구도가 되었습니다.

토지는 고려가 더 넓었지만 후백제는 한반도에서 가장 비옥한 토지인 전라도를 차지하고 있었기에 생산력도, 인구도 적지 않았습니다. 또한 고려의 왕건과 후백제의 견훤, 둘 다 왕으로 손색없었어요.

하지만 이 둘에겐 결정적인 차이가 하나 있었으니 바로 신라를 대하는 태도였죠. 이즈음 신라의 영향력은 수도인 서라벌 근교에만 뻗치는 정도였으며, 힘을 완전히 잃고 상징적인 국가로 전락해버리고 말았습니다. 견훤은 신라를 무너뜨려야 할 구왕국이라 생각했습니다. 따라서 신라에 쳐들어가서 그 영토를 자신에게 복속시키고자 했어요.

하지만 왕건은 달랐습니다. 왕건은 지금 신라가 비록 힘은 약해졌을지라도 1000년이나 이어진 신라의 정통성과 그 상징적인 가치를 절대 무시해서는 안 된다고 생각했어요. 이러한 구왕국의 상징적인 가치는 여러 나라의 역사에서 손쉽게 찾아볼 수 있습니다.

중국 삼국지 시대에 한나라가 유명무실한 존재가 됐음에도 조조는 쉽사리 황제를 폐위시키지 못했습니다. 조선의 이성계도 똑같아요. 위화도 회군을 한 시점에 이미 고려를 완전히 장악했음에도 불구하고 곧바로 왕위에 오르지 않아요. 조조와 이성계 둘 다 이전 황제나 왕에게 권한을 넘겨받는 식으로 일을 진행했습니다. 그래야만 민심이 진정으로 새 나라를 따를 거라는 걸 알았기 때문이죠.

왕건도 이걸 정확히 알고 있었습니다. 그래서 신라와 화친을 맺고 후백제가 신라를 쳐들어갈 때마다 원군을 파견해 신라를 구해줬어요. 하지만 견훤의 기세는 쉽사리 꺾을 수 없었습니다. 오히려 고려가 밀리는 듯한 상황까지 벌어지곤 했죠. 영원히 끝나지 않을 것처럼 두 나라가 팽팽한 싸움을 이어가던 어느 날, 예상치 못한 곳에서 이 균형을 깨트리는 사건이 발생합니다.

견훤에겐 아들이 10명이나 있었습니다. 이들 중 견훤이 가장 총애했던 아들은 바로 넷째 아들이었는데요. 이 시절엔 장남이 후계를 이어받는 게 당연했는데, 대놓고 넷째를 편애하니 첫째 입장에선 당연히 위기감을 느꼈겠죠? 그래서 첫째가 반란을 일으켜서 견훤을 절에 가두고, 견훤의 총애를 받던 넷째를 죽이게 됩니다.

그런데 얼마 안 있어 견훤이 감시가 허술한 틈을 타 탈출했고, 왕건을 찾아가 그에게 복속해버립니다. 왕건은 이게 절호의 기회라는 걸 단번에 알아챘죠. 그래서 견훤을 극진히 대접하며 온갖 정성을 다해 환영해주었어요. 그러자 얼마 후 신라의 마지막 왕도 왕건을 찾아와 스스로 복속해버립니다. 왕건은 그 또한 극진히 대접해줬어요.

얼마 안 있어 고려와 후백제 사이에 최후의 결전이 벌어졌습니다. 대세는 이미 고려로 기운 상황이었기에 싸움은 손쉽게 고려의 승리로 끝났죠. 936년, 마침내 고려가 한반도를 통일합니다.

◐ 왕건의 두 아들, 혜종과 정종 ◑

삼국 통일이라는 대업을 완성했지만 아직 태조 왕건은 안심할 수 없었습니다. 고려도 지방 호족에서 시작해 성장한 나라였기에 여전히 지방 호족 세력의 힘이 막강했는데요. 아직 이들을 제거할 만큼 중앙집권력이 확보되지 않은 상황이었기에 태조는 이들과 대적하기보다는 회유하는 쪽으로 방향을 잡습니다.

태조의 대표적인 회유책으로는 먼저 '혼인정책'이 있습니다. 태조는 유력 호족 가문의 딸들과 혼인을 맺어 전부 왕실세력으로 끌어들였는데요. 고려 건국 이전에 태조의 부인은 단 두 명뿐이었지만 건국 이후엔 무려 29명으로 불어납니다. 하지만 이걸로는 모든 호족세력을 회유할 수 없었습니다.

태조의 두 번째 회유책은 바로 '왕씨 성 하사'였습니다. 공이 큰 자에게 왕씨 성을 하사했는데, 이는 피가 섞이지 않았지만 태조와 한 가문으로 인정해주는 거였죠. 또한 유력 호족의 자제를 중앙 관리로 등용하고 토지도 하사하는 등 태조는 계속해서 회유책으로 호족의 마음을 달랩니다. 그런데 이걸 뒤집어보면 그만큼 고려의 왕권은 약하고 왕위는 불안했다는 뜻이 됩니다.

고려가 삼국을 통일한 지 7년여가 지난 943년, 태조는 병에 걸려 드러눕더니 얼마 후 숨을 거두고 맙니다. 재위 26년, 향년 67세였죠.

태조에 이어 왕위에 오른 자는 장남 왕무로 그가 바로 고려 제2대

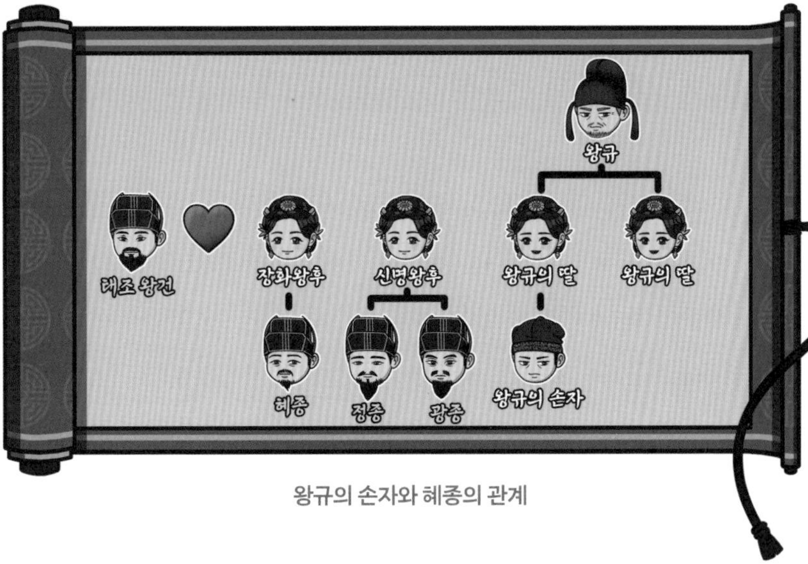

왕규의 손자와 혜종의 관계

왕, 혜종입니다. 고려 제2, 3, 4대 왕은 전부 태조의 아들이 물려받습니다. 여기서부터 눈여겨봐야 하는데요. 일단 《고려사》에 적힌 내용은 이렇습니다.

당시 고려 조정의 넘버 원, 투는 박술희와 왕규였습니다. 이 중 왕규는 자신의 두 딸을 태조에게 시집보냈는데 그중 한 명이 아들을 낳아요. 즉 고려 제일의 실권자인 왕규의 손자는 태조 왕건의 아들이자 혜종의 이복동생이었던 거죠.

왕규의 손자가 나이는 어리지만 그래도 왕의 핏줄이니 어찌어찌하면 왕이 될 수도 있지 않을까요? 그래서 왕규는 자기 손자를 왕위에 올리기 위해 역모를 계획합니다. 왕규는 먼저 혜종이 잘 때 자객을 들여

보냈는데 혜종은 그를 단숨에 때려 죽입니다. 그런데 이상하게도 혜종은 배후가 왕규라는 걸 알면서도 왕규에게 별다른 처벌을 내리지 않습니다.

얼마 후 왕규는 한 번 더 자객을 보냈는데 이번에도 암살은 실패합니다. 이번에도 혜종은 별다른 반응을 보이지 않아요. 그러고 얼마 안 있어 혜종이 죽습니다. 또 암살이냐고요? 아니요. 그냥 병들어서 죽어요. 왕위에 오른 지 고작 2년 만에 33세의 나이로 죽습니다.

혜종이 죽자 그의 동생 왕요가 왕위에 오르니 그가 바로 고려 제3대 왕, 정종입니다. 그런데 여기서부터가 중요해요. 고려의 두 실세가 박술희와 왕규라고 했죠. 이 중에 왕규가 자꾸 역모를 꾀했고요. 그런데 정종이 왕위에 오른 바로 다음 날 박술희가 죽습니다. 그 경위는 이렇습니다.

혜종의 병세가 심해지자 박술희와 왕규가 서로 대립하기 시작했는데, 박술희는 암살당할까 봐 두려워서 호위를 100명이나 끌고 다녔어요. 그런데 정종은 그 모습을 오해해서 박술희가 역모라도 벌이려는 줄 알고 유배를 보내버려요.

그러자 왕규는 '이때다!' 하면서 왕이 보냈다고 거짓말을 하고는 박술희를 처형해버립니다. 자, 이제 자기를 막는 자도 없겠다, 왕규는 곧장 군사를 모아 반란을 일으키려 했습니다. 그런데 그때, 왕규가 반란을 일으킬 걸 이미 알고 있던 정종이 먼저 군대를 모아서 그를 제압해버립니다. 왕규를 따르던 세력 300여 명을 전부 죽였죠.

여기까지가 《고려사》에 적힌 왕규의 반란에 대한 내용입니다. 그런데 이상한 점이 너무 많지 않나요? 혜종이 살아 있을 때 왕규가 두 번이나 자객을 보냈는데, 어째서 혜종은 이걸 그냥 넘어갔는지, 혜종에게 지병이 있던 것도 아닌데 30대 초반에 갑자기 무슨 병이 들어서 죽었는지, 죽을 병이 났으면 후계라도 세웠을 텐데 왜 후계도 세우지 않았는지, 혜종이 죽은 후 어째서 후계 논의도 없이 그날 바로 정종이 왕위에 올랐는지, 정종은 왕규의 반란을 어떻게 알고 미리 군대를 모아놨는지 의문투성이입니다.

고려는 어떻게 성장했을까

고려의 성장

◐ 왕규의 난일까, 왕자의 난일까? ◑

학자들은 '정종의 반란'이라는 가설을 제안합니다. 뜬금없이 왜 정종이 반란을 일으켰다고 할까요? 왜냐하면 《고려사》에 단서가 하나 있거든요. 《고려사》에는 이 모든 일이 일어나기 전 하나의 중요한 사건이 기록돼 있습니다.

어느 날 왕규가 혜종을 찾아와 말합니다.

왕규 폐하, 왕요, 왕소 형제가 반란을 꾀하는 듯하옵니다.

여기서 왕요(정종), 왕소(광종)는 태조 왕건의 셋째, 넷째 아들입니다. 둘째 아들은 '태자태'라고 있었는데 일찍 죽었는지 기록에 등장하질 않아요. 아무튼 왕요와 왕소는 혜종한테는 이복 동생들이었는데요. 그런데 혜종은 왕규의 말을 듣고도 그냥 무고로 넘겨버립니다. 뿐만 아니라 두 동생을 더욱 알뜰히 보살피죠. 그런데 만약 이 보고가 진짜였다면 어떻게 될까요?

사실 왕요와 왕소는 진짜로 반란을 모의했으나 혜종은 이들이 동생이기에 그냥 넘어가줬습니다. 그런데 둘은 여기서 멈추지 않고 진짜 자객을 보낸 거예요. 그것도 두 번이나. 그런데 혜종은 이 문제로 두 동생을 처벌할 수가 없었습니다. 왜 그럴까요?

앞서 고려는 아직 왕권이 약하고 호족이 세다고 했어요. 혜종은 집안은 별로 좋지 않았지만 단지 태조의 장남이라 왕위에 오를 수 있었습니다. 반면 왕요와 왕소는 강력한 호족 가문 출신이라 이들의 힘을 등에 업고 있었습니다. 그래서 혜종도 섣불리 이 둘에게 죄를 물을 수 없었던 거죠.

그러던 어느 날 젊고 창창한 혜종이 갑자기 병에 걸립니다. 근데 혜종은 어느 정도 투병 생활을 했으면서 어째서인지 후사를 정하지도 않고 유언도 남기지 않고 그냥 죽어요. 왕요가 왕위를 잇는 게 당연했다면 혜종이 죽기 전에 말 한마디 정도는 하지 않았을까요?

어쨌든 혜종은 후계를 정하지 않고 죽었으나 왕요는 이미 세력도 포섭해놨고 계획도 다 짜놨기 때문에 혜종이 죽은 그날 바로 왕위에 오를 수 있었죠.

이제 문제는 박술희와 왕규입니다. 이들은 정종과 딱히 이해관계가 없었기 때문에 정종을 중심으로 한 세력에 대항할 수도 있었거든요. 그래서 정종이 이렇게 했을 거라는 해석이 있습니다.

정종이 먼저 박술희를 유배 보낸 후 몰래 죽인 거예요. 그러고는 명분이 부족하니까 왕규한테 덮어씌운 거죠. '왕규가 애초부터 반란을 일으키려 했기에 기회를 틈타 박술희를 죽인 것'이며, '그러고 보니 옛날에 혜종한테 자객을 보낸 것도 왕규가 한 거였네?'가 된 거죠.

박술희를 죽였으니 다음 타깃은 왕규였죠. 왕규한테는 이미 역모 혐의를 씌워 놨으니 죽이기도 편했을 겁니다. 그래서 정종은 미리 모아둔 군사로 왕규를 제압한 다음 이렇게 발표합니다.

'왕규가 반란을 일으키려 했는데 다행히도 내가 먼저 눈치챘기에 미리 군사를 준비해놨다가 왕규를 제압했다.'

영화 한 편 뚝딱이죠?

이렇게 보니 뭔가 어긋나 있던 퍼즐 조각이 딱 맞아떨어지지 않나요? 물론 이게 정답이란 건 아니에요. 왕규도 나름 고려 제일의 실권자인 데다 자기 손자가 고려의 왕자이기도 하니 조금만 더 욕심내서 손자를 왕으로 만들어보려고 했을 수도 있겠죠.

따라서 그냥 이런 해석도 있다는 정도로만 알면 됩니다. 만약 이게 사실이라면 그야말로 '고려판 왕자의 난'이라고 불러야 하지 않을까요?

왕규의 난이 진짜든, 왕자의 난이 진짜든, 어쨌든 정종은 혜종에 이어 고려 제3대 왕으로 등극합니다. 근데 뭔가를 해볼 새도 없이 고작 4년 만에 병에 걸려서 죽어버려요. 당시 정종에겐 아들이 하나 있었는데 문제는 이 아이가 너무 어렸어요.

나라가 건국된 뒤 한 거라곤 전쟁과 반란밖에 없었는데 이 어린아이를 왕위에 올렸다간 무슨 일이 일어날까요? 또 반란이 일어나면 괜히 어린 아들만 죽게 될 테니 정종은 분란을 만들지 않기 위해 동생인 왕소를 후계로 정합니다. 그렇게 정종이 죽고 왕소가 왕위에 오르니 그가 바로 고려 제4대 왕, 광종입니다.

이때부터 고려가 좀 기틀을 잡기 시작합니다. 광종은 초반 7년 동안은 조용히 지내요. 왕위가 안정될 때까지 차분히 기다린 거죠. 그러나 사실 다른 생각을 품고 있었습니다. 고려는 아직 호족의 힘이 너무 세서 중앙집권력이 너무 약했어요. 그래서 광종은 왕위에 있는 동안 계속해서 호족의 힘을 억제하고 왕권을 강화하려 했어요.

그 첫 번째 시도는 바로 노비안검법을 제정한 겁니다. 노비안검법이란 불법으로 노비가 된 자들을 해방시켜서 양민으로 만드는 제도였습니다.

노비는 호족의 힘을 나타내는 중요한 지표 중 하나였어요. 노비의 수가 많다는 건 그만큼 많은 노동력을 동원해 많은 물자를 생산할 수 있다는 거였고, 또 이들을 무장시켜서 사병으로 만들면 군사력도 확보할 수 있기 때문이죠.

반면 노비가 많을수록 나라 입장에서는 손해가 커집니다. 노비는 세금도 안 내고 부역에 동원할 수도 없으며 군대로 차출할 수도 없기 때문인데요. 따라서 노비를 양민으로 돌릴수록 호족의 힘은 약화하고 왕권은 강화될 수 있었던 거죠.

또한 광종은 한반도 역사상 최초로 과거제를 실시해 시험으로 인재를 등용하기 시작합니다. 당시 관료들은 다 호족세력이랑 엮여 있었거든요. 시험으로 관료를 뽑으면 이들은 호족과 연줄이 없을 것이고, 그러니 왕권 강화에 도움이 되는 거죠.

또한 광종은 중국인이 고려로 귀화할 경우 이들을 적극적으로 관직에 등용합니다. 이들도 호족세력에 기반을 두지 않으니 왕권 강화에 도움이 됐겠죠.

그뿐 아니라 정종, 광종 대에 걸쳐서 대대적인 숙청 작업도 진행됩니다. 사실 이게 가장 커요. 대놓고 죽이는 거니까요. 이렇듯 왕권 강화에 힘쓰던 광종은 975년, 재위 26년, 향년 51세를 일기로 세상을 뜨고 맙니다. 그리고 그를 뒤이어 아들이 왕위에 오르니 그가 바로 고려 제5대 임금, 경종입니다.

경종은 재위 초반엔 나름 이것저것 정책을 시행하려 했습니다. 그런데 경종 5년에 한 차례 반역이 일어났다가 진압되는 사건이 발생해요. 무사히 진압은 했지만 경종은 이 일로 인해 관료들과 대립하며 나라를

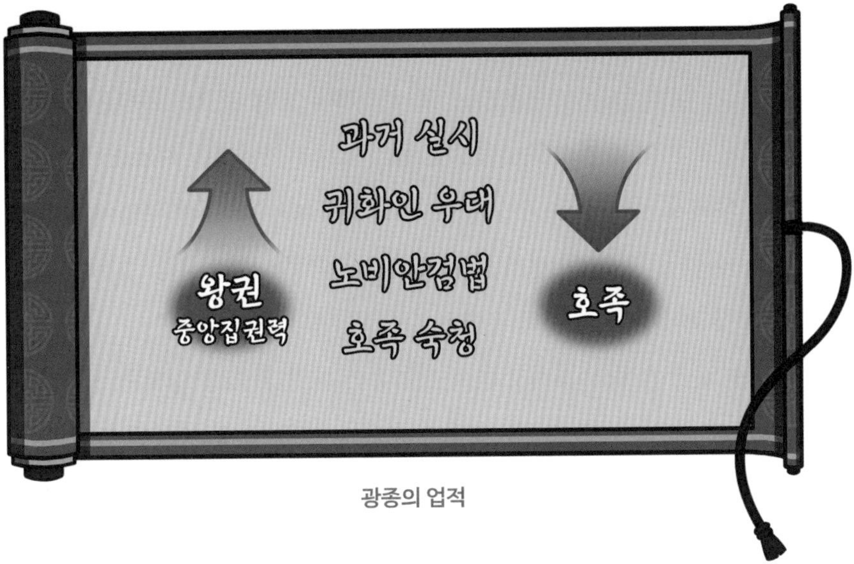

광종의 업적

이끌어가는 데 회의감을 느낀 것 같아요. 그래서 그 뒤로 정사는 내팽개치고 밤낮으로 음주가무를 즐기며 시도때도 없이 여인을 탐하기만 했죠.

그렇게 한 1년 정도 방탕한 생활을 즐기던 경종은 이로 인해 심신이 약해졌는지 경종은 재위 6년, 고작 25세의 나이로 병을 얻어 세상을 뜨고 맙니다.

경종에겐 아들이 하나 있었는데 경종이 병세로 앓아누웠을 때 이 아이는 고작 두 살밖에 안 되었습니다. 아직 말도 못 하는 이 어린아이에게 왕위를 넘겨주기엔 아무래도 불안했겠죠? 그래서 경종이 찾은 대안은 바로 개령군 왕치에게 왕위를 넘겨주는 것이었습니다.

그럼 왕치는 누구냐, 왕치는 경종의 사촌이자 처남이자 매제였습니다. 이게 대체 무슨 소리냐고요? 고려 초기에 고려 왕실엔 근친혼이 횡행했어요. 아마 왕가의 순수혈통을 유지하기 위함이었을 거예요.

경종에겐 왕비가 넷, 후궁이 하나, 이렇게 총 다섯 명의 부인이 있었는데, 이들 중 무려 네 명이 모두 태조 왕건의 손녀였습니다. 그런데 경종도 태조의 손자죠. 그러니 애초에 이 네 명의 부인은 경종의 사촌 누이들이었던 거예요. 그리고 왕치는 경종의 부인들 중 두 명의 동생이었고요. 왜 한 명이 아니라 두 명의 동생이냐고요? 그 두 명의 부인이 서로 자매였거든요.

자, 왕치와 경종은 둘 다 태조의 손자니까 둘이 사촌이죠. 그런데 왕치가 경종 아내의 동생이니까 처남이기도 하죠. 그럼 매제라는 건 또 무슨 뜻일까요? 경종의 여동생 남편이 왕치입니다. 여동생 남편이니까 매제죠. 그래서 왕치는 경종의 사촌이자 처남이자 매제가 되는 겁니다.

머리가 터질 것 같죠? 이걸 외울 필요는 없어요. 그냥 고려 왕실에 근친혼이 하도 많아서 경종과 왕치는 여러모로 많이 엮여 있는 관계였기 때문에 경종이 그에게 왕위를 물려준 거라고 이해하면 됩니다.

어쨌든 개령군 왕치가 왕위에 올라 고려 제6대 왕인 성종이 됩니다. 성종은 21세의 나이로 왕위에 올랐어요. 묘호에 '이룰 성'자가 들어가면 뭔가 큰일을 해냈다는 뜻입니다. 그럼 성종은 어떤 업적을 쌓았을까요?

성종은 먼저 언로를 엽니다. 이게 무슨 말이냐? '언로'란 말씀 언言에 길 로路, 말의 길을 연다는 뜻입니다. 즉 '신하가 왕에게 이 말 저 말

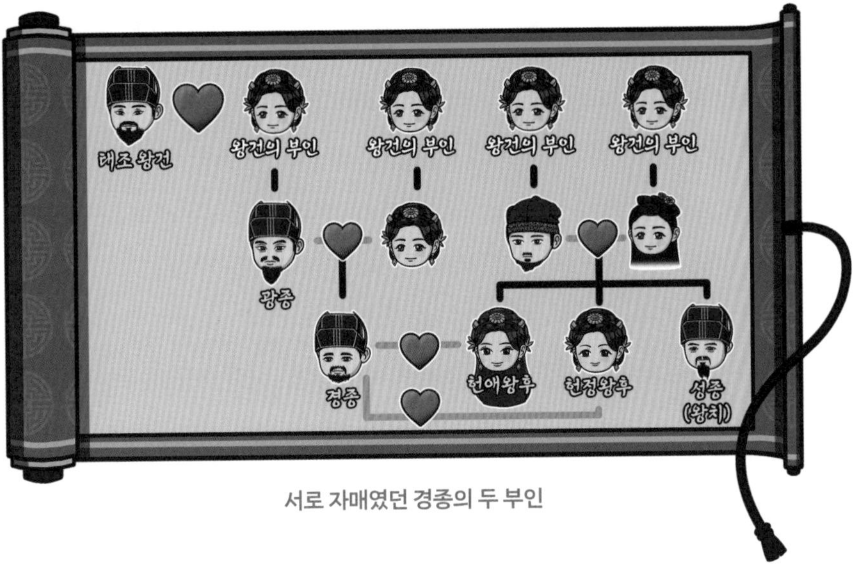

서로 자매였던 경종의 두 부인

다 할 수 있는 환경을 만들었다'라는 겁니다.

또한 성종은 불교보다 유교를 더 중시했습니다. 불교는 그냥 종교적으로만 두고, 국가 운영은 유교의 방식을 따르려 했어요. 그래서 유학의 보급을 장려하고 유교적 소양을 갖춘 인재를 기르기 위해 국자감을 세웠는데요. 국자감은 조선으로 치면 성균관이라고 보면 됩니다.

이때부터 본격적으로 유학자들이 정계에 등장했습니다. 유학은 중국에서 왔으니 유학자들은 중국의 송나라를 좋아했겠죠. 그래서 성종은 고려의 관제도 중국식으로 고칩니다. 이걸 '3성 6부제'라고 합니다. 그냥 '중국 것을 도입했다'라고만 알아도 충분해요.

게다가 성종은 지방제도도 개편합니다. 전국을 10개의 도道로 나누고 12개의 대도시를 선정해 목牧이라고 불렀죠. 또한 12개의 목에 절도사를 파견했어요. 이건 또 무슨 뜻일까요? 중앙에서 각 지방을 관리하기 쉽게 지역별로 묶어 놓은 다음에 그곳을 관리하는 관료를 파견한 거예요. 그럼 중앙의 입김이 지방까지 닿게 되니 중앙의 힘이 세졌겠죠? 반대로 지방의 실력자였던 호족은 힘이 약해졌을 것이고요.

여기에 더해 성종은 군사제도까지 개편합니다. 그전까지 고려의 군대는 중앙정부의 통제를 받는 국왕군과 지방 호족이 직접 소유한 사병으로 나눠져 있었어요. 그런데 성종은 각 지방에 절도사를 파견한 다음 그 지역의 군사들을 절도사가 관리하게 합니다.

그럼 호족이 관리하던 사병이 절도사 밑으로 들어오게 되니, 호족의

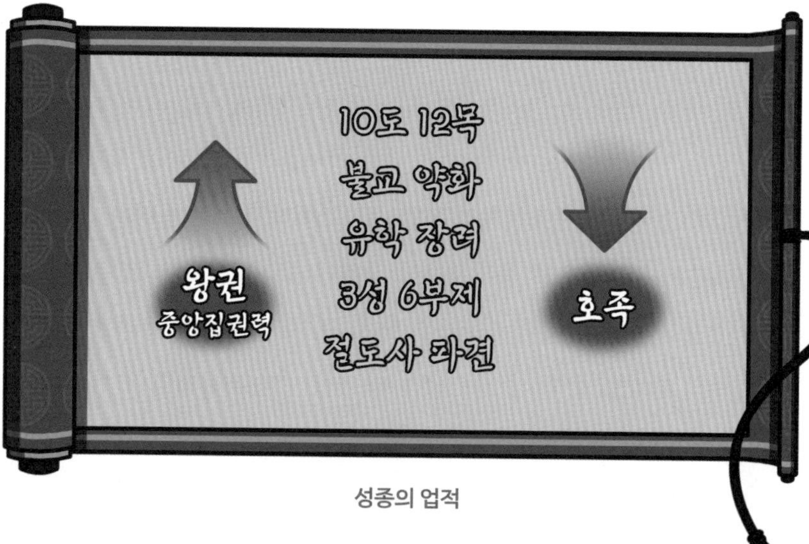

성종의 업적

힘은 약해지고 중앙의 힘은 세졌겠죠. 물론 그렇다고 막 한 번에 사병을 다 빼어오지는 못했지만, 군제를 개편해서 차근차근 호족의 힘을 빼어오려고 했던 거예요.

요약하자면, 성종은 유교를 중시하고 중국과 친해졌으며, 지방 호족의 힘을 약화시키고 중앙집권력을 강화했습니다.

성종은 재위 기간 내내 열심히 일한 왕이었습니다. 너무 열심히 일한 나머지 그만 병을 얻고 말았죠. 그래서 재위 16년, 향년 36세에 결국 세상을 떠나고 맙니다.

그런데 성종 재위 기간에 우리가 앞으로 얘기할 중요한 사건이 하나 터집니다. 바로 거란의 1차 침략입니다. 지금까지 고려의 성장에 대해 알아봤는데요. 본격적으로 고려거란전쟁에 대해 알아보기 전에, 이번엔 거란의 성장에 대해서도 알아봅시다.

거란이 중국을 집어삼키게 된 이유

거란의 성장

◐ 강력한 전투력을 가진 유목민족의 나라 ◑

이제부터 거란이라는 나라에 대해 한번 알아봅시다. 거란이 어떻게 성장했는지를 알려면 먼저 당나라의 멸망부터 살펴봐야 해요.

한국사에서 '나당연합'이라는 말을 들어봤을 거예요. 고구려, 백제, 신라 삼국이 서로 대립하던 시절에 신라가 당나라랑 연합을 해서 고구려, 백제를 무너뜨리고 통일신라를 세웠죠. 이때 등장했던 그 당나라가 907년에 멸망해요.

그런데 당나라가 멸망하고 바로 중국에 새 나라가 딱 세워진 게 아닙니다. 제일 중요한 지역인 중원을 차지한 나라가 하나 있고, 그 주변에 10개의 나라가 세워져요. 그런데 중원을 차지한 나라가 세워진 후

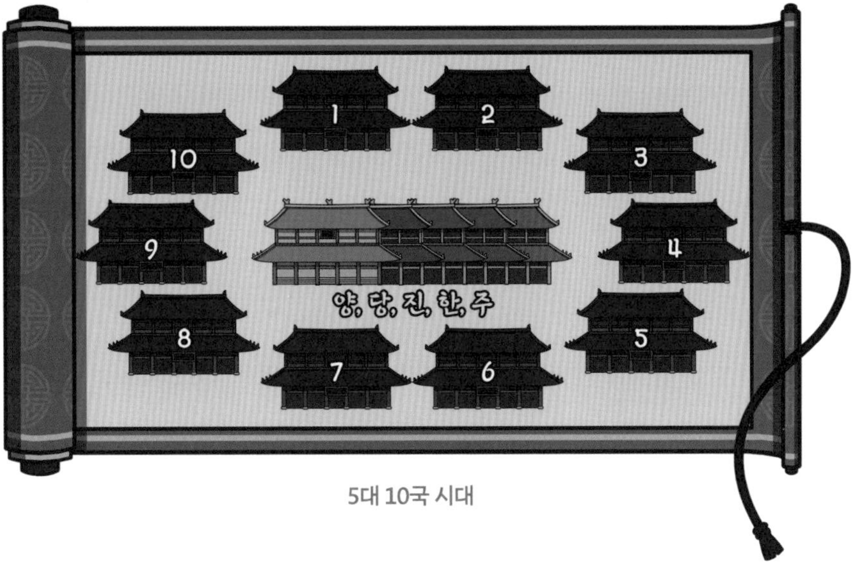

5대 10국 시대

멸망하고, 또 새로운 나라가 세워지고 멸망하는 것이 5번 반복됩니다. 중원에 세워진 나라가 5개, 주변에 있는 나라가 10개라 해서 이 시기를 '5대 10국 시대'라고 부릅니다.

이렇게 중국이 통일되지 않은 채 땅이 나뉘어 있으면 힘도 분산되겠죠. 자기들끼리 싸우느라 다른 데 간섭도 못할 것이고요. 이처럼 중국의 힘이 약해진 틈을 타 급격히 성장한 나라가 하나 있었으니, 그게 바로 거란족이 세운 '요나라'였습니다.

중국 땅을 보면 한반도 위쪽에 '요하강'이 있어요. 중국식 발음으로는 '랴오허강'이라고 부릅니다. 랴오허를 중심으로 강이 여러 갈래로 나뉘는데, 그중 하나를 '시라무렌강'이라고 부릅니다. 시라무렌강에 터를 잡고 살았던 유목민족이 바로 거란족이에요.

유목민족이란 말, 양 등을 키우면서 한 군데 정착하지 않고 돌아다니면서 사는 민족을 말합니다. 유목민족이라 하면 제일 유명한 몽골, 거란이 있습니다. 이들이 모두 유목민족인데 서로 사는 지역이 달라서 다른 이름으로 불린 거예요.

유목민족 하면 떠오르는 특징은 바로 말을 잘 탄다는 겁니다. 그 시대에 말을 잘 타는 능력은 굉장히 중요했어요. 말을 타고 싸우는 기병은 일반 병사인 보병에 비해 전투력이 월등히 높습니다. 게다가 이동력도 훨씬 커요. 그러니 백성이 전부 말을 잘 탈 수 있다는 건, 백성이 전부 강력한 군사가 될 수 있단 걸 뜻합니다.

그래서 예로부터 유목민족은 전투를 잘하기로 유명했습니다. 문제는 이들이 부족 단위로 떨어져서 생활하기 때문에 연합이 안 된다는 거예요. 자기들끼리도 많이 싸우고 주변국들과도 어떤 나라와는 화친을 맺고 또 어떤 나라는 약탈을 해요. 그러니까 각자 전투력은 센데, 한 나라를 뒤집어 엎을 정도의 힘은 안 나오는 거죠.

이들의 힘을 합칠 수만 있다면 실로 엄청난 힘이 생기는 거예요. 그 유명한 칭기즈칸이 몽골 민족을 통합했을 때 그 힘으로 중국은 물론 유럽까지 다 휘젓고 다녔잖아요. 그런데 그런 일이 이 시대에 또 한 번 일어납니다. 당나라가 멸망하고 중국이 갈라져서 힘이 약해진 때에 거란에서 흩어져 있던 거란 민족을 통합한 영웅이 탄생한 거죠. 그가 바로 요나라 태조 '야율아보기'입니다.

◐ 거란 민족을 통합한 영웅, 야율아보기 ◑

야율아보기는 키가 9척에 힘이 장사라 300근짜리 활도 당길 수 있었다고 합니다. 그럼 키가 270cm에 180kg짜리 활을 당길 수 있었다는 건데, 뭐 그러려니 합시다.

야율아보기는 부족장의 손자로 태어납니다. 그러나 어렸을 때 부족장이었던 할아버지가 피살당하자, 아버지가 혼자 살겠다고 도망치는 바람에 할머니가 그를 숨겨서 어렵게 키워요. 성인으로 성장한 야율아보기는 중국 내 혼란을 틈타 자신과 반목하는 부족장들을 한데 모아 잔치에 초대하고는 그들을 모두 죽입니다.

이때까지만 해도 거란은 8개 부족의 연합으로 이루어져 있었고, 그 연합의 맹주가 있는 형식이었습니다. 그런데 야율아보기가 반대파 족장들을 전부 죽였으니, 그는 모든 족장의 지지를 받아 맹주인 '칸'에 오를 수 있었죠. 몽골처럼 거란도 우두머리를 칸이라고 불렀어요.

그렇게 907년에 칸이 된 야율아보기는 이후 주변 지역을 점령하며 점점 세력을 넓히다가 10년 후인 916년, 황제의 자리에 오릅니다. 마침내 거란국이 탄생하는 순간이었죠.

황제에 오른 야율아보기는 곧장 다음 목표를 향해 움직입니다. 그 목표란 사방으로 땅을 넓히는 것도 있지만, 유목민족이 통합해서 나라를 세우면 결국 궁극적인 목표는 다 똑같습니다. 중국을 차지하는 것이죠.

야율아보기도 중국(당시 '후당')을 몇 번 쳐들어갔는데 이게 생각보다 쉽지가 않은 겁니다. 그래서 작전을 바꿔요. 일단 주변 민족, 국가부터 정벌하기로 한 거죠. 여러 군데서 동시에 싸우는 게 어렵다 보니 작은 나라들부터 정벌한 후 제대로 중국을 치려고 한 겁니다.

야율아보기의 첫 번째 목표는 몽골족이었습니다. 그는 서쪽으로 뚫고 나가면서 몽골족을 싸그리 정복해요. 서쪽으로 길을 뚫어놓으니까 이득이 하나 더 있었는데, 바로 동서 교역로를 장악하게 된 겁니다. 거란은 이를 통해 경제적으로도 크게 성장합니다.

야율아보기의 다음 목표는 바로 동쪽의 발해였습니다. 거란은 서방 개척이 끝나자마자 바로 군을 돌려서 동쪽의 발해에 쳐들어가는데요. 거란은 925년 12월에 출격해 바로 다음 달인 926년 1월에 발해로부터 항복을 받아냅니다. 발해의 국왕은 포로로 잡혔고 발해의 태자는 수만의 난민과 함께 고려로 귀순해왔죠.

하지만 이때 거란이 점령한 건 발해의 수도와 그 근방뿐이었습니다. 발해는 애초에 내분이 심한 상태였던지라 각 지방 세력이 살아남아 이후로도 수십 년간 발해부흥운동을 일으키며 거란을 괴롭혔죠.

아직 여진족과 고려가 남아 있긴 했지만 몽골과 발해를 복속시켰고, 중국은 이미 분열해서 힘이 약해져 있고, 한반도에도 후삼국시대가 열려서 자기들끼리 싸우느라 바쁘니, 거란은 당시 동아시아를 통틀어 최강대국으로 성장하게 됩니다.

◐ 야율요골 ◑

거란 통일의 영웅인 야율아보기는 발해 원정을 마치고 돌아오는 길에 병에 걸려서 사망하고 맙니다. 그러자 그의 아내가 잠시 섭정을 하게 되는데, 그녀는 후계에 위협이 될 것 같은 장수와 부인들을 한데 모으더니 이렇게 묻습니다.

야율아보기의 아내 선황제가 그리우냐?

장수들 예, 그립습니다.

야율아보기의 아내 그럼 얼른 저승에 가서 선황제를 뵈어야겠구나.

그러더니 이들을 전부 순장해버립니다. 순장이란 죽은 사람을 기리기 위해 산 사람을 산 채로 땅에 묻는 걸 말해요. 그렇게 위험세력을 전부 제거했으니 이제 후계자를 뽑아야 했는데, 야율아보기의 장남은 이미 어머니의 눈 밖에 난지라 차남 야율요골이 후계자로 뽑힙니다. 그렇게 야율요골이 황위에 오르니 그가 바로 거란국 제2대 황제, 태종입니다.

야율요골은 나라의 이름을 거란에서 '대요'로 바꿨는데, 그 뒤로도 후대 황제가 다시 이름을 거란으로 바꿨다가 또다시 대요로 바꿨다가 해요. 게다가 대외적으로는 같은 시기에도 스스로를 거란이라 했다가 대요라 했다가 하면서 혼용했습니다. 그래서 어느 쪽으로 불러도 맞지만, 편의상 이 책에서는 '거란'으로 통일해 부르겠습니다.

야율요골이 황위에 올랐을 때 요나라는 이미 동아시아 최강국에 올라 있었으나, 아직 만족을 하긴 일렀습니다. 왜냐하면 아직 중국을 차지하지 못했으니까요. 그러던 936년, 거란에 기가 막힌 제안이 하나 들어옵니다.

욕심이 부른 최악의 선택
연운 16주

◐ 거란에 바친 연운 16주 ◑

5대 10국 시대에 처음 중원을 차지한 나라는 '양나라'였는데 옛날에도 중국에 양나라가 있었어요. 그래서 이걸 구분하기 위해 이때 만들어진 양나라를 '후량(후양)'이라고 부릅니다. 그 뒤로 5번 바뀐 나라들의 이름도 똑같은 방식으로 '후량', '후당', '후진', '후한', '후주'라고 부릅니다. 그중 후당의 시대에 이런 일이 벌어집니다.

신하 중에 '석경당'이라는 사람이 있었는데 황제가 이 자를 죽이려 했어요. 그러자 위기를 느낀 석경당은 거란으로 달려가 태종에게 도움을 청합니다. 근데 이때 도움을 대가로 한 제안이 아주 가관이에요.

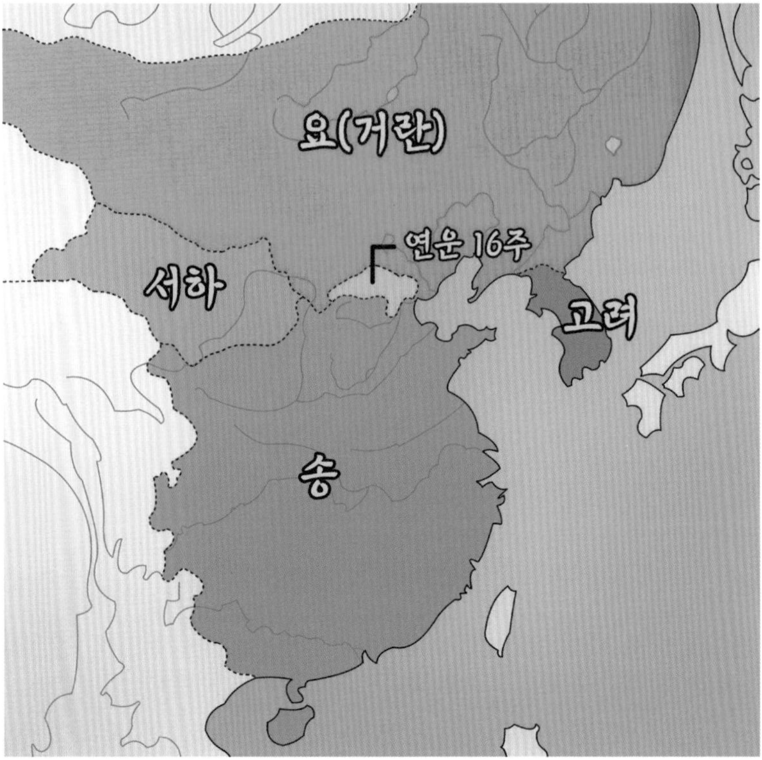

연운 16주

석경당　폐하께서 저를 도와 후당의 황제를 무찔러주신다면, 저는 평생 폐하의 아들이자 신하로 살 것이며, 막대한 공물과 함께 연운 16주를 폐하께 바치겠나이다.

거란 황제의 아들이 되겠다는 것도 모자라 막대한 공물에 땅까지 바치겠다니, 게다가 이 땅이 진짜 완전 알짜 땅이라 거란 입장에서는 이걸 안 도와주면 완전히 바보인 거죠. 그래서 태종은 곧장 5만 군사를 일으켜 후당을 쳐들어가서 나라를 멸망시킵니다. 그렇게 석경당은 후진이라는 나라를 세우고 후진의 초대 황제가 되죠.

여기서 석경당이 거란에 바친 연운 16주가 아주 중요합니다. 연운 16주는 지금의 북경, 베이징이 있는 지역으로 생산량이 어마어마했습니다. 이곳의 생산량만 하더라도 거란의 나머지 땅 전체를 합친 것보다도 많을 정도예요. 생산량이 풍부하니 인재도 워낙 많이 모였겠죠.

더 중요한 점은 연운 16주가 만리장성 안쪽에 있는 땅이었다는 겁니다. 연운 16주부터 중국의 가장 중요한 땅인 '하북'까지는 산도 없고 강도 없이 그냥 뻥 뚫려 있어요. 그런데 거란이 유목민족이고 말을 워낙 잘 타니 하북까지 고속도로 달리듯이 쭉쭉 밀고 들어갈 수 있겠죠. 그래서 중국은 거란을 막기 위해 연운 16주에 군사를 쫙 깔아놓고 만리장성에서 막고 있었어요.

그런데 그 땅을 거란한테 넘기겠다니 거란 입장에서는 '쌩큐'죠. 그 뒤로 중국과 거란의 싸움은 거란이 하북을 먹느냐, 중국이 연운 16주를 되찾느냐에 달리게 됩니다.

◐ 5대 10국 시대의 끝 ◑

후진의 황제가 된 석경당은 약속대로 거란을 아버지이자 주군으로 모시며 지극 정성을 다해 사대합니다. 그런데 석경당이 죽은 후 그의 아들은 거란을 아니꼬워해서 도발하게 됩니다. 이에 화가 난 거란의 태종이 후진을 멸망시키고 수도를 점령합니다.

여기서 태종이 실수를 한 게 있는데요. 바로 거란 병사들의 무자비한 약탈과 강간, 학살 등 잔혹한 행위를 내버려뒀다는 겁니다. 이에 분노한 후진의 잔존세력들이 계속 봉기를 일으켰고, 거란은 결국 3개월 만에 중원 점령을 포기하고 자기네 나라로 돌아가버립니다.

태종은 이때의 실패를 교훈 삼아 연운 16주를 다스릴 때 '이원적 통치체제'를 도입합니다. 연운 16주는 거란족이 아니라 한족이 주로 사는 지역이니, 거란의 방식이 아니라 한족의 방식대로 다스리겠다는 거예요.

그런데 후진 정벌을 마치자마자 태종은 병이 나서 금방 죽습니다. 뒤이어 세종이 즉위했지만 얼마 안 가 암살당했고요. 다음으로 즉위한 목종도 암살로 생을 마감하고 맙니다. 이처럼 거란 내부의 상황이 어지러웠기 때문에 한동안 중국 정벌을 손놓고 있었죠.

그럼 이 시기에 중국은 뭘 하고 있었을까요? 후진을 멸망시킨 거란이 그냥 가버렸으니 중원 땅이 다시 비었을 거 아니에요. 그러자 또 누가 나타나서 후한이라는 나라를 세웁니다. 그런데 또 내분이 일어나서 황제가 죽고 나라는 후주로 바뀌어요.

후주의 2대 황제인 세종 시영은 꽤나 걸출한 인물이었습니다. 헷갈리니까 이 사람은 그냥 '시영'이라고 부를게요. 시영은 군사를 일으켜 연운 16주에 쳐들어갔는데, 이때 거의 거란을 몰아낼 뻔해요. 그런데 하필 갑자기 병이 나는 바람에 더 이상 진격하지 못하고 군대를 돌리고 맙니다.

그리고 얼마 안 되어 시영이 죽자 일곱 살 난 그의 아들이 황위에 오릅니다. 그러나 중국이 아직 혼란한데 어린아이가 황위에 올라봤자 얼마나 버티겠습니까? 시영의 측근이었던 조광윤이라는 자가 동료 장수들의 추대를 받아 황위를 선양받습니다.

말이 선양이지 사실 반란이지만, 조광윤은 일을 크게 만들지 않고 보기 좋게 상황을 마무리합니다. 공식적으로 명을 내려서 시영의 아들이랑 시씨 일족에게 황족에 준하는 대우를 하라고 한 거죠. 그리고 이 명령은 송나라가 멸망할 때까지 지속됩니다.

어린 황제 입장에서도 어차피 다른 사람이 반란을 일으키면 죽은 목숨 아니겠습니까. 그러니 시씨 일족도 자연스럽게 왕조의 교체를 받아들인 것 같아요. 그렇게 황위에 오른 조광윤이 나라를 새로 세우니, 이 나라가 바로 송나라입니다.

◐ 요송전쟁 ◑

이제 5대 10국은 끝나고 조광윤이 곧장 중국 통일에 나서서 통일을 거의 완성했는데 급사하고 맙니다. 후계를 못 정하고 죽었기 때문에 아들이 아닌 동생이 황위를 가로채요. 그가 바로 송 태종으로, 이때 중국 통일이 비로소 완성됩니다.

중국을 통일한 송 태종은 곧장 10만 대군을 이끌고 연운 16주에 쳐들어갑니다. 심지어 직접 군을 이끌고 친정에 나서요. 이때 거란은 정치적으로 혼란스러워서 세력이 많이 줄어들고 있었어요.

반면 송나라는 중국을 통일하고 이제 막 전성기인 데다, 황제가 직접 대군을 끌고 쳐들어오니 거란은 연전연패를 거듭하며 연운 16주를 거의 다 빼앗길 위기에 처하고 맙니다.

이때 거란의 혼란을 바로잡은 인물이 등장했는데, 바로 경종의 부인 소태후입니다. 경종은 몸이 허약해서 친정을 하지 못하고 대신 소태후가 섭정을 해서 거란을 다스렸습니다. 소태후는 지혜가 출중해서 이후로도 크게 활약하는 인재들을 여럿 발탁합니다. 대표적으로 한덕양, 야율휴가, 야율사진, 소배압, 소손녕 등이 있죠.

송나라와의 전투에 장수로 참전한 자들 중에 바로 그 야율휴가와 야율사진이 있었습니다. 소배압도 참전을 하긴 했지만, 그는 아직 20대밖에 안 된 신진 무장이라 야율휴가 밑에 있었어요.

그리하여 송군과 거란군의 마지막 결전이 시작됩니다. 송군의 기세에 거란군은 벌써 두 번이나 패한 상황에서 이번에도 또 밀리기 시작합니다. 이대로 밀려서 거란의 패배로 끝나나 싶었는데, 그때!

야율휴가, 야율사진 진격하라!

아니, 본진에서 명령도 안 떨어졌는데 야율휴가와 야율사진이 독단으로 진격 명령을 내립니다. 둘은 각각 좌측, 우측으로 나눠지더니 빙 돌아서 송군의 옆구리를 치고 들어가요. 거란군의 기습에 송군의 진영이 무너지면서 상황은 순식간에 역전됩니다.

거란군은 그대로 기세를 몰아 송군 10만을 거의 전멸시킵니다. 송 태종은 가까스로 목숨만 건져서 달아났어요.

이 전투로 인해 야율휴가와 야율사진은 거란의 핵심 장수가 되어 거란의 전성기를 이끌어냅니다. 982년, 거란의 경종이 죽고 그의 아들 야율융서(성종)가 왕위에 오릅니다. 하지만 그의 나이는 아직 열 살밖에 안 되었기에 이후로도 소태후가 계속해서 섭정을 이어갑니다.

그 후 송 태종이 한 번 더 거란을 쳐들어오는데, 소태후는 야율휴가와 야율사진을 보내서 이를 손쉽게 격퇴합니다. 그렇게 두 번이나 실패하니까 송 태종은 북벌을 포기하게 됩니다. 이후 소태후는 야율사진에게 명령해 동쪽의 발해부흥세력을 전부 정리하고 여진족들도 대부분 복속해냅니다.

소태후가 이런 작업을 한 이유는 딱 하나였습니다. 바로 송나라를 치기 위해서였죠. 송과의 전쟁에 집중해야 하는데 뒤에서 이들 나라가 걸리적거리니까 먼저 정리하려고 한 거예요. 동쪽에 있는 세력 중에 발해부흥세력이 끝났고 여진도 끝났으니 이제 하나 남았죠. 바로 고려입니다. 그리하여 마침내 거란이 고려를 침공합니다. 이 전투가 바로 거란의 1차 침공, 1차 고려거란전쟁입니다.

거란이 고려를 쳐들어갈 수밖에 없었던 이유

고려와 거란

◐ 왕건의 북진정책 ◑

본격적으로 '거란의 1차 침공' 이야기를 시작하기 전에, 그전까지 고려와 거란은 과연 어떤 관계였는지 알아봅시다.

고려를 건국한 태조 왕건은 국호에서 볼 수 있듯이 애초부터 고구려를 계승한다는 의식을 확고히 했어요. 먼저 발해는 고려와 같이 고구려를 계승한 국가였죠. 그래서 발해는 굉장히 친근하게 대했어요. 발해도 이걸 알고 있었기에 훗날 거란에 의해 발해가 멸망하자 발해의 태자는 자신을 따르는 수만의 난민들과 함께 고려로 귀순했죠. 왕건은 이들을 적극적으로 환영하며 귀순을 받아줍니다.

반면 고려는 여진과 거란에 대해서는 적대 관계를 취했는데요. 먼저 여진은 기본적으로 화친은 맺지 않고 적대하되, 만약 여진족이 스스로 굽히고 들어올 경우엔 거절하지 말고 받아주라고 해요. 이와 달리 거란에 대해서는 완전히 적대적이었어요. 심지어 왕건은 먼저 거란을 쳐들어가려고까지 합니다. 왜냐하면 거란은 형제와도 같은 발해를 멸망시켰으니까요.

왕건은 후삼국이 통일되기도 전이고, 아직 남쪽에선 신라와 후백제와 대립하고 있는 상황에서도 적극적으로 북진정책을 실시할 것을 선언합니다. 그 첫 번째 행동으로 먼저 옛 고구려의 수도인 평양을 점령하려 했죠.

왕건 평양은 옛 고구려의 수도로 지금은 황폐한 지 오래되었지만, 그 터는 그대로 남아 있다. 이곳을 점령하여 방비를 튼튼히 하면 훗날 우리 고려에 큰 이득이 될 것이니 서둘러 평양을 점령하고 백성들을 이주토록 하라.

그렇게 평양을 점령한 왕건은 거기서 멈추질 않습니다. 왕건의 진짜 목표는 이제부터 시작이었으니 바로 북방을 개척해 옛 고구려의 영토를 회복하는 것이었어요. 왕건은 서둘러 평양을 개발했을 뿐만 아니라 대동강과 청천강 사이에 성을 쌓으며 북방을 탄탄히 합니다. 또한 남쪽의 백성들을 북쪽으로 강제 이주시키는 사민정책을 실시하기도 했죠.

그런데 사민정책은 쉬운 일이 아닙니다. 일례로 조선 세종 때에 세종이 4군 6진을 개척하면서 남쪽의 백성들을 북쪽으로 강제 이주시키자 자기 팔, 다리를 자르면서까지 격렬히 저항하는 자들이 나타났습니다. 그만큼 북쪽으로 올라가 사는 건 고되고 힘든 일이었어요.

따라서 왕건이 사민정책을 실시할 때도 백성들의 반발이 극심했지만 왕건은 개의치 않고 이 일을 추진합니다. 그렇게 평양이 어느 정도 구색을 갖추자 왕건은 평양을 격상해 '서경'으로 바꿔 부르고, 심지어 나중엔 수도를 서경으로 옮기려고까지 했죠. 물론 실패했지만 말이에요.

◐ 고려와 후진, 거란의 치고받는 관계 ◑

왕건의 북진정책은 여기서 끝나지 않습니다. 왕건은 당시 중원을 차지했던 국가인 후진의 석경당에게 같이 거란을 치자고 했어요. 하지만 앞서 살펴봤듯 석경당은 애초에 거란의 도움을 받아 황위에 올랐죠. 거란을 지극 정성을 다해 사대하며 막대한 공물과 땅까지 바쳤을 뿐만 아니라 거란 황제의 아들을 자청하며 자신보다 열 살이나 어린 거란 황제를 아버지라 부르는 자였으니 고려랑 손잡고 거란을 치겠단 생각을 할 리가 없죠. 석경당은 왕건의 제안에 답장도 안 합니다.

그런데 고려가 이렇게 대놓고 적대적으로 나오니까 거란 입장에서도 계속 신경이 쓰입니다. 태종은 왕건의 기를 눌러버리기 위해 고려에 경고를 보내죠.

태종 후진은 우리 요나라(거란)에 연운 16주를 바치고 존호를 올리기까지 하였다.

이게 무슨 말이냐면 '후진도 나한테 숙였는데, 너네가 뭔데 까부냐?'라는 거예요.

그런데 그로부터 겨우 3년 후에 거란은 갑자기 고려에 사신단 30명을 파견해 낙타 50마리를 선물로 보내며 화친을 제안합니다. 갑자기 왜 그런 걸까요?

그사이에 후진에서는 황제 석경당이 죽고 그의 조카 석중귀가 황위를 이어받았어요. 앞서 말했듯 석경당의 조카는 거란을 싫어했고 자꾸 거란의 심기를 건드립니다. 그래서 거란이 후진에 쳐들어가려고 합니다. 거란은 후진과 전쟁하는 와중에 고려가 뒤에서 쳐들어오면 곤란하니까 먼저 고려를 좀 달래놓고 후진 공격에 집중하려고 했던 거예요.

이때 왕건의 대응이 아주 기가 막힙니다. 왕건은 거란의 사신 30명을 전부 섬으로 유배 보내고 거란이 선물로 준 낙타 50마리를 전부 굶겨 죽입니다.

이렇게까지 했으니 거란이 후진을 칠 때 왕건도 거란에 쳐들어갔을까요? 아니, 못 했습니다. 왜냐하면 그사이에 왕건이 병이 나서 죽었거든요. 왕건이 죽은 후 후진의 2대 황제는 고려에 사신을 보내서 같이 거란을 치자고 제안합니다. 하지만 고려의 2대 왕 혜종은 재위 초반부터 암살에 시달리는 등 나라가 어지러웠기에 군사를 일으킬 형편이 못

됐습니다. 그래서 고려는 이 제안을 거절했고, 얼마 후 거란은 후진을 멸망시켰죠.

◐ 거란의 침공 준비 ◑

고려의 혜종은 왕위에 오른 지 2년 만에 병에 걸려서 죽습니다. 그러자 혜종의 동생이 왕위에 올랐는데 그가 바로 고려 제3대 왕, 정종입니다.

그런데 정종이 왕위에 있을 때 갑자기 거란이 고려를 침공할 거라는 첩보가 들어옵니다. 고려에 최광윤이란 자가 있었는데, 그는 과거 후진으로 유학을 갔다가 거란이 후진을 멸망시키자 거란의 포로가 되었어요. 당시 거란은 인재를 갈구하던 시절이었기에 최광윤의 재능을 알아보고 그에게 관직을 주었죠.

그렇게 거란의 관료가 된 최광윤은 한 임무를 띠고 여진족에 사신으로 파견됩니다. 거란이 고려를 치기 전에 여진족을 회유하기 위해 최광윤을 사신으로 보낸 거죠. 이때 고려는 거란과의 관계를 완전히 끊어놨기에 거란이 쳐들어올 거란 걸 상상도 못하고 있었어요. 최광윤도 이걸 알았기 때문에 몰래 사람을 보내서 거란이 침공 준비를 하고 있다는 사실을 고려에 알린 겁니다.

그러자 고려의 정종은 이를 막기 위해 전국에서 무려 30만이나 되는 대군을 징발합니다. 그런데 다행히도 이 군대가 전투에 나설 일은 없었습니다. 거란의 태종이 후진을 정벌하고 돌아오는 길에 병에 걸려서 죽었거든요. 왜 자꾸 병에 걸려서 죽느냐고 할지 모르겠는데 원래 역사가 그래요. 당시엔 의학이 지금처럼 발달하지 않았으니 사람이 쉽게 죽기도 했겠죠.

그럼 정종은 그다음에 뭘 했을까요? 정종도 태조 왕건처럼 북벌에 진심인 사람이었습니다. 그래서 그는 태조보다 한발 더 나아가 청천강과 대령강 사이에 성을 쌓고 서경으로 도읍을 옮기겠다며 궁궐을 짓기 시작해요. 정종은 태조가 하던 사민정책도 적극적으로 추진했죠. 일을 너무 과격하게 밀어붙이는 바람에 백성들의 반발이 극심했지만 정종은 뚝심 있게 북진정책을 밀어붙입니다.

그래서 서경 천도가 성공했냐고요? 아니요. 정종이 고작 4년 만에 병에 걸려서 죽어버리는 바람에 흐지부지 없던 일이 되고 맙니다.

그 뒤로 광종, 경종에 걸친 약 30~40년 동안은 고려와 거란 사이에 별다른 일이 없었습니다. 거란에선 세종, 목종이 즉위했으나 둘 다 암살로 생을 마감하고 말았어요. 그러니 거란은 지금 내부적으로도 혼란한 상황이라 바깥까지 신경 쓸 여력이 없었던 거죠.

반면 이 시기 중국에서는 송나라가 등장해 5대 10국 시대를 끝내고 다시 한번 중국을 통일합니다. 그러자 고려는 송나라와의 관계를 돈독히 하려 했어요. 특히 고려 제6대 왕, 성종은 유학을 숭상했기에 송나라를 더욱 가까이하려 했습니다.

◐ 성종과 거란 ◑

성종 4년(986년) 송나라의 사신이 중요한 논의를 하기 위해 고려로 찾아옵니다.

송 태종 고려는 거란 때문에 그동안 수많은 고통을 겪어온 것으로 안다. 내 이번에 대군을 일으켜 거란을 침공할 계획이니 고려도 군사를 일으켜 적극 호응해주기를 바란다.

이때는 송 태종의 1차 거란 침공이 실패로 끝나고, 2차 침공에 나설 때였습니다. 1차 때 한 번 쓴맛을 봤으니 이번엔 고려의 도움을 좀 받아보려는 것이었죠. 물론 그냥 도와달라는 건 아니었어요.

거란이 송나라를 무너뜨리면 다음 차례는 어디겠습니까? 당연히 고려도 무너뜨리려 하겠죠. 훗날 몽골의 원나라와 여진의 청나라가 그랬던 것처럼 말이에요.

그러니까 송나라는 '거란이 더 커지기 전에 같이 힘을 합쳐서 무찌르자'라는 얘기였어요. 하지만 고려의 성종은 선불리 군사를 일으키기를 주저합니다.

아직 고려는 국가의 기틀이 다 잡히지 않은 상태였습니다. 광종이 왕권을 강화하고 중앙집권적 국가의 토대를 마련했다곤 하나, 그걸론 한참 부족했어요. 그래서 성종은 유학을 기반으로 국가 체제를 정립하고 지방 행정제도를 개편해 나라의 기틀을 더욱 다지려 했습니다.

지금 나라 기틀 다지기도 바쁜데 군사까지 일으켜서 전쟁을 할 여력이 있을 리가 없겠죠. 따라서 성종은 우물쭈물하면서 대답을 회피하며 시간을 끕니다. 그러자 송나라 사신은 협박도 했다가 회유도 했다가 하면서 답변을 재촉합니다. 결국 성종은 일단 말로는 알았다고 해서 사신을 돌려보냈지만, 실제로 군사를 일으키진 않았어요.

얼마 후 송 태종은 다시 한번 거란을 쳐들어갔으나 처참하게 지고 맙니다. 고려 입장에선 안 끼어들길 천만다행이었던 거죠.

그러자 그다음 해에 거란이 고려에 사신을 보내 화친을 청합니다. 이때 거란은 소태후가 다스리고 있을 때로, 소태후는 본격적으로 송나라에 반격을 가하려 했습니다. 그런데 고려가 송나라를 도와 뒤에서 거란을 칠까 봐, 불상사를 방지하기 위해 고려에 화친을 청한 거였죠.

고려는 묵묵부답으로 일관합니다. 거란 입장에서는 고려가 계속 적대적으로 나오니까 불안할 수밖에 없었겠죠. 결국 소태후는 대대적으로 동쪽 세력을 밟아놓기로 마음먹습니다. 거란의 동쪽에는 아직 발해부흥세력이 활개 치고 있었으며, 여진족도 상당한 세력을 구축해놓았고, 마지막으로 고려도 있었죠.

소태후는 야율사진과 소손녕에게 명하여 먼저 발해부흥세력을 끝장냅니다. 그다음 여진족도 어느 정도 정리가 되자 이제 마지막으로 고려에 쳐들어가려고 하죠. 그리하여 소태후의 명을 받은 거란의 장수 소손녕이 무려 80만 대군을 이끌고 고려를 쳐들어옵니다. 바야흐로 거란의

1차 침공이 시작된 거죠. 그런데 거란이 진짜 80만 명이나 끌고 왔을까요?

◐ 직언을 아끼지 않던 강직한 신하, 서필 ◑

'서희의 외교담판'에 대해 한 번쯤은 들어봤을 거예요. 1차 고려거란전쟁의 영웅은 누가 뭐래도 서희였습니다. 그러므로 본격적으로 전쟁 얘기를 시작하기에 앞서 서희라는 인물에 대해 잠깐 알아보겠습니다.

서희의 아버지는 '서필'이라는 사람으로, 고려 광종 때 주로 활동했습니다. 시험으로 관료를 뽑는 과거제도가 광종 때 도입됐으니, 그전에 관직에 오른 서필은 음서로 관직에 진출했겠죠. 게다가 내의령이라는 고위 관직까지 올라간 걸로 보아 서필은 유력 호족 가문 출신이었을 걸로 추측됩니다.

그럼 서필이 여기까지 오른 게 가문 덕인가 하면 그건 아니에요. 광종은 왕권 강화를 위해 여러 정책을 시행했을 뿐만 아니라 숙청작업도 많이 일으켰습니다. 그러니 관료들은 혹시라도 왕의 눈 밖에 나지 않으려고 조심 또 조심했겠죠. 그런데 서필은 다른 관료들과 다르게 광종에게 직언을 했습니다.

한번은 이런 일이 있었습니다. 어느 날 궁궐 소유의 말이 죽자 광종은 말 담당자를 처형하려 했는데요. 그러자 서필이 이렇게 말합니다.

서필 과거 공자께서 자리를 비운 사이 마구간에 불이 났는데 공자는 이를 듣고는 먼저 "혹시 사람이 다쳤느냐?"라고 물으시고는 말에 대해선 전혀 묻지 않으셨습니다. 그런데 어찌 폐하께오선 말의 안부만 걱정하시고 사람의 안부는 걱정하지 않으시는 겁니까?

이 말을 들은 광종은 자신의 실수를 뉘우치고 처벌을 멈췄다고 해요.

또 한 번은 이런 일이 있었습니다. 광종은 호족의 힘을 누르고 왕권을 강화하기 위해 중국에서 귀화해온 사람들에게 귀한 대접을 했습니다. 심지어 호족의 집을 빼앗아 귀화인들에게 나눠 주기까지 했죠. 그런데 어느 날 서필이 이렇게 말합니다.

서필 폐하, 제 집을 거둬가 주시옵소서.

광종 갑자기 그게 무슨 말인가?

서필 폐하께오선 귀화인들이 올 때마다 신하들의 집을 거두어 그들에게 넘겨주시니, 신의 집도 어차피 거둬가실 거 미리 드리겠사옵니다. 신은 그저 봉급을 조금씩 모아 말년에 누추한 집 하나 지어 살면 족하옵니다.

이 말을 들은 광종은 최근 호족 견제가 과해졌음을 알아채고 호족의 집을 뺏는 걸 멈췄다고 합니다.

이렇듯 서필은 광종에게 직언을 아끼지 않는 신하였습니다. 광종은 선 넘는 신하들에겐 가차 없이 유배를 보내고 숙청도 꺼리지 않았지만, 서필만은 내의령까지 승진시켜서 항상 그를 중용했어요. 이로 보아 광종은 능력 있는 신하는 싫은 말을 해도 중용하려 했던 것 같습니다. 또한 서필은 조정 분위기가 음산한 와중에도 직언을 아끼지 않는 강직하고 배포 있는 신하였단 걸 알 수 있습니다.

◐ 국정을 총괄하던 서희 ◑

서필의 이러한 심성은 그의 아들 서희에게도 고스란히 전해집니다. 서희는 960년(광종 11년)에 18세의 나이로 문과에 급제합니다. 지금으로 치면 고등학생 때 행시 합격했으니 대단하죠. 그 후 서희는 이런저런 관직을 거치며 승진을 거듭했는데, 그가 본격적으로 능력을 발휘하기 시작한 건 외교관으로 파견됐을 때입니다.

때는 광종 23년(972년), 송나라가 건국된 지 벌써 10년이 넘었지만 아직 고려는 송나라와 제대로 수교를 맺지 않았을 때인데요. 서희는 송나라와 수교를 맺기 위해 사신으로 파견됐습니다. 그를 만난 송 태조는 서희의 인품에 감탄하여 그에게 '정3품 검교병부상서'라는 벼슬을 하사했는데요. 물론 이게 진짜 벼슬은 아니고 외교 관계에서 상대 국가를 존중하는 표현으로 상대국의 사신에게 주는 일종의 명예직입니다. 그래도 서희가 마음에 안 들었으면 이런 것도 주지 않았겠죠.

그렇게 송나라와 수교를 맺는 데 큰 공을 세운 서희는 이후로도 승진을 거듭해 성종 2년(983년)에 '병관어사'에 임명됩니다. 병관어사는 오늘날로 치면 국방부 장관입니다.

그리고 얼마 후 성종이 서경으로 행차를 나서는데, 이때 서희도 따라갑니다. 그런데 성종이 행차 도중에 신하들 몰래 영명사라는 절에 놀러가려고 해요. 그러자 서희가 이 얘길 듣곤 쏜살같이 달려옵니다. 그러고는 어딜 가시냐며 간언을 올립니다. 아버지인 서필과 똑같죠? 성종은 서희의 충심에 감탄했는지 그에게 말 안장을 하사하더니 바로 '정2품 내사시랑'으로 승진시킵니다. 내사시랑은 지금으로 치면 국무총리 바로 밑이라고 보면 돼요.

서희를 그냥 외교관 정도로 생각하는 사람이 많은데, 그의 외교담판이 워낙 강렬해서 그렇지, 서희는 그냥 외교관이 아니라 15년여 동안 국정을 총괄하는 자였다고 보면 됩니다. 그동안 해낸 업적 중에 하나가 외교담판이었던 거죠.

진짜 80만 대군이 쳐들어왔을까?
1차 고려거란전쟁

◐ 거란의 1차 침공 ◑

993년 5월, 북쪽의 여진족으로부터 거란이 대군을 이끌고 고려를 쳐들어올 거라는 정보가 들려옵니다. 그런데 고려는 처음엔 별다른 대응을 하지 않았어요. 이때 고려와 거란 사이에는 여진족이 자리하고 있었기 때문에 거란이 여진족을 정리하지 않고 곧장 고려를 쳐들어올 리가 없다고 생각했기 때문이죠.

게다가 이때 고려와 여진도 별로 사이가 안 좋았기 때문에 고려 조정은 여진족이 고려를 혼란에 빠트리기 위해서 거짓 정보를 흘린 거라고 판단했던 거예요. 그런데 8월에 이르자 여진은 고려에 다시 한번 경고를 보냅니다. 거란이 고려를 칠 준비를 거의 마쳤다는 겁니다.

사태의 급박함을 깨달은 성종은 부랴부랴 군사를 모으기 위해 각 도에 군마제정사를 보내 군사를 징발해 올 것을 명령합니다.[1]

이윽고 10월에 이르자 거란군은 정말로 압록강을 건너서 고려로 쳐들어옵니다. 이에 고려 성종은 일단 적의 동태를 살피기 위해 윤서안에게 선봉대를 맡겨 먼저 보내고 성종 본인은 직접 군대를 이끌고 서경으로 나아갑니다. 이래서 성종이 성군이라고 불리는 거예요. 아니 우리 역사에 적국이 쳐들어오니까 왕이 직접 군을 이끌고 전장으로 나가는 사례가 몇 번이나 되나요?

또한 이때 내사시랑 직에 있던 서희도 중군사에 임명되어 성종과 함께 서경으로 갑니다. 중군사가 총사령관은 아니고요. 상군사, 중군사, 하군사 이렇게 셋이 사령관으로 임명됐는데 총사령관은 상군사이고 중군사는 넘버 2였다고 보면 돼요. 상군사, 하군사를 딱히 언급하지 않은 이유는 이 전쟁에서 중요하지 않기 때문입니다.

서경에 도착한 성종은 다시 군을 움직여 안북부까지 가려 했습니다. 그런데 그때 전방에서 급보가 하나 올라오는데요.

병사 적이 봉산군(귀주 근처)에 있던 우리 선봉대를 격파하고 선봉군사 윤서안을 포로로 잡아갔사옵니다!

이에 성종은 안북부까지의 진격을 포기하고 서경에 남기로 합니다. 고려 조정은 잔뜩 겁에 질렸습니다. 그렇다고 적이 내려올 때까지 두

손 놓고 지켜볼 수만은 없겠죠. 그래서 일단 서희에게 군사를 일부 내주어 봉산군을 구원하라고 보냅니다.

그사이 봉산군을 차지한 거란군은 조금 더 내려와 대령강 일대에 진을 치고 있었습니다. 따라서 서희도 더 이상 진격하지 못하고 대령강을 사이에 두고 소손녕의 군대와 대치하는데요.

소손녕은 먼저 고려를 쳐들어온 이유를 공표합니다.

소손녕　우리 거란이 이미 옛 고구려 땅을 모두 차지하였는데, 지금 너희 고려가 우리의 변경지역을 침탈하였으므로 이 때문에 토벌하러 온 것이다.

고려는 건국 이래 계속해서 북방 개척을 추진해왔습니다. 조금씩 북진하면서 계속해서 영토를 넓히고 있었죠. 거란은 이걸 걸고 넘어진 거예요. 고려 이북의 영토는 전부 거란 땅인데 고려가 자꾸 거란 땅을 침범했다고 말이에요.

이게 말이 안 되는 게, 이때 고려와 거란 사이에는 여진족이 자리하고 있었기에 고려는 이 여진족을 몰아내면서 영토를 넓힌 거였거든요. 고려가 딱히 반응을 하지 않자 소손녕은 이번엔 글을 써서 보냅니다.

소손녕　우리 거란이 이미 사방을 통일하였는데 어찌 너희 고려는 아직도 항복하지 않는 것이냐? 속히 항복하여 시일을 지체

하지 말지어다!

◐ 어떻게 항복할 것인가, 항복론과 할지론 ◑

소손녕의 글을 받아본 서희는 서경으로 돌아와 이렇게 전합니다. 이때 서희가 어디로 갔는지는 의견이 분분합니다. 안북부로 갔다는 의견도 있고 서경으로 갔다는 의견도 있는데요. 기록상으로는 '서희가 그 글을 보고 돌아와서 강화할 수 있는 기미가 있다고 아뢰었다'라고 적혀 있기에 여기서는 서희가 서경으로 돌아와서 직접 성종을 만난 것으로 보겠습니다.

서희 강화를 맺을 수 있을 것 같사옵니다.

성종 그래? 정말인가?

고려 조정은 논의 끝에 감찰사헌 이몽전을 사신으로 보내 강화를 시도해보기로 합니다. 그런데 이몽전이 거란 진영에 도착하기도 전에 소손녕은 다시 한번 고려 측에 엄포를 놓습니다.

소손녕 지금 우리가 고려를 정벌하기 위해 무려 80만 대군을 이끌고 왔으니, 너희는 섣불리 저항할 생각 말고 서둘러 항복하라!

이몽전이 거란 진영에 도착해 묻습니다.

이몽전 어찌하여 저희 고려를 침략한 것이옵니까?

소손녕 민심이 그걸 원하기 때문이다. 너희 나라가 백성을 제대로 돌보지 않으니, 내가 직접 너희에게 천벌을 내리려는 것이다. 만약 강화를 맺고자 한다면 속히 나와 항복해야 할 것이다.

이몽전이 돌아오자 조정의 신하들은 이를 놓고 회의를 시작합니다. 그런데 거란이 80만 군대를 동원했다는 얘기에 이미 고려 조정은 완전히 겁에 질려버린 상태였어요. 그래서 일단 항복은 기정사실화하고 항복할 때 항복하더라도 거란의 심기를 거스르지 않으려면 어떻게 항복해야 할지에 대해서만 의논하죠. 조정의 의견은 둘로 나뉩니다.

항복론 적이 그 많은 대군을 이끌고 왔다면 저희 고려로써는 당해낼 재간이 없사옵니다. 서둘러 항복하는 것만이 살길인 줄 아뢰옵니다. 폐하께서는 속히 개경으로 돌아가시옵소서. 저희 대신들이 군사를 이끌고 가서 항복을 청하겠사옵니다.

할지론 아니옵니다. 지금 이대로 항복했다가는 온 고려를 적의 손에 넘겨줘야만 할 것이옵니다. 적이 옛 고구려의 땅 운운하는 것으로 보아 저들은 지금 옛 고구려의 땅을 원하고 있는 것이 분명합니다. 하니 서경 이북의 땅을 저들에게 주시고 나머지 땅이라도 보전하여 화친하여야 하옵니다.

이른바 항복론과 할지론의 대결인데요. 항복론은 어차피 게임 끝났으니 빨리 항복하자는 쪽이고, 할지론은 땅을 떼주는 한이 있어도 일단 협상을 해보자는 거였죠.

항복할 경우에는 아예 거란의 속국이 되어 심각한 내정간섭을 받게 됩니다. 그뿐 아니라 막대한 조공을 올려야 할 테지요. 반면 할지론의 의견대로 땅을 떼주고 강화를 맺을 경우 항복했을 때에 비해 부담은 덜게 됩니다. 다만 새로 생긴 국경선이 개경과 너무 가깝기 때문에 고려 입장에서는 아예 수도를 옮기거나 혹시라도 있을 재침에 대해 엄청난 불안감을 안고 살아가게 됩니다.

보다시피 맞서 싸우자는 의견은 어디에도 없죠. 당시 상황이 얼마나 참담했는지 느껴지나요? 성종은 고민 끝에 그나마 둘 중에서는 상대적으로 나은 할지론을 선택합니다.

성종 상황이 여의치않으니 일단 서경 이북의 땅을 적에게 내주고 그 뒤에 협상을 이어가야겠다. 다만 지방에 쌓아둔 곡식을 적에게 군량으로 내줄 순 없으니, 서경의 곡식 창고를 열어 백성들에게 나누어 주고 그래도 남은 곡식은 대동강에 버리도록 하라.

◐ 정말 80만 대군이 왔을까? ◑

그런데 이상한 점이 하나 있습니다. 거란이 정말 그 많은 대군을 이끌고 왔다면 그냥 그대로 밀고 들어와서 왕을 잡고 끝내면 될 텐데 이상하게도 강 건너에다 진을 치고는 자꾸 말로만 협박을 하는 겁니다. 대군이 왔으니 빨리 항복하라고 말이죠.

정말 80만 대군이 온 게 맞는 걸까요? 80만이나 되는 대군을 끌고 왔으면 그 많은 군량은 대체 어떻게 대는 걸까요? 조금만 버티면 군량 미달로 스스로 자멸해버리지 않을까요? 그럼 오히려 더 빨리 전쟁을 끝내려고 할 텐데, 어째서 소손녕은 가만히 앉아서 말로만 자꾸 항복하라고 하는 걸까요?

당시 거란의 군제에 따르면 원정군의 규모에 따라 총사령관의 직책을 다르게 임명합니다. 먼저 6만 이하의 병력을 동원할 경우 따로 직책을 주지 않습니다. 그냥 그 지역 사령관이 지역 군대를 이끌고 출정하는 거죠. 본격적으로 침공을 가할 땐 15만 정도의 군대를 동원하며 총사령관에겐 '도통'이라는 직책을 하사합니다. 이 정도는 돼야 제대로 전쟁을 치르겠다는 거예요.

아예 총력전을 치를 경우엔 황제가 직접 친정에 나섭니다. 다만 도통을 따로 임명해서 군 지휘는 도통에게 맡기죠. 물론 이 군제가 어느 정도로 정확히 지켜졌는지는 알 수가 없습니다. 다만 이러한 제도가 존재한다는 것에서 거란은 작전 규모에 따라 사령관의 직책을 달리한다는 걸 알 수 있죠.

그럼 이때 소손녕은 어떤 직함을 갖고 고려를 쳐들어왔을까요? 소손녕은 본래 직함인 '동경유수' 자격을 그대로 갖고 왔습니다. 따로 '도통'에 임명되질 않았어요. 그래서 최근 학계에서는 이때 소손녕이 데려온 거란군이 6만 정도 규모였을 것으로 추측합니다. 허풍을 떨어도 너무 심하게 떨었죠?

물론 이건 지금 와서 기록을 보니까 알 수 있는 거고요. 이때 당시에 서희가 거란군의 규모까지 예측했을지는 모릅니다. 거란군의 규모가 그 정도는 아니었다는 기록이나 서희가 그걸 눈치챘다는 기록은 어디에도 존재하지 않거든요. 그래도 서희가 뭔가 이상한 점을 느끼고 있던 건 분명합니다. 온 조정이 항복을 외치고 있을 때 서희가 홀로 나서서 이렇게 주장했으니까요.

서희 폐하, 식량이 충분하면 성을 지켜낼 수 있으며, 전투도 승리할 수 있습니다. 한데 어찌 전투를 치러 보기도 전에 식량을 버리라고 하시옵니까? 하물며 식량은 백성들의 목숨과도 같은 것이니, 차라리 적의 군량이 될지언정 헛되이 강물에 버려서는 아니 되옵니다.

성종 서희의 말이 옳다. 더 이상 식량을 강물에 버리지 말라 전하거라!

서희 또한 거란의 동경에서 우리 안북부까지의 땅 수백 리는 모두 여진이 점거하고 있는 지역이옵니다. 이에 광종께서 이 지역 중 일부를 차지하여 국경을 넓혔사오니 거란은 지금 이걸 가지고 뭐라 하는 것이옵니다. 소손녕이 옛 고구려의 땅 운운하는 것은 단지 우리에게 겁을 주려는 것일 뿐이온데 지금 적의 기세에 눌려 선불리 땅을 내어준다면 만세에 수치가 될 것입니다. 하물며 저들이 서경을 받은 뒤에도 더 요구한다면 삼각산 이북까지 전부 내주려는 것이옵니까? 서둘러 명을 중지하시고 신 등으로 하여금 적과 맞서 싸우게 하여 주시옵소서! 항복은 그다음에 해도 늦지 않사옵니다!

세 치 혀로 80만 대군을 무찌르다

서희의 외교담판

◐ 안융진 전투 ◑

한편 소손녕은 고려에서 빨리 답변이 오지 않자 애가 탔습니다. 80만을 끌고 왔다고 잔뜩 허세를 부려 놨으면 고려가 금방 항복할 줄 알았는데, 시간을 질질 끄니까 혹시라도 고려가 거짓말을 눈치챌까 봐 슬슬 조바심이 났죠. 그래서 소손녕은 좀 더 압박을 하기 위해 별동대를 보내서 안융진을 공격하게 합니다. 성 하나를 더 빼앗기면 고려가 더욱 겁을 먹고 금방 항복해 올 거라고 생각한 거였죠.

그런데 안융진을 지키고 있던 중랑장 대도수와 낭장 유방이 이 거란군을 격퇴해버립니다. 이쯤 되니까 소손녕도 이제 별다른 수가 없었습니다. 이대로 전투를 벌였다간 거짓말이 탄로날 것이고, 그렇다고 별동대를 또 보내봤자 승리할 거라는 보장도 없으니까요. 게다가 소손녕이 계속 마음이 급한 걸로 보아 이때쯤 이미 거란의 군량도 바닥났을 거라고 추측합니다.

애초에 전쟁을 벌이려고 온 게 아니라 협박을 하러 온 거였기 때문에 시간이 지체될수록 소손녕도 마음이 급해질 수밖에 없었죠. 소손녕은 이제 무조건 항복하란 얘기는 쏙 집어넣고는 대신을 보내라고 말을 바꿉니다. 협상을 하자는 거죠.

소손녕 우리 진영으로 대신을 보내도록 하라!

그러자 성종이 신하들에게 묻습니다.

성종 누가 능히 거란의 진영으로 나아가 말로써 적을 물리치고 만세에 길이 남을 구국의 영웅이 되겠는가?

그러나 조정의 신하들은 이미 잔뜩 겁을 먹고 있었기 때문에 아무도 감히 적의 진영으로 나아가려 하질 않습니다. 그때 서희가 나서더니 이렇게 말하는데요.

서희 신이 비록 재주는 없으나, 어찌 감히 폐하의 명을 따르지 않을 수 있겠습니까?

앞서 온 조정이 항복을 외칠 때 홀로 항전을 주장한 서희였기에 성종도 그를 믿을 수 있었습니다. 성종은 그에게 협상에 대한 전권을 일임하고 손수 강까지 나아와 서희를 배웅해줍니다.

◐ 서희의 외교담판 ◑

서희가 홀로 거란 진영에 도착하자 소손녕은 먼저 기선을 제압하려고 합니다.

소손녕 나는 대국의 명을 받고 왔으니, 그대는 소국의 사신으로서 마땅히 뜰 아래에서 내게 절을 올리도록 하시오.

하지만 이런 걸로 움츠러들 서희가 아니죠.

서희 옛법에 따르면 신하가 군주에게 절을 올리는 것은 마땅한 예의요. 한데 일국의 대신끼리 만난 자리에서 절을 올리는 건 대체 어느 나라 법이오?

소손녕은 이후로도 두 번 더 절을 요구했지만 서희는 끝까지 굽히질 않습니다. 심지어 이젠 아예 방바닥에 드러누워서 버티기 시작했습니다. 지금 군량도 바닥인데 시간을 끌어봤자 소손녕한테도 좋을 게 하나 없겠죠. 그래서 결국 절하는 건 생략하기로 하고, 소손녕과 서희는 서로 대등한 자리에 앉아 협상을 시작합니다.

소손녕 지금 옛 고구려의 땅은 우리 거란이 대부분 차지하고 있소. 고려는 옛 신라의 영토에 터를 잡고 일어난 나라인데 어찌 고구려의 땅을 차지하고 있는 것이오?

서희 말도 안 되는 소리 마시오. 기록에 따르면 고구려는 고려라는 국호도 사용한 적이 있소. 우리 고려는 국호부터가 고구려를 따르는 엄연한 고구려의 계승국인데, 어찌 거란이 고구려의 땅 운운하는 것이오? 오히려 거란이 고구려의 후예도 아니면서 옛 고구려의 땅을 점거하고 있는 것 아니오?

소손녕 그럼 고려는 어찌 우리 거란과는 이웃하고 있으면서도 수교를 맺지 않으면서, 저 멀리 바다 건너 있는 송나라에는 지극히 사대하는 것이오? 우리는 대국으로서 이를 두고 볼 수만은 없소. 이제라도 땅을 떼어 바치고 조빙한다면 내 군을 물려주겠소.

'조빙'이란 일국의 신하가 타국의 조정에 나아가 그 나라의 왕을 직접 만나는 것을 말합니다. 당연히 조공도 바치고 사대의 예도 갖춰야겠죠. 여기서 거란의 진짜 의도를 간파한 서희는 이렇게 답합니다.

서희 안 그래도 우리도 거란과 자주 왕래하고 싶은데, 여진이 이를 가로막고 있지 않소? 압록강 안팎은 엄연히 우리 고려의 땅인데 여진이 여길 불법 점거하고 있으니 우리로서는 여진의 위협을 뚫고 가는 것보다 바다 건너가는 것이 더 쉬울 뿐이오. 그래서 말인데 거란이 우릴 도와 여진을 무찔러 준다면 거란과의 통행이 더욱 원활해질 수 있지 않겠소? 우리가 압록강 이남에 성을 쌓고 길이 안전해진다면 거란에 조빙하오리다.

얘기가 이쯤 되자 이제 둘은 서로 원하는 바가 뭔지 알아챘습니다. 거란이 원하는 건 애초부터 고려를 완전히 점령하는 게 아니었습니다. 그러기엔 품이 너무 많이 들거든요. 다만 나중에 거란이 송나라랑 싸울 때 고려가 뒤통수를 치지 않을 거란 확신 정도가 필요했던 거죠. 그래서 "야, 너희 송나라와만 친하게 지내지 말고 우리와도 좀 친하게 지내자"라고 한 거예요.

따라서 고려가 이제부터 조공을 바치겠다고 하니 거란으로서는 목표를 이룬 거나 다름없습니다. 소손녕은 이쯤이면 될 것 같다는 판단에 소태후에게 서신을 전합니다.

소태후 그래, 이 정도면 됐으니 이제 그만 군을 철수시키도록 하라.

그렇게 소태후로부터 승인이 떨어지자 소손녕은 서희에게 무려 7일 간 잔치를 열어줍니다. 게다가 서희가 돌아갈 때 그에게 낙타 10마리, 말 100마리, 양 1000마리와 비단 500필을 선물로 보내기까지 합니다.

성종도 협상 결과에 매우 만족해하며 또다시 강가로 나아와 서희를 직접 마중합니다. 그런데 성종이 곧장 거란에 사신을 보내려고 하자 서희가 말립니다.

서희 신이 소손녕과 약속하기를, 여진을 평정하여 압록강 안팎의 땅을 수복한 뒤에 거란 조정에 나아가 황제를 뵙겠다 하였습니다. 지금은 겨우 강 안쪽만을 수복하였으니, 강 바깥쪽까지 점령하기를 기다렸다가 황제를 뵈러 가도 늦지 않을 것입니다.

이로 보아 원래 서희의 계획은 압록강 이남뿐만이 아니라 압록강 이북까지도 어느 정도 점령하려고 했던 것 같습니다. 실제로 대화에도 '압록강 안팎'이라고 되어 있으니까요. 하지만 성종은 이를 거절합니다.

성종 그랬다가 너무 늦게 가면 또 거란 황제가 역정을 낼 수 있으니, 먼저 보내는 게 나을 것 같다.

여기서 오해하면 안 되는 게 있습니다. 이 사건이 마치 거란의 80만 대군을 서희가 외교담판으로 무찌른 다음 오히려 거란으로부터 땅까지 얻어낸 엄청난 사건이라고 생각하면 안 됩니다.

물론 서희가 잘한 건 맞습니다. 적도 무찔러 냈고 땅도 얻었죠. 그런데 그보다 중요한 건 애초에 이게 거란이 원하는 것이었단 사실이에요. 땅이 중요한 게 아니었어요. 중요한 건 수교를 맺고 조공과 사대를 얻어내는 것. 딱 여기까지가 거란의 목표였단 거죠.

그래서 소손녕이 서희에게 그렇게 극진한 대우를 해준 거예요. 서희의 대범함이나 인품에 감탄해서 '와, 진짜 대단하다 내가 도저히 못 이길 것 같으니까 땅을 떼주자!'라고 한 게 아닙니다.

자기가 원하던 걸 서희가 깔끔하게 주겠다고 하니까 '오케이' 한 거죠. 소태후도 바로 승낙했잖아요. 왜냐하면 이때 서희가 얻어낸 강동 6주 지역은 애초에 거란이 점령하고 있던 땅이 아니라 여진이 점령하고 있는 땅이었으니까요. 거란의 입장은 이런 것이었어요.

"우리 같이 여진족 정리하고 압록강을 국경으로 삼자. 그 위는 너희가 정리해. 아래는 우리가 정리할게. 너희도 여진 싫잖아? 그럼 서로 윈윈이잖아?"

거란이 고려에 땅을 떼준 것도 아니고 압록강 북쪽의 일부 지역에는 여진족이 활개치고 있었어요. 여진족을 정리하면 고려만 땅을 얻는 게 아니라 거란 입장에서도 땅을 넓히는 거죠. 고려와 거란이 손잡고 여진족을 물리친 다음에 그 땅을 나눠 가진 겁니다.

따라서 이건 서희가 외교담판으로 거란을 무찌른 게 아니라 거란과 고려가 원하는 게 맞아떨어져서 윈윈한 것입니다. 다만 서희가 잘한 건, 고려 신하들은 전부 겁에 질려서 아예 나라를 통째로 줘버리는 짓을 하려고 할 때 서희 혼자 이걸 간파하고 거란과의 접점을 찾아낸 것입니다. 잘한 건 맞지만 과장해서 부풀릴 필요는 없습니다.[2]

◐ 강동 6주 ◑

그런데 성종은 얘기가 끝나자마자 바로 뒤통수를 쳐버립니다. 일단 994년 4월 고려는 거란에 사신을 보내서 정식으로 수교를 맺어요. 그러고 고작 두 달 뒤인 994년 6월엔 송나라에 사신을 보내서 같이 거란을 쳐들어가자고 합니다.

문제는 송나라가 이미 거란에게 한 번 당해서 더 이상 싸울 엄두를 못 냈다는 겁니다. 송나라는 오히려 거란에다가 사신을 보내서 화친을 맺자고 해요.

거란이라고 고려가 뒤통수친 걸 몰랐을까요? 당연히 알았겠죠. 애초에 이번엔 겁만 주려고 쳐들어간 것이었고, 고려가 완전히 굴복해오지 않는다면 다음번엔 진짜로 쳐들어가야 했습니다. 그러니 고려도 거란도 이 전쟁이 완전히 끝난 게 아니란 걸 서로 알고 있었어요. 따라서 거란은 공격로를 확보하기 위해, 고려는 방어선을 구축하기 위해 둘 다 서둘러서 압록강 안팎에 성을 쌓으려 했어요.

이때 고려 측에선 서희가 총책임자가 되어 압록강 이남 지역을 개척하는 데 앞장섭니다. 고려가 이 지역에 살고 있는 여진족을 언제 어떻게 축출했는지는 몰라요. 앞서 서희가 거란과의 협상을 끝내고 와서 이미 강 안쪽을 수복했다고 한 걸로 보아 그전에 이미 여진을 쫓아냈을 수도 있고요. 아니면 거란과의 협상이 끝난 다음에 여진을 몰아냈을 수도 있습니다.

어쨌든 서희는 압록강 이남 지역에서 여진을 몰아낸 뒤에 이곳에 8개의 성과 진을 쌓습니다. 나중에 이 지역을 부를 때 그중 중요한 성

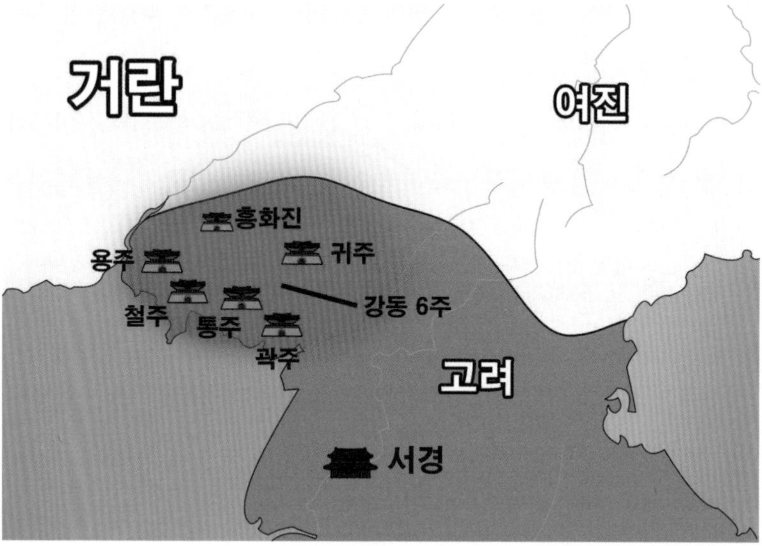

강동 6주

6개를 뽑아 '강동 6주'라고 부르게 됩니다. 고려 입장에선 강을 기준으로 남북으로 나누지만 거란 입장에선 동서로 나눠서 '강동'이라고 부른 것 같아요.

강동 6주는 훗날 고려의 철의 방어선이 되어 거란의 침입을 격퇴하는 데 혁혁한 공을 세웁니다. 따라서 혹자는 고려거란전쟁 전체를 통틀어 최고의 영웅으로 서희를 꼽기도 합니다. 이처럼 엄청난 공을 세운 서희지만 그는 이 일을 하면서 너무 과로를 했는지 998년에 향년 57세의 나이로 사망하고 맙니다.

PART 1. 주요 사건 연표

※ 모든 날짜는《고려사》,《고려사절요》기준이며 '음력'입니다.

918년	고려 건국
936년	후삼국통일
943년	혜종 즉위
945년	정종 즉위
949년	광종 즉위
956년	노비안검법 실시
958년	과거제 도입
975년	경종 즉위
981년	성종 즉위
993년 10월	1차 고려거란전쟁
993년 윤 10월 3일	서희의 외교담판
995년	10도 12목 제정

거란의 1차 침입로

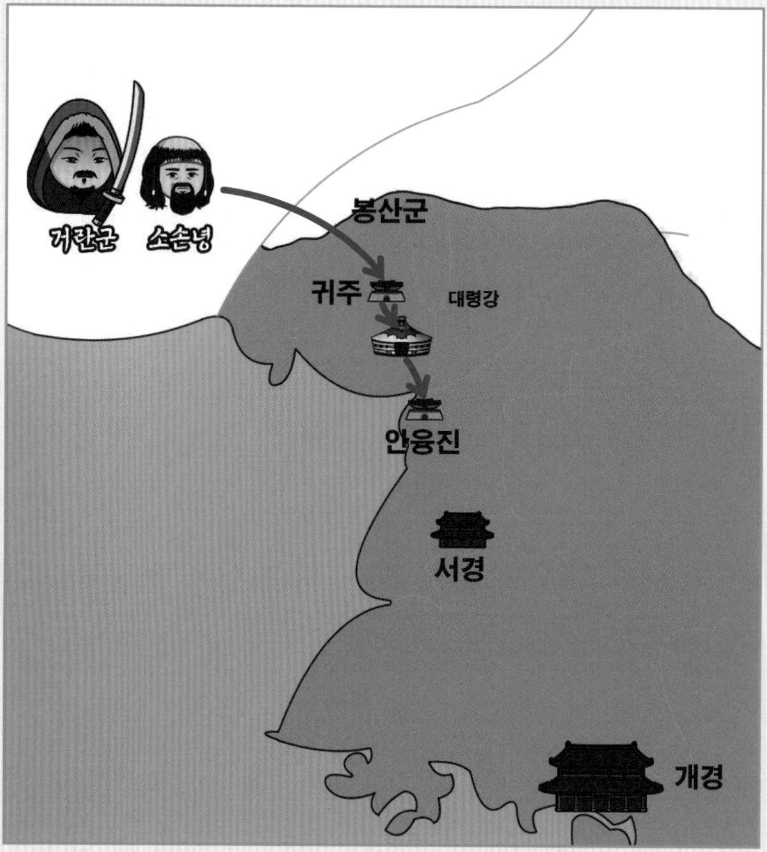

PART 2

2차 고려거란전쟁

진정한 권력자는 누구인가?
목종과 천추태후

◐ 목종의 즉위 ◑

고려 5대 왕 경종이 죽었을 때 그의 아들이 고작 한 살밖에 안 돼서 성종한테 왕위를 넘겨줬었어요. 성종은 이 사실을 항상 기억하고 있었습니다. 성종이 왕이 되기 전의 봉호가 개령군이었는데, 경종의 하나뿐인 아들 왕송이 열 살이 되었을 때 성종은 개령군이라는 봉호를 왕송에게 물려줘요. 사실상 후계자로 선포한 거죠.

이때 성종의 나이가 고작 29세였어요. 아들을 낳으려면 충분히 낳을 수 있는 나이인데 조카인 왕송을 후계로 선언했어요. 성종이 유학자였기 때문일까요? 아마도 성종은 애초부터 왕위를 다시 돌려줘야 한다고 생각했던 것 같아요. 그리고 의도한 건지 우연인진 몰라도 성종은 아들

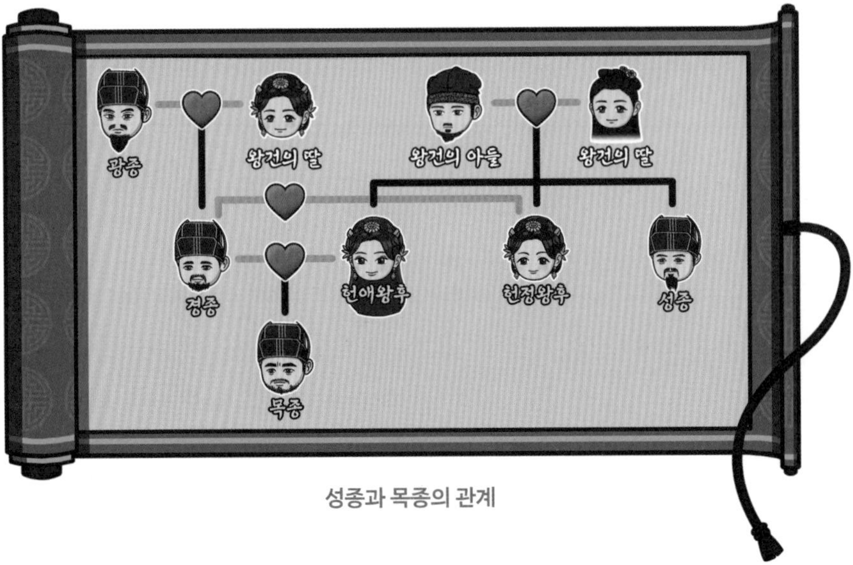

성종과 목종의 관계

이 없이 죽습니다.

그가 아들을 낳았으면 또 문제가 발생했을 수도 있는데 성종에겐 딸만 둘 있었어요. 아들이 없는 상태로 죽으니까 자연스럽게 왕위는 왕송한테 넘어갔죠. 그래서 왕송이 즉위하니 그가 바로 고려 제7대 왕, 목종입니다.

◐ 천추태후의 섭정 ◑

고려사에서 목종은 별로 존재감이 없습니다. 왜냐면 그의 어머니 천추태후한테 완전히 묻혀버렸거든요. 경종에게는 부인이 4명 있었는데, 그중 헌애왕후와 헌정왕후가 중요합니다. 둘 중에 헌애왕후가 바로 목종의 엄마입니다.

그런데 왜 헌애왕후가 아니라 천추태후라고 부르냐고요? 헌애왕후는 원래 왕비였는데 아들이 왕위에 올랐으니까 왕태후가 됐어요. 그녀가 죽은 다음에 '헌애왕태후'라는 시호가 붙었고요. 그래서 원래는 이 여인을 '헌애왕후' 또는 '헌애왕태후'라고 부릅니다. 그런데 그녀가 왕태후 시절에 주로 지냈던 곳, 관저가 '천추전'이었기 때문에 비공식적으로 '천추태후'라고 부르는 겁니다. 이건 중요하지 않으니 참고만 하면 됩니다.

그럼 천추태후가 왜 유명할까요? 목종이 즉위했을 때 그의 나이가 17세였어요. 지금이야 만으로 18세에 성인이 된다고 하지만, 고려에서는 15세만 돼도 관례식을 치르고 성인이라 했어요. 그러니까 목종은 성인인 상태로 왕위에 오른 거죠.

그런데 천추태후가 섭정을 합니다. 왜 이렇게 됐는지는 기록이 안 적혀 있어서 추측할 수밖에 없는데요. 아마 천추태후가 권력욕도 있었고 목종이 효자라 그렇게 된 것 같습니다.

그럼 천추태후가 섭정하면서 뭘 했을까요? 고려는 불교가 국교였습니다. 그래서 불교의 권한이 꽤 셌는데요. 그러다 6대 왕 성종은 유학자라 불교는 종교로만 놔두고 국가는 유학에 따라 운영하려 했죠. 그래서 이때 불교의 힘이 약해졌어요. 그런데 천추태후는 굉장히 독실한 불자였습니다. 그래서 약해진 불교의 힘을 다시 키우려 했어요.

보통 천추태후의 업적이라고 하면 불교 중흥만 꼽습니다. 천추태후가 아무리 섭정으로 있었다곤 하지만, 목종 시대의 업적이 전부 천추태후의 업적이라고 보진 않습니다. 천추태후는 불교 중흥 쪽에만 힘을 좀 썼고 나머지는 목종이 한 것으로 보는 의견이 많습니다.

◐ 목종의 세 가지 업적 ◑

자, 그럼 목종이 이룬 업적으로는 뭐가 있을까요? 일단 국가 체제를 좀 정비하고 인재도 등용하고 민생도 살피고 신하들한테도 잘 대해줬다고 해요. 그런데 이런 건 그리 특별한 건 아니고 다들 하는 거죠.

목종이 한 일 중 중요한 건 딱 세 가지입니다. 중립외교와 북방정책 그리고 개정전시과.

목종 시기에 거란이 송나라를 쳐들어가서 거의 점령할 뻔한 사건이 발생해요. 막판에 송나라가 억지로 막으면서 버텼어요. 그런데 거란도 전쟁을 지속하기에 힘이 좀 부치고 송나라도 이러다 까딱하면 다 먹히겠으니 협상을 해서 거란이 군을 물립니다.

이때 송나라가 매년 거란에 은 20만 냥과 비단 10만 필을 조공으로 바치기로 약속해요. 송나라가 굽힌 거죠. 이 약속을 한 장소가 '전연'이라는 곳인데, 송나라 입장에선 굴욕적인 조약이라 해서 이걸 '전연의

목종의 업적

맹약'이라고 불러요.

이런 사건이 발생하니까 거란의 힘이 만만치 않다는 걸 고려도 알게 됐겠죠. 그러니까 계속 이전처럼 거란을 적대시할 수만은 없게 된 거예요. 그래서 목종은 거란과 송나라 사이에서 중립외교를 펼칩니다. 양쪽 다 잘해줘요.

그렇다고 해서 거란이 안 쳐들어올 거라고 굳게 믿고 가만히 앉아서 있으면 안 되겠죠. 그래서 목종은 북쪽에 성을 쌓고 보수하는 등의 작업을 합니다. 이때 한 공사들이 나중에 2, 3차 고려거란전쟁 때 아주 큰 도움이 됩니다. 이게 바로 북방정책입니다.

마지막으로 개정전시과는 뭘까요? '전시과'는 고려 시대에 실시됐던

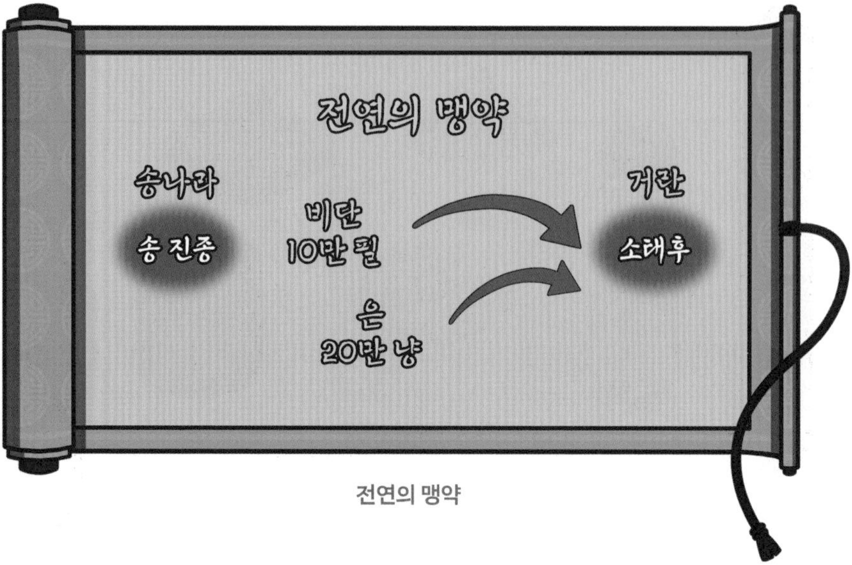

전연의 맹약

토지제도인데요. 목종이 이 토지제도의 단점을 보완해서 개정전시과라는 걸 시행해요. 이건 좀 복잡하기도 하고 전쟁과는 관련이 없으니 이 정도로만 설명하겠습니다.

천추태후가 대량원군을 죽이려는 이유

대량원군의 탄생

◐ 천추태후의 연인 김치양 ◑

이제 더욱 흥미로운 반란 얘기를 해봅시다. 천추태후는 5대 왕 경종의 부인입니다. 그런데 경종이 죽은 후 성종이 왕위에 올랐고요. 성종의 재위 기간이 16년이었는데 그동안 재미있는 일이 하나 있었어요. 바로 천추태후가 남자친구를 새로 사귄 건데요. 그의 이름은 바로 김치양, 기록에 따르면 김치양이 승려를 사칭했다고 합니다.

천추태후의 집안 자체가 불교 쪽과 친하기도 하고, 김치양이 천추태후와 외가 쪽 친척이기도 했어요. 승려를 사칭하면서 궁궐에 드나들던 김치양과 천추태후는 자연스럽게 친해져서 연애를 시작하는데, 성종에게 발각됩니다.

그러자 성종은 노발대발하면서 당장 헤어지라고 한 다음 김치양을 유배 보냅니다. 고려가 조선에 비해서는 여성이 재혼하는 게 사회적으로 용납되긴 했지만 천추태후는 왕비였잖아요. 게다가 왕의 아들까지 낳은 사람이고, 심지어 성종은 그 아이를 후계자로 선언한 상황이에요. 나중에 아이가 왕위에 올랐는데 천추태후가 결혼이라도 하겠다고 나서면 남자친구가 왕의 아버지가 되는 거잖아요. 그러니까 이건 용납이 안 됐던 거죠.

그런데 성종이 죽고 목종이 왕위에 오른 후 천추태후가 섭정을 하면서 곧장 김치양을 다시 궁궐로 불러들여 무려 정2품인 '상서우복야 판삼사'라는 벼슬을 줍니다. 이건 지금으로 치면 행정부 장관 겸 재정부 차관입니다. 행정과 재정을 장악하게 해버린 거예요. 이래서 천추태후와 김치양의 권한이 어느 정도였는지, 목종 시대의 업적이 어디까지 목종 개인의 업적인지에 대해 의견이 나뉘는 겁니다.

물론 김치양의 관직이 그냥 명예직이었는지 아니면 실질적으로 조정을 장악하려 했는지는 애매해요. 천추태후가 아무런 힘도 없었으면 김치양을 이런 관직에 올리기 힘들었겠죠. 그런데 목종이 힘이 없었다기엔, 목종이 독단적으로 의사 결정을 하거나 군사를 움직이려 했던 정황도 보입니다.

그래서 보통 '목종 시대의 업적은 목종이 한 것이고, 김치양은 천추태후를 등에 업고 조정을 장악하려 했으며, 그 힘으로 마음껏 사치를 부렸다'라고 정리합니다. 김치양이 전횡을 부리려 했던 정황도 있고,

죄 없는 신하를 반대파라는 이유만으로 모함도 했어요. 뇌물수수를 해서 끌어모은 돈으로 무려 300칸짜리 대저택을 짓고, 그 집을 지을 때 백성들을 돈도 안 주고 부려 먹기도 했어요. 이렇게 나쁜 짓을 많이 했기 때문에 그를 옹호하고 높은 벼슬까지 준 천추태후를 좋게 평가할 수가 없는 거죠.

게다가 결정적으로 천추태후와 김치양 사이에서 아들이 태어나는데, 이 아이는 김씨 성을 가진 아이잖아요. 그런데 천추태후와 김치양은 이 아이를 왕위에 올리려고 해요. 그래서 결정적으로 이 부분에서 천추태후를 좋지 않게 판단하는 겁니다. 그런데 목종은 이걸 알면서도 자기 엄마를 어떻게 하질 못해요. 그래서 '목종이 효자였다'라고 해석합니다.

물론 이건 다 정설이 아니라 하나의 해석입니다. '목종 시대의 모든 업적이 전부 천추태후의 업적이다'라고 해석하는 의견도 존재해요. 단지 천추태후가 마지막에 조금 욕심을 부리려던 것뿐이라고 말이죠. 만약 그렇다면 목종은 뭘 한 걸까요? 아무것도 한 게 없다는 거겠죠. 그런데 김치양의 전횡이나 자신의 아들을 왕위에 올리려 했던 행위 등을 보면, 저도 다수의 의견처럼 목종 시대의 일은 목종이 했다는 해석에 힘을 싣고 싶습니다.

◐ 걸림돌 ◑

천추태후와 김치양 사이에 난 아들, 그러니까 김씨 성을 가진 아이가 왕위에 오를 수 있을까요? 앞서 고려 초기엔 족내혼이 횡행했다고 했죠. 그래서 천추태후도 태조 왕건의 손녀였어요. 그러니 엄밀히 말해서 천추태후와 김치양의 아들은 태조 왕건의 증손자인 거죠. 그러니까 아예 현실성이 없는 건 아니지만, 이게 현실이 되려면 두 가지 조건을 충족해야 합니다.

첫 번째 조건은 목종이 아들을 낳지 않을 것.

신기하게도 이건 목종이 알아서 충족을 해줘요. 왜냐하면 목종이 남자를 좋아했거든요. 양성애자인지 동성애자인지는 확실치 않습니다.

천추태후와 김치양이 자기네 아들을 다음 왕으로 올리려고 했다는 건, 목종이 여자를 좋아하지 않는 걸 알았기 때문에 자손을 낳지 않을 걸 알고 꾸민 일일 가능성이 큽니다. 목종도 천추태후의 아들인데, 설마 목종을 죽이고 김치양과 낳은 아이를 왕위에 올리려고까지 했겠어요? 그래서 목종은 양성애자보다는 동성애자였을 확률이 높아 보입니다.

두 번째 조건은 왕씨 성을 가진 어린 남자아이가 없을 것. 왕씨 성을 가진 남자아이를 전부 없애면 왕씨 성을 갖지 않았더라도 왕건의 핏줄 중에서 다음 왕을 세워야 하겠죠. 그러면 성은 달라도 왕건의 증손자이자 현 왕인 목종의 동생인 아이를 왕위에 올리는 게 제일 좋지 않겠어요?

앞서 태조 왕건은 부인이 29명이라고 했어요. 그리고 그 밑에서 족

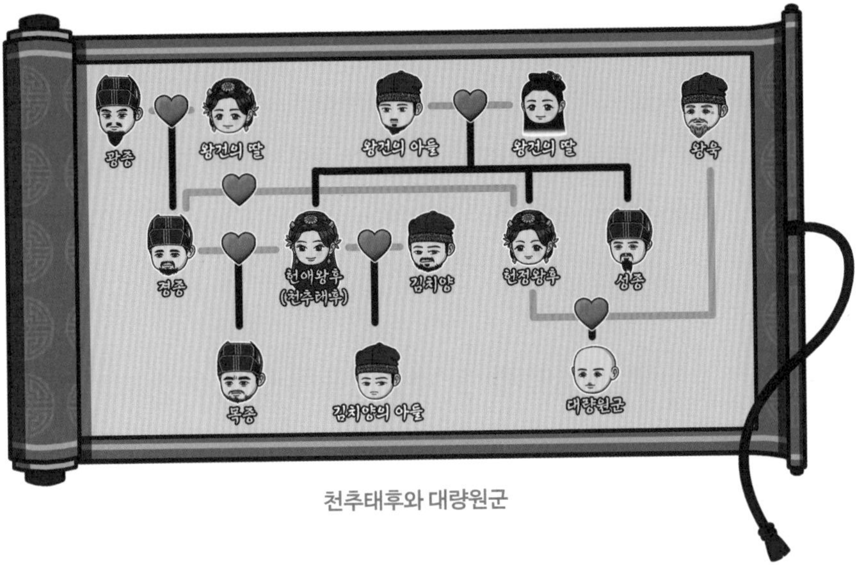

천추태후와 대량원군

내혼을 추구했죠. 그런데 목종 시절에 남아 있던 왕씨 성을 가진 아이는 딱 세 명이었습니다. 앞서 정종, 광종 시절에 둘이 왕자의 난을 일으켰을 수도 있다고 했죠. 자기들이 반란으로 왕위에 올랐으니 누군가 또 반란을 일으킬 수도 있다는 걱정을 많이 했겠죠.

그리고 이게 사실이 아닐지라도 고려는 처음 건국할 때부터 호족세력의 힘을 많이 빌려서 아직 왕권이 약하고 지방 호족의 힘이 엄청 강했어요. 사실상 호족의 연합국가처럼 보일 정도였으니까요.

그래서 정종, 광종 시기에 왕권 강화를 하려고 대대적인 숙청작업을 진행합니다. 이때 자기 배다른 형제까지도 역모로 엮어서 죽이곤 했어요. 그러다 보니 왕건의 핏줄이 씨가 말랐죠. 왕씨 성을 가진 세 명의 남자 중 두 명도 이미 광종 때 역모로 처형된 자의 아들이었어요. 이들은 역적의 아들이니까 왕위 후보에서 제외죠.

자, 그럼 딱 한 명 남았어요. 천추태후 입장에서는 이 한 명만 없애면 자기 아들을 왕위에 올릴 수 있는 거예요.

◐ 마지막 왕씨, 대량원군의 탄생 ◑

한 명 남은 왕씨는 대체 누구일까요? 고려 7대 왕 목종의 아버지는 5대 왕 경종이고, 경종이 성종한테 왕위를 넘겨줬다가 성종이 다시 목종한테 넘겨줬죠. 이때 경종의 부인이자 성종의 누이가 둘 있다고 했습니다. 헌애왕후와 헌정왕후. 이 중에 헌애왕후의 아들이 목종이 되고 헌애왕후는 천추태후가 됐어요.

그런데 헌정왕후에게서도 아들이 하나 태어납니다. 5대 왕 경종한테는 아들이 하나밖에 없었다고 했는데? 그럼 헌정황후와 경종과의 사이에는 아들이 없는 것 아닌가요? 맞습니다. 경종이 죽은 후 헌정황후가 남자친구를 새로 사귀었고 그 사이에서 아들이 태어납니다.

그 남자친구는 바로 헌정왕후의 삼촌이자 태조 왕건의 아들인 '왕욱'이었습니다. 당시 헌정왕후는 약 30세, 왕욱은 50세쯤 됐다고 해요. 둘은 삼촌, 조카 사이였고요.

경종이 죽고 성종이 왕위에 올랐을 때 과부가 된 헌정왕후는 너무 외로웠어요. 그래서 왕욱과 연애를 하는데요. 헌정왕후는 왕욱의 집에 수시로 들락날락했고, 어느 날 헌정왕후가 임신을 합니다.

그런데 아무리 그래도 헌정왕후는 왕비였단 말이에요. 아무리 왕이 죽었어도 왕비의 재가는 쉽지 않아요. 게다가 둘은 삼촌과 조카 사이이기도 해요. 당시에는 족내혼이 성횡했으니 이건 그렇다 칩시다. 이때 왕욱의 부인이 살아 있었는지는 몰라요. 살아 있었으면 불륜이죠. 그러니까 이 둘이 연애를 한다는 게 '아무리 그래도 이건 좀 아닌데?' 싶잖아요.

왕욱의 노비들도 그렇게 생각했어요. 문제는 헌정왕후의 배가 남산만큼 불러오는데, 이게 나중에 아이가 태어난 다음 발각되면 알면서 묵인했다고 노비들한테도 불똥이 튈 수 있잖습니까. 그러니 노비들이 성종한테 이걸 알리고 싶은데, 워낙 사안이 중대하다 보니까 이걸 몰래 알리기도 어려운 거예요.

그래서 생각해낸 방법이 헌정왕후가 왕욱과 동침을 할 때 왕욱의 집 마당에서 불을 질러버리는 겁니다. 왕욱은 태조 왕건의 아들라고 했죠. 당시 왕건의 다른 아들들은 대부분 죽어서 왕욱이 왕실 최고 어른이었어요. 게다가 왕위에 있던 성종한텐 삼촌이었고요.

그런데 왕욱의 집 앞에 불이 났다고 하니까 성종도 헐레벌떡 달려왔지 않겠습니까. 그런데 도착해보니 헌정왕후가 거기 있는 겁니다. 그런데 배는 왜 저렇게 불러 있지? 그때 노비 한 명이 막 달려오더니 이렇게 말합니다.

노비 폐하, 헌정왕후와 왕욱은 서로 동침을 하는 사이이옵니다! 게다가 헌정왕후는 지금 왕욱의 아이를 임신하여 배가 만삭까지 불러 있사옵니다. 사안이 워낙 중대한데 이를 성상께 알릴 방법이 없었기에 저희가 이렇게 집에 불을 질렀사옵니다!

궁궐은 발칵 뒤집히고 성종도 노발대발합니다. 성종은 유학을 장려했어요. 유교적 가치관으로 볼 때는 더욱 말도 안 되는 일이죠.

결국 성종은 곧장 왕욱을 유배 보냅니다. 헌정왕후에겐 딱히 처벌을 내리진 않았지만 헌정왕후가 이날 얼마나 충격이 컸겠습니까. 그래서인지 그녀는 아이를 낳고 바로 죽습니다. 어쨌든 그렇게 헌정왕후와 왕욱 사이에서 아들이 태어나니, 그가 바로 고려의 마지막 남은 왕손 대량원군(왕순)입니다.

참고로 왕자들에게는 '봉호'라는 게 붙어요. 왕순의 봉호는 '대량원군'이었죠. 왕씨가 많아서 헷갈리니까 이제부터 '왕순'이 아니라 '대량원군'이라고 표기하겠습니다.

반란의 서막, 불바다가 된 궁궐

김치양의 난

◐ 대량원군 제거작전 ◑

어쨌든 일은 이미 벌어졌고 대량원군은 태어났습니다. 그런데 성종이 마음씨가 워낙 착했거든요. 그래서 처음엔 이 아이를 궁궐로 데려와서 키워요. 유모도 붙여주고 나름 잘해주려고 했어요. 그런데 어느 날 이 아이가 성종을 보고 말합니다.

아이　　아빠!

이걸 본 성종은 마음이 너무 아팠어요. 이 어린애의 운명이 얼마나 고달픕니까. 태어나자마자 엄마는 죽고 아빠는 유배 가고, 평생 부모

얼굴도 모른 채로 자랄 텐데 아빠가 얼마나 보고 싶었으면 자길 보고 아빠라고 할까?

성종은 결국 아이를 왕욱에게 보내서 왕욱이 직접 기르게 해줍니다. 그런데 또 얼마 안 있어서 왕욱이 죽는 바람에 대량원군은 다섯 살 때 다시 궁으로 돌아오게 돼요. 그리고 얼마 안 되어 성종이 죽고 목종이 즉위합니다.

천추태후와 김치양이 낳은 아들을 왕위에 올리려면 왕씨 성을 가진 남자를 전부 제거해야 했죠. 그런데 대량원군은 엄마가 과거에 왕비였을 뿐만 아니라 태조 왕건의 손녀이고 아빠는 태조 왕건의 아들입니다. 그러니 사실상 목종이 아들 없이 죽으면 대량원군이 유일한 왕위 후보가 되는 거죠.

이걸 다르게 말하면 천추태후 입장에서는 대량원군만 없으면 자기 아들을 왕위에 올릴 수 있는 거예요. 그래서 천추태후와 김치양은 대량원군을 어떻게 제거할지 고민하기 시작합니다.

먼저 천추태후는 대량원군을 출가시켜서 절로 보내버려요. 처음에는 대량원군을 '숭교사'라는 절로 보냅니다. 그런데 숭교사는 수도 개경과 가까웠기 때문에 사실 대량원군이 마음만 먹으면 조정의 유력 관료들이랑 친분을 다질 수 있었어요. 왕위 계승을 못하게 하려는 것치고는 좀 허술했던 거죠. 그래서 이걸 해석하기로는 '천추태후는 사실 대량원군을 죽일 생각까지는 안 했는데 김치양이 자꾸 자객을 보내서 대량원군을 죽이려 했다'라고 해석하기도 합니다.

목종 9년(1006년), 14세의 대량원군은 숭교사를 떠나 신혈사로 옮겨집니다. 갑자기 작은 절로 보내졌으니 대량원군도 뭔가 눈치를 챘겠죠? 이 신혈사에는 진관스님이 있었는데 그도 눈치를 챘어요. 대량원군이 위기에 빠졌다는 사실을 말이죠. 이때부터 자꾸 대량원군을 죽이러 자객이 찾아옵니다.

대량원군 쪽에서도 다 눈치채고 경계하고 있었기 때문에 처음 한두 번은 어떻게 막아냅니다. 그런데 아무래도 불안하니까 진관스님이 땅굴을 파서, 위험할 것 같으면 대량원군을 땅굴에 숨깁니다. 그러던 어느 날 두 사람이 절을 찾아오더니 대량원군을 찾습니다.

두 사람 대량원군에게 음식을 좀 전하러 왔습니다.

그러자 진관스님은 눈치를 채고서 대량원군을 땅굴에 숨겨놓고는 이렇게 말합니다.

진관스님 아, 그런데 어쩌죠? 대량원군이 아까 산에 놀러 나갔는데 말도 없이 나가서 어디로 갔는지를 통 알 수가 있어야 말이죠.

두 사람 아 그렇습니까? 그럼 올 때까지 기다리죠 뭐.

그렇게 하루 이틀이 지나도록 두 사람은 절을 떠나지 않고 기다렸지만 대량원군이 끝까지 나타나지 않자, 결국 포기하고 돌아갔다고 합니다. 그런데 이 일이 있고 나서 대량원군은 목종한테 편지를 하나 보냅니다.

대량원군 며칠 전 간악한 무리가 절에 음식을 가지고 찾아왔는데, 신은 혹여나 이 음식에 독이 들었을까 염려하여 먹지 않았습니다. 그런데 무리가 돌아간 후 음식을 마당에 버렸더니 참새와 까마귀가 날아와 이 음식을 먹고는 금세 독에 중독돼 죽었습니다. 상황이 이리도 절박하니, 성상께서는 이 불쌍한 저를 구원하여 주시옵소서.

이후 펼쳐질 일들로 보아 목종과 대량원군 사이에는 후계를 대량원군에게 물려주기로 합의가 되어 있었던 것 같습니다. 대량원군이 승려 때 지은 시들을 보면 왕이 되고자 하는 강력한 의지가 드러나 있을 뿐만 아니라, 목종도 대량원군을 후계자로 선포하려 했거든요. 그래서 대량원군은 이처럼 위기에 처하자 목종에게 도움을 요청하는 편지를 보낸 거죠.

◐ 김치양의 난 ◑

앞서 말했듯 목종은 남색을 즐겼습니다. 그의 유명한 남자친구로는 유행간과 유충정이 있었는데요. 목종은 이 둘에게 높은 관직을 주어 궁궐 출입을 자유롭게 했으며, 이들의 관계가 워낙 유명해서 이미 조정엔 소문이 파다했죠.

그러던 어느 날, 궁궐에서 연등회가 펼쳐져 목종이 이를 구경하고 있었는데, 갑자기 기름창고에서 불이 나면서 대형 화재가 발생합니다. 이 불길은 걷잡을 수 없이 타오르더니 천추태후가 머물던 천추전까지 불이 번지고 맙니다.

불길이 워낙 센지라 진압할 새도 없이 천추전이 소실됩니다. 그러자 목종은 이 소식을 듣고는 어머니에게 변고가 생긴 줄 알고 크게 상심해 드러눕고 마는데요. 다행히도 천추태후는 이때 다른 곳에 있었기 때문에 화를 입진 않았어요. 문제는 목종이 이때 너무 충격을 받는 바람에 병이 들고 만 겁니다.

목종이 병이 든 이유는 단지 어머니 천추태후가 걱정됐기 때문만은 아니었습니다. 목종은 천추태후와 김치양이 음모를 꾸미고 있단 걸 이전부터 알고 있었어요. 대량원군이 자꾸 자기한테 자객이 찾아온다는 얘길 목종한테 알렸잖아요. 하나뿐인 왕손에게 자객을 보낼 사람이 김치양 말고 또 누가 있겠습니까.

게다가 김치양은 자기편을 모으기 위해서 대놓고 조정 관료들을 포섭하고 다녔어요. 이때 김치양이 하나 실수를 한 게, 유충정한테까지 접근한 거예요. 목종의 최측근까지도 자기편으로 끌어들이려 했던 것 같은데요.

문제는 유충정은 목종이 대량원군한테 후계를 물려주려 한다는 걸 알고 있었다는 거예요. 그래서 유충정은 김치양의 제안을 단칼에 거절하고는 바로 목종한테 편지를 써서 이 사실을 알립니다.

유충정 폐하, 현재 김치양이 제 아들을 왕위에 올리고자 뜻을 함께 할 사람들을 포섭하고 있사옵니다. 저에게도 다가와 함께 하자 하였으나 제가 거절했사오니 폐하께서는 서둘러 조치를 취하시옵소서.

그런데 지금 갑자기 연등회를 보다가 궁궐에 큰 불이 났잖아요. 이 불을 누가 왜 냈는진 아직 몰라요. 목종 입장에서는 갑자기 원인 모를 대형 화재가 발생하질 않나, 대량원군은 자객의 위험을 받고 있다는 편지를 보내질 않나, 게다가 김치양이 자기편을 모으고 있다는 사실까지 알았으니 가만히 있을 수가 없겠죠. 몇 날 며칠을 고민하던 목종은 채충순을 불러서는 이렇게 묻습니다.

목종 지금 왕실 외부에서 역모를 꾸미고 있는 자들이 있는데 자네는 이 사실을 아는가?

채충순 신도 언뜻 듣기는 하였으나, 그 실상에 대해선 알지 못하옵니다.

목종 여기 유충정이 내게 준 편지와 대량원군이 내게 보낸 편지를 보게나.

그러자 편지를 읽은 채충순은 상황이 심상치 않음을 눈치채곤 이렇게 말합니다.

채충순 사태가 급박한 듯하니, 서둘러 대책을 마련하셔야겠습니다.

궁을 나온 채충순은 최항을 만나 목종의 말을 전합니다.

최항 안 그래도 저도 최근 근심하고 있었는데, 성상의 뜻이 이와 같으니 참으로 다행입니다.

그때 유충정이 사람을 보내더니 최항과 채충순에게 이렇게 말합니다.

유충정 지금 성상께서 병으로 누워 계신 틈을 타 간사한 무리가 기회를 엿보고 있으니, 장차 사직이 다른 성씨에게 돌아가게 될까 두렵습니다. 만약 병세가 더욱 위독해진다면, 마땅히 태조의 후손을 후계자로 세워야 할 것입니다.

그러자 최항이 놀란 척하며 묻습니다.

최항 태조의 후손이라면 누굴 말하는 것인가?

유충정 대량원군이 있지 않습니까? 그분이라면 마땅히 왕위를 계승할 만한 분입니다. 내가 직접 경들을 만나 상의하고 싶지만 제겐 수행원이 많아 혹여나 주위에서 의심을 살까 두려우니, 두 분께서 와주시기 바랍니다.

이로 보아 유충정은 목종의 뜻이 대량원군에 있음을 알고 최항, 채충순과 함께 목종의 뜻대로 대량원군을 후계로 책봉하려 했습니다. 반면 유행간은 대량원군을 후계로 삼는 걸 못마땅해했어요. 그래서 목종은 유행간에게 이 사실을 알리지 않고 몰래 일을 진행하라고 명하는데요. 채충순은 다시 목종을 찾아가 대량원군을 데려오는 일에 대해 의논합니다.

채충순 대량원군께 군사를 보내 그를 궁으로 모셔 오게 하소서. 하나 군사들의 수가 너무 많으면 분명 시일이 길어질 것인데, 간사한 무리가 그 틈을 타 대량원군을 해치려 할까 두렵습니다. 하여 군사 10여 명으로 하여금 지름길로 가서 조용히 모셔 오게 해야 할 것입니다.

목종 서둘러 보내도록 하라. 내가 친히 대량원군에게 선위하여 나라를 맡기려고 한다. 만약 내가 병이 낫게 된다면 과거 성종께서 나를 후계로 세우셨던 것처럼 일찌감치 명분을 세워 놓을 것이다. 그리하면 감히 누가 틈을 엿보려 할 텐가? 짐이 아들이 없어 일찍이 후계자를 정하지 못하였는데 이 때문에 뭇사람들의 마음이 동요하게 되었으니, 이는 다 내 잘못이다. 경들은 종묘와 사직을 위하여 이 일에 정성을 다하도록 하라.

그런데 과거에 대량원군한테 하도 자객이 많이 찾아가는 바람에 대량원군 입장에서는 누가 자길 찾기만 하면 숨어버린단 말이에요. 그래서 목종은 직접 편지를 써서 대량원군을 안심시키려 합니다. 목종은 마음이 급했는지 채충순이 글의 초안을 잡는 동안에 직접 먹을 갈았어요.

채충순 폐하, 신이 먹을 갈아서 글을 쓰겠나이다. 바라건대 성체를 수고롭게 하지 마시옵소서.

목종 마음이 조급하니 힘든 줄도 모르겠구나.

그렇게 편지가 완성되자 목종은 신혈사로 10명 정도 사람을 보내서 대량원군을 맞아오라 했습니다. 그리고 뒤이어 개성부 참군에게 명하여 군사 100명을 거느리고 교외에 나가 있다가 대량원군을 발견하면 개경까지 호위해 오라고 하죠.

미스테리한 반란

강조의 정변

◐ 서북면도순검사 강조 ◑

일단 대량원군을 데려오라고 사람을 보내긴 했으나, 목종은 그걸로는 안심이 되질 않았습니다. 만약 궁궐에 불을 지른 범인이 김치양이라면, 김치양이 목종을 죽이려고 불을 지른 거라면, 지금 당장이라도 그가 반란을 일으킬 수도 있잖아요.

그래서 목종은 자신을 호위할 병력도 필요하다 생각해 서북면도순검사 강조에게 급히 개경으로 들어오라는 서신을 보내는데요. 서북면도순검사란 서북면 지역의 군사를 총괄하는 자입니다. 고려의 적은 북쪽의 거란과 여진이니, 고려는 이들을 막기 위해서 북쪽 지역을 두 개로 나눠서 서북면과 동북면에 군사를 집중해뒀어요. 그러니 서북면도순검사는 군권이 꽤 셌겠죠.

목종의 편지를 받은 강조는 사태가 위급하다고 생각해 군사를 모을 새도 없이 소수의 병력만을 이끌고 급히 개경으로 향합니다. 그런데 용천역에 다다랐을 때 갑자기 두 사람이 나타나 그의 앞을 가로막아요.

위종정과 최창은 과거에 조정에서 문제를 일으켰다가 쫓겨난 자들이었어요. 그래서 조정에 깊은 원한을 갖고 있었는데요. 지금 일이 심상치 않게 돌아가고 있으니, 이걸 기회 삼아 나라에 변란을 만들기 위해 강조에게 거짓말을 합니다.

위종정, 최창 주상께선 지금 병이 위독하셔서 일 분 일 초가 급한 상황입니다. 하여 태후(천추태후)께서 이 기회를 틈타 김치양과 더불어 역모를 일으키고자 하였는데, 공이 외방에서 많은 군사를 장악하고 있기에 혹여나 자신들의 뜻을 따르지 않을까 두려워 거짓으로 왕명을 꾸며 불러들인 것입니다. 공께서는 서둘러 서북면으로 돌아가시어 의로운 군사를 일으켜 역적을 토벌하고 나라를 보전하시옵소서!

그러자 강조는 이들의 말을 덜컥 믿어버립니다. 목종은 이미 죽었고 김치양이 조정을 장악했다고 생각해서 서북면으로 돌아가죠.

그런데 이게 신의 한 수가 되었으니, 강조가 떠난 지 얼마 안 되어 천추태후가 보낸 군사들이 나타나 길을 막고는 강조를 찾으려고 수색합니다. 천추태후는 목종이 강조를 불러들였단 사실을 알아채고는 이걸 막으려고 군사를 보낸 거예요. 강조가 소수의 병사만 데리고 그대로 왔다면 이들한테 잡히고 말았겠죠.

한편 강조의 아버지는 상황이 심상치 않게 흘러가자 편지를 한 통 쓰더니 대나무 지팡이 안에 숨기고는 종을 시켜서 이걸 강조한테 전달하라고 합니다. 그런데 지금 천추태후가 길을 막고 수색을 벌이고 있잖아요. 강조네 집안 종이 여길 지나가려고 하면 그 자리에서 잡히겠죠.

그래서 강조의 아버지는 종의 머리를 깎고는 승려처럼 변장을 시켜서 보내는데요. 종은 밤낮으로 달려가 강조에게 편지를 전하고는 기력이 다해서 그 자리에서 죽고 맙니다.

강조의 아버지 성상께서는 이미 세상을 떠나시고 간사한 무리가 조정을 장악하고 있으니, 강조는 서둘러 병사를 이끌고 개경으로 나아와 나라의 변란을 평정토록 하라!

강조는 곧장 5000명의 군사를 이끌고 개경으로 진격합니다. 그런데 아뿔싸! 개경으로 가는 도중에 목종이 아직 살아 있고 쿠데타도 일어나지 않았단 사실을 알게 돼요. 강조는 진퇴양난에 빠집니다. 이미 군사를 일으킨 이상 이대로 군을 돌렸다가는 나중에 모함을 당해 역모로 처형당할 수 있습니다.

그렇다고 이대로 진격했다가는 목종도 살아 있고 쿠데타도 일어나지 않았다는데 이 많은 병사를 이끌고 개경으로 진격한 명분을 뭐라고 해명할 수 있을까요? 강조는 한참을 고민에 빠졌는데 그때 한 장수가 그에게 말합니다.

장수　　이미 여기까지 왔으니, 여기서 멈출 수는 없습니다.

그러자 강조는 결심을 굳히고는 이렇게 답합니다.

강조　　그래, 그럼 출발하자.

강조는 결정했습니다. 이렇게 된 이상 자기가 반란을 일으켜서 왕을 끌어내리기로요. 그다음엔 다른 왕을 세워야겠죠? 강조는 대량원군에게 사람을 보내 그를 모셔 오라고 지시합니다.

◐ 강조의 정변 ◑

강조는 먼저 목종에게 장계를 올립니다.

강조　　성상의 병이 점점 깊어짐에도 불구하고 나라의 근본이 아직 정해지지 않았기에 간사한 무리가 기회를 엿보고 있습니다. 또한 폐하께서는 유행간 등의 참소와 아첨만을 믿으시고 상과 벌을 내림이 사리에 맞지 않았기에 지금 조정이 이 위태롭고 어지러운 지경에 이르렀습니다. 이제 명분을 바로잡아 사람들의 마음을 붙잡아 매고, 악한 무리를 제거하여 뭇사람들의 원통함을 씻기고자 하오니, 폐하께서는 근처 절간에 나가 쉬고 계시옵소서. 지금 대량원군을 맞이하여 궁궐로 나아가고 있사오니 간사한 무리를 소탕한 후에 다시 맞아들이겠사옵니다.

장황하게 설명하긴 했는데 요약하자면, '지금 이 사태는 왕인 네가 정치를 잘 못 해서 벌어진 일이다. 그래서 내가 새 왕을 세워서 사태를 바로잡으려 하니까 너는 이제 그만 물러나라'는 거예요. 편지를 받은 목종이 답합니다.

목종 내 이미 알고 있으니 그리 하겠다.

한편 이 시각 목종이 보낸 사람들이 신혈사에 도착해 대량원군을 찾습니다. 진관스님은 처음엔 이들이 김치양이 보낸 무리인 줄 알고 대량원군을 숨기고 내주지 않으려 했는데요. 이들이 목종이 준 편지를 보여주며, 대량원군을 후계로 삼으려는 뜻을 전하니 그제야 대량원군이 밖으로 나옵니다.

강조의 병사들은 궁궐로 들어가 크게 소란을 피웁니다. 탁사정과 하공진 같은 개경의 장수들은 이미 강조 편으로 넘어갔기에 목종은 딱히 저항할 수도 없었는데요. 놀란 목종은 두려워 떨면서 유행간을 강조에게 보냅니다. 가장 아끼는 걸 내 줄 테니 한 번만 봐달라는 거였죠. 그럼에도 강조가 물러서지 않자 이번엔 최항이 나와 강조에게 묻습니다.

최항 옛날에도 이러한 일이 있었는가?

하지만 강조는 대답하지 않습니다.

결국 강조의 군사들이 궁궐로 난입하자 태후와 함께 있던 목종은 이미 피할 수 없음을 깨닫고 하늘을 보며 목 놓아 울기 시작하는데요. 강조는 목종을 폐위시켜서 일단 법왕사로 보낸 다음 사람을 보내서 그를 감시합니다.

그런데 강조가 궁궐로 들어서자 갑자기 만세를 부르기 시작하는 병사들. 놀란 강조는 급히 병사들을 다그칩니다.

강조 황위를 계승하실 대량원군께서 아직 도착하지도 않으셨는데, 이게 무슨 소란이냐?!

잠시 후 대량원군이 도착하니 강조는 그를 왕으로 옹립합니다. 그렇게 마침내 대량원군이 왕위에 오르니 그가 바로 고려 제8대 왕, 현종입니다.

◐ 목종의 최후 ◑

궁궐을 장악한 강조는 김치양과 그의 아들을 포함해 총 일곱 명을 처형합니다. 여기엔 목종의 연인 유행간도 있었는데 유행간이 애초에 대량원군의 옹립을 반대했기 때문에 그도 같이 죽인 거죠. 또한 강조는 김치양과 태후의 측근 30여 명을 섬으로 유배 보냅니다.

폐위된 목종도 유배형에 처합니다. 목종은 길을 떠나기 전에 강조에게 말을 빌려달라고 부탁했는데, 강조는 말을 단 한 필만 빌려줘요. 결국 목종은 민가에서 말 한 필을 더 구해서 태후와 함께 타고 갑니다. 귀법사에 이르자 목종은 어의를 벗어 반납했습니다. 강조는 목종을 따르던 내시와 궁인, 신하들에게도 이제 돌아오라고 지시하는데요. 그러자 이들을 떠나보내며 목종이 말합니다.

목종 얼마 전 천추전이 불에 타 소실된 것도, 지금 이렇게 갑자기 변란이 일어난 것도 전부 다 내가 덕이 부족했기 때문인 것을, 이제 와 그 누구를 원망하겠는가? 다만 바라건대 나는 이제 시골에 내려가 조용히 노년을 보내고자 하니, 경이 좀 새 황제께 잘 아뢰어주시게.

내가 다 잘못했고, 앞으로 문제 안 일으키고 조용히 살 테니까 제발 목숨만 살려달라는 거죠. 목종은 태후가 음식을 먹을 때면 직접 그릇을 받들고, 태후가 말을 탈 때면 직접 고삐를 잡았습니다. 그러나 강조는 그를 살려 둘 생각이 없었는데요. 목종이 적성현에 이르자 강조가 보낸 군사들이 찾아와 그에게 독약을 바칩니다. 하지만 목종이 마시지 않으려고 버티자 전령이 옆에 있던 군사들에게 말합니다.

전령 강조가 내게 말하기를, '만약 독을 먹이지 못하면 군사로 하여금 큰일을 치르게 한 후에 자살하였다고 보고하라'라고 하였다. 뭣들 하느냐? 당장 저 자를 죽이지 않으면 우리 모두 멸족을 당할 것이니라!

그러자 곧장 칼을 뽑아 목종을 베는 군사들. 그 후 이들은 강조가 시킨 대로 현종한테는 목종이 스스로 목숨을 끊었다고 보고합니다. 그날 밤 군사들은 문짝을 뜯어 관을 만든 뒤 날이 밝자 목종의 시체를 화장합니다.

이 일이 전해지자 신하와 백성 중에는 원통해하고 분노하지 않는 이가 없었다고 해요. 하지만 현종은 이러한 사실을 알지 못했습니다. 그러다 나중에 거란이 쳐들어올 때 현종에게 어째서 목종을 죽였냐면서 죄를 묻자, 현종은 그제야 목종이 시해당한 걸 알고 묘호를 목종이라고 지어줍니다.

강조는 목종은 죽였지만 천추태후는 죽이지 않았습니다. 그녀는 이후로도 무려 21년을 더 살다가 향년 65세에 이르러 조용히 죽었다고 해요.

사실 이 강조의 정변은 의문점이 한 둘이 아닙니다. 강조는 어째서 위종정이나 최창의 말을 그대로 믿은 걸까요? 강조는 어째서 목종이 살았음을 알게 됐을 때 군을 돌리지 않고 개경으로 진격한 걸까요? 천추태후는 과연 김치양의 난에 어디까지 관여한 걸까요? 이 외에도 의문점이 많기에 강조의 정변에 대한 해설은 두 갈래로 나뉩니다.

하나는 '강조는 고려에 충성했지만 일이 너무 틀어지는 바람에 어쩔 수 없이 반란을 일으킨 것이다.' 또 다른 하나는 '강조는 애초부터 작정하고 반란을 일으킨 것이다.' 강조의 진심이 무엇인지는 시간이 지나야 알 수 있었을 텐데요. 하필 얼마 안 있어 거란의 침공이 시작되는 바람에 강조의 진심은 끝내 알 수 없게 되었습니다. 여러분들은 어떻게 생각하시나요? 강조는 정말 어쩔 수 없었던 걸까요? 아니면 애초부터 반란을 일으키려 한 역적이었던 걸까요?

40만 대군의 침공
2차 고려거란전쟁

◐ 강조의 정권 장악 ◑

목종을 끌어내리고 현종을 옹립한 강조는 중추원을 없애고 '중대성'이라는 기구를 창설합니다. 중추원은 왕명의 출납을 관장하고 궁궐 안팎에서 왕을 호위하며, 군사와 관련된 업무부터 국정의 전반을 관장하는 그야말로 고려 최고의 핵심 기구였습니다. 이걸 없애고 중대성으로 바꿨다는 건 현종의 눈과 귀를 막고 앞으로는 정치, 군사와 관련된 모든 활동을 강조가 대신하겠다는 걸 의미해요. 현종을 그냥 허수아비로 만들어버린 거죠.

현종은 허수아비 신세가 됐지만 그래도 두 가지 일을 진행할 수 있었습니다. 먼저 아버지 왕욱을 추존하고 '안종'이라는 묘호를 올렸어요.

왕의 아들이 아닌 자가 왕위에 오르면 보통 관례상 그의 아버지를 왕으로 추존해줘요.

그리고 현종은 서둘러 결혼을 하는데, 이때 고려 제6대 왕 성종의 두 딸을 아내로 들입니다. 이는 정치적인 안정을 위한 조치였을 것으로 생각됩니다. 반정으로 왕위에 오른 데다 실권까지 모두 빼앗겼으니 왕위가 여간 위태롭지 않았겠습니까. 그래서 현종은 선대 왕의 딸들을 아내로 맞아 정치적 안정을 꾀했을 것으로 보입니다. 참고로 이 둘은 현종과 사촌 관계였는데, 근친혼이 흔했던 고려 왕실의 족보에 관해선 앞서 설명했죠. 이게 지금 관점으로 보면 이상하지만 그때는 그리 나쁜 일이 아니었어요.

◐ 목종의 폐위 사실을 알게 된 거란 ◑

이렇게 해서 급한 일들은 대부분 정리됐는데, 이제 가장 중요한 일이 하나 남았습니다. 왕이 교체된 사실을 거란에 알리는 거였죠. 전대 왕인 목종은 거란 황제가 직접 책봉한 자였습니다. 그런데 이 왕이 교체됐으니 괜히 트집 잡히지 않으려면 이 사실을 거란에 꼭 알려야만 하겠죠. 고려는 거란에 사신을 보내 왕이 교체됐음을 알립니다.

그러자 거란은 뭔가 이상한 낌새를 눈치챘는지 왜 이렇게 갑작스럽게 왕이 교체됐냐면서 캐묻습니다. 고려는 구체적인 답변을 피하려 했지만 결국 진실이 거란의 귀에 들어가고 맙니다.

잠깐 과거로 돌아가서 993년에 1차 고려거란전쟁이 끝나고 994년에 서희가 강동 6주 지역을 개척하기 시작하면서 이쪽 지역으로 장수들을 여럿 파견했습니다. 이때 하공진도 '압강도구당사'라는 직책에 임명돼 북쪽으로 파견되는데요. 이 지역은 원래 여진이 장악하고 있었기 때문에 여진족을 몰아내고 성을 쌓아야 했습니다. 하공진도 여진족을 견제하고 성을 쌓는 인부들을 보호하는 역할을 맡아 이 임무를 아주 잘 수행합니다.

이때 하공진의 활약이 대단합니다. 하공진이 이 지역에서 여진족을 완전히 몰아내버리는 바람에 이후로 별다른 대비가 없어도 이 지역에 안정화되었다고 합니다. 그런데 하공진이 실수를 하나 했습니다. 바로 조정의 허락 없이 여진의 부락을 공격한 겁니다. 심지어 멋대로 공격했으면 승리라도 하든가, 결국 패배하고 돌아와요. 이 당시엔 이 일이 조정에까지 알려지지 않았는지 다행히도 그냥 쉬쉬하고 넘어갔는데요.

다시 1010년으로 돌아와서, 강조가 정변을 일으켜서 개경으로 쳐들어갔을 때 중랑장 탁사정과 하공진은 곧장 강조 편으로 붙었습니다. 이때 아마 하공진과 친한 사이였던 유종도 강조한테 넘어간 것 같습니다. 강조는 정권을 잡은 다음 유종을 북방으로 파견 보냅니다. 화주방어낭중으로 말이죠.

그런데 이때 유종이 큰 사고를 하나 쳐요. 유종은 과거 하공진과 여진 부락을 공격했다가 패퇴한 일로 인해 여진족에게 앙심을 품고 있었습니다. 그런데 한 여진족 추장이 고려와 화친을 맺기 위해 화주로 찾아옵니다. 그러자 유종은 이 여진족 추장과 그 수행원 95명을 모조리 죽여버립니다.

여진족은 부족 단위로 나눠져 있었기 때문에 누구는 고려에 적대하고 누구는 고려에 협력하고 했는데요. 이때 화주에 들어와 있던 자들은 고려에 협력하려고 온 자들이에요. 그런데 자기 화풀이를 하겠다고 이들을 전부 죽여버렸으니 여진족은 너 나 할 것 없이 고려에 적대적으로 돌아섰죠.

잔뜩 화가 난 여진족은 거란에 달려가 강조의 정변에 대한 진실을 알립니다. 그뿐 아니라 거란에 말을 1만 필이나 바치며 고려를 정벌할 때 같이 참전하겠다고까지 합니다.

그렇게 목종이 반란으로 폐위돼 죽었다는 사실을 알게 된 거란은 이를 빌미 삼아 본격적으로 고려를 쳐들어갈 준비를 시작합니다. 한편 고려 측에선 일을 이 지경까지 만든 하공진과 유종을 먼 섬으로 유배보내 버립니다.[1]

◐ 거란의 2차 침공 ◑

사실 거란은 진작부터 고려를 칠 생각을 하고 있었습니다. 거란의 목표는 어디까지나 송나라이지만 배후를 든든히 하기 위해선 고려를 눌러

놓을 필요가 있었거든요.

거란의 1차 침공 때 고려는 송나라와의 관계를 끊고 거란과 수교를 맺기로 했습니다. 그런데 그러고 얼마 안 되어 송나라한테 같이 거란에 쳐들어가자고 했죠. 물론 송나라가 거절해서 무산됐지만 말이에요.

거란도 이걸 알고 있었기에 고려를 그냥 내버려둘 수가 없었어요. 그런데 문제는 고려를 쳐들어갈 명분이 없단 겁니다. 거란도 이제 자칭 대국인데 옛날 유목민 시절처럼 별 이유도 없이 그냥 쳐들어가서 약탈하고 그럴 순 없잖아요? 게다가 목종 시절에 고려는 거란과 꽤 사이가 좋았습니다. 앞선 왕들이 워낙 거란을 푸대접하기도 했지만, 목종은 거란이 만만치 않음을 알고 송과 거란 사이에서 중립외교를 펼치려 했거든요. 이런 상황에서 고려를 쳐들어가기엔 명색이 대국인데 폼이 안 살잖아요.

그래서 거란은 고려를 치고 싶어도 못 쳐들어가고 있었는데, 바로 그때 강조의 정변에 대한 진실을 알게 되면서 고려를 쳐들어갈 명분이 생깁니다. 거란 황제가 직접 책봉하고 거란과 관계도 좋았던 목종이 반란으로 죽임을 당했으니 거란 입장에서는 대국으로서 이 반란군들에게 죄를 물을 수 있게 된 거죠.

이렇게 보면 강조가 거란에게 고려를 칠 명분을 준 것처럼 보일 수 있는데 사실 또 이게 그렇지만은 않아요. 이게 아니었어도 어차피 거란은 고려에 쳐들어왔을 거예요. 다만 강조는 명분과 시기를 제공해줬을 뿐이죠.

물론 거란 내부에서도 전쟁을 반대하는 의견이 있었습니다. 대표적으로 거란의 관리 소적렬이 절충안을 내놓았어요.

소적렬 끊이지 않는 정복 전쟁으로 병사들의 피로가 극한에 달해 있는 데다 올해는 흉년까지 들어 사기가 더욱 떨어져 있습니다. 한데 고려는 작은 나라이나 성이 견고하여 정벌하기가 쉽지 않을 것입니다. 승리하여도 큰 이득이 없을뿐더러 만일 패한다면 우리 거란에 크나큰 수치로 남게 될 것입니다. 하니 일단 사신을 보내 그 까닭을 묻는 게 어떻사옵니까? 만일 저들이 복종을 거부한다면 그때 군사를 일으켜도 늦지 않을 것이옵니다.[2]

거란의 황제인 성종 야율융서는 일단 고려에 사신을 보내 목종을 시해한 이유를 물었습니다. 그런데 대답이 시원치 않자 이제 진짜로 직접 친정까지 해서 고려로 쳐들어가겠다고 하는데요. 고려는 여러 차례 사신을 파견해 거란을 진정시키려 했으나 야율융서는 끝내 전쟁을 선포하고 고려 사신을 전부 억류합니다.

그렇게 고려 침공이 결정되자 야율융서는 직접 40만 대군을 이끌고 고려를 쳐부수기 위해 출전합니다. 물론 말이 친정이지, 실제 군 지휘는 당시 거란 최고의 장수였던 소배압을 총사령관인 도통에 임명해서 그에게 맡겼을 거예요. 소배압은 거란의 1차 침공 때 쳐들어왔던 소손녕의 형입니다.

6년 전에 거란이 송나라 칠 때 20만 군사를 끌고 쳐들어갔는데, 이번엔 무려 두 배에 달하는 40만이나 되는 대군을 동원했습니다. 거란은 어째서 이 작은 고려를 쳐들어가는 데 이렇게 많은 병력을 동원한 걸까요?[3]

야율융서는 왕위에 오른 지 무려 28년이나 되었지만, 그동안 실권은 어머니 소태후가 쥐고 있었습니다. 소태후는 전대 왕인 요나라 경종 때부터 섭정을 시작해 야율융서가 열 살의 나이로 왕위에 오른 뒤에도 쭉 섭정을 이어갔고, 죽기 직전까지 권력을 손에서 놓지 않았습니다.

소태후는 거란의 전성기를 일궈냈으며, 송나라의 침공으로부터 거란을 지켜냈을 뿐만 아니라 친정하여 송나라를 쳐들어가서 전연의 맹약이라는 엄청난 군사적 성과까지 이뤄냈습니다. 그런데 그 소태후가 1009년 12월에 사망합니다.

그동안 어머니의 그늘에 가려져 있던 야율융서는 이제야 비로소 자신만의 정치를 시작할 수 있게 됐죠. 그런데 어머니의 그늘이 너무 크다 보니까 야율융서는 그 그늘에서 벗어나기 위해 자신만의 업적을 세울 필요성을 느낍니다. 그 첫 번째 신호탄으로 '고려 정벌'이라는 위대한 업적을 세우려 했던 거죠. 어머니 소태후는 20만으로 송나라를 거의 집어삼킬 뻔했으니, 자신은 그 두 배에 달하는 40만으로 순식간에 고려를 정벌하려 했던 겁니다.

◐ 거란의 40만 대군 ◑

40만 대군이라고 하면 숫자만 들어도 겁이 날 정도 아닙니까? 거란은 기병을 중심으로 군대를 운용했습니다. 그래서 공성전이 아닌 평야에서 기병 위주의 싸움을 하는 걸 선호했는데요. 기병의 뛰어난 기동력을 앞세워 속전속결로 전투를 끝내는 게 그동안 거란이 써온 주요 전략이었죠.

그 강한 거란이 40만이나 되는 대군을 동원했으니, 거란의 입장에서 최고의 시나리오는 겁에 질린 고려가 금방 항복하는 것이었습니다. 실제로 고려는 왕이 피난을 가고 항복을 하네 마네 하는 지경까지 갔으니, 거란의 전략이 어느 정도 먹혀들긴 했어요.

그런데 거란이 결정적인 실수를 한 게 있습니다. 한반도는 산이 많고 길목마다 성을 세워놓은 지형이었습니다. 그래서 공성전에서는 말이 별 효력을 발휘하질 못해요. 성문 뚫은 다음에 안으로 쳐들어갈 때나 성 밖에 나와 있는 별동대를 상대할 때 정도만 기병이 필요하고, 진짜 중요한 공성전에는 말이 별 쓸모가 없었죠.

게다가 성 하나를 점령해도 조금만 가면 또 성이 나오고, 조금 더 가면 또다시 성이 나오는 구조라서 시간이 엄청나게 많이 걸립니다. 거란이 송나라를 칠 때는 연운 16주를 이미 정복한 상태에서 시작한 거라서, 그 뒤로 산도 강도 없이 고속도로처럼 뻥 뚫린 길을 달리면서 쳐부술 수 있었던 거였죠. 그런데 고려는 정반대의 지형이라서 이 방식이 안 통했습니다.

게다가 사실 대군을 동원하는 게 그리 좋은 것만은 아니에요. 일단 진격 속도가 느려질 뿐만 아니라 보급이 더 큰 문제입니다. 시간이 길어질수록 보급은 점점 한계에 다다르게 되고, 결국 이는 엄청난 후폭풍을 불러오게 되죠.

그런데 여기서 한 가지 의심이 고개를 듭니다. 거란은 정말 40만이나 되는 대군을 동원한 게 맞긴 할까요? 보통 대군이라고 하면 조조의 '적벽대전'을 많이 떠올리잖아요. 그런데 이런 얘기 들어봤을 거예요.

> "소설에는 80만 대군이니 100만 대군이니 하는데, 실제론 그건 불가능하고 20만 정도가 한계였을 거다."

이렇듯 당시 전쟁을 할 때는 군대의 규모를 과장하는 일이 빈번하게 일어났어요. 멀리 갈 필요 없이, 거란의 1차 침공 때도 80만 대군으로 쳐들어왔다고 했는데 실제로는 6만 정도밖에 안 됐었죠. 그러니 40만 대군이란 게 과연 진짜일까 하는 의문이 생길 수밖에 없어요.

결론부터 말하면 사실은 아무도 모릅니다. 훨씬 뒤의 기록인 임진왜란 때도 군사 수가 왔다 갔다 하니까요. 일단 기록상에는 거란과 고려 양측 모두 40만으로 적혀 있는 게 사실입니다. 게다가 이번엔 거란에서 도통도 임명하고 황제가 직접 친정을 했으니 1차 때처럼 절차상 이상한 점도 없어요. 그러니 일단 전체 규모는 40만이 맞는다고 칩시다.

그래도 의문이 하나 남습니다. 과연 40만 중에 얼마가 실제 전투에 참여한 병사였을까 하는 겁니다. 군대에는 전투병만 있는 게 아니에요. 행정, 보급, 의무, 취사 등 여러 일을 하는 병사들이 고루 존재합니다. 당시 거란군은 3인 1조로 이뤄졌다고 해요. 정규 병사 1명에 보조인력 2명으로 말이죠. 그러니 40만 대군은 보조인력까지 전부 합친, 그야말로 이 전쟁에 동원된 전체 병력을 뜻하는 것일 테고, 실제 전투에 투입된 병사는 3분의 1 정도인 13만 정도로 보는 게 맞지 않을까 싶습니다.

나중에 보겠지만 강조가 30만 대군으로 이에 맞서 싸웁니다. 이 30만도 아마 비슷한 방식으로 계산된 게 아닐까 생각됩니다.

어찌 됐건 고려 침공을 결정한 거란의 황제 야율융서는 마침내 40만 대군을 집결해 압록강을 건너 고려로 쳐들어옵니다.

3000으로 40만을 이기는 법

흥화진 전투

◐ 방어를 위해 지어진 성, 흥화진 ◑

거란의 1차 침공 결과 서희는 '강동 6주'라는 땅을 얻어냅니다. 어째서 이 지역을 강동 6주라고 부르게 됐는지에 관해서는 정확한 기록이 없어요. 어쨌든 강동 6주는 압록강과 청천강 사이에 있는 땅으로, 서희의 주도하에 고려는 이곳에 여러 성을 쌓고 또 기존의 성을 보수하기도 했는데요. 이 중 중요한 성을 꼽자면 흥화진, 용주, 철주, 통주, 곽주, 귀주, 이렇게 6개의 성을 꼽을 수 있습니다.

그중 가장 위쪽인 압록강에서 가장 가까운 곳에 지어진 성이 바로 '흥화진'이라는 성이었습니다. 흥화진은 산을 따라 세워졌으며 삼면이 강으로 둘러싸여 있었기에 강이 천연 해자 역할을 해줬습니다. 다만 이때는 한겨울이라 강이 다 얼어서 해자 역할은 못 해줬지만 말이에요.

게다가 이 성은 고구려 때 있었던 성을 보수해서 만든 거라 성벽이 고구려 양식으로 지어져 있어서 일반 성보다 튼튼했어요. 그뿐 아니라 성문을 지을 때도 성벽을 엇갈리게 해서 그 틈에 성문을 지었습니다. 이러면 공격하는 입장에선 성문을 공격하기가 어려워지고, 막는 입장에선 두 방향에서 공격을 할 수 있기 때문에 지키기가 더 수월했죠.

이렇듯 흥화진은 그야말로 철저히 방어만을 위해 지어진 성이라 할 수 있는데요. 이처럼 서희의 공은 단지 거란으로부터 강동 6주를 얻어낸 것뿐만 아니라 이곳을 점령하고 있던 여진족을 몰아내고, 이곳에 단단한 성을 쌓기까지 한 데 있습니다. 이러한 성들은 이후 2, 3차 고려거란전쟁에서 정말 역대급 활약을 했기에 혹자는 3차에 걸친 고려거란전쟁의 최고 공훈은 서희에게 있다고 말하기도 하죠.

◐ 2차 고려거란전쟁의 영웅, 양규 ◑

이 흥화진을 지키는 장수는 양규라는 사람이었습니다. 1차 고려거란전쟁의 영웅이 서희, 3차 고려거란전쟁의 영웅이 강감찬이라면 2차 고려거란전쟁의 영웅은 바로 양규였어요. 양규는 서희와 강감찬에 비해 덜 알려져 있지만, 사실 그 둘에 비해 공적이 절대 작지 않습니다.

그런데 아쉽게도 양규에 대한 기록이 전쟁 전에는 전혀 없어요. 그러다 거란이 고려를 쳐들어오니까 그때 기록에 갑자기 등장합니다. 양규의 직함은 서북면도순검사였습니다. 강조가 정변을 일으킨 뒤에 그의 후임으로 발탁한 것으로 보여요. 거란의 침공을 직접적으로 맞는 서북면 지역에 군사를 총괄하는 도순검사로 임명한 걸로 보아 아마 이전에 군사적 재능을 보인 적이 있었을 걸로 추정됩니다.

여기서 많이들 착각하는 부분이, 양규가 무관이었을 거라고 생각하는 거예요. 양규는 문관이었습니다. 강조도 문관이었고요. 강감찬도 문관이었어요. 이들이 장수로서의 업적이 많은 탓에 흔히들 무관이었을 거라 착각하기 쉬운데 사실 셋 다 문관이었습니다. 고려는 애초에 문관이 무관직을 겸할 수 있게 해서, 고위 무관직은 전부 문관이 차지했다고 보면 돼요.

거란의 침공이 시작되자 양규는 첫 번째 관문인 흥화진을 지키기 위해 성으로 들어갑니다. 성에는 3000명 정도의 병사가 주둔해 있었으며, 흥화진사 정성과 흥화진부사 이수화가 도순검사 양규와 함께 거란군에 맞설 준비를 시작했죠.

1010년 11월 16일, 거란의 성종 야율융서가 이끄는 40만 대군이 흥화진에 도착해 성을 포위합니다. 아마 이날 거란 병력이 전부 들어오진 않았던 것 같고요. 16일부터 시작해서 며칠간 차례로 압록강을 건너서 흥화진 주변에 모인 것 같습니다.

◐ 야율융서의 회유 시도 ◑

홍화진을 포위한 야율융서는 먼저 이들을 회유하려 합니다. 이때 통주성 밖에 나와서 벼를 베고 있는 백성들이 있었는데, 야율융서는 이들을 잡아 오더니 비단옷을 하사하고 종이로 감싼 화살 하나를 줘서 홍화진에 이를 전달하게 합니다. 홍화진의 양규가 화살을 감싼 종이를 펼쳐보니 이런 글이 적혀 있었습니다.

야율융서 고려의 전왕 왕송은 오래도록 거란 조정을 잘 섬겨왔는데, 지금 역신 강조가 반역을 일으켜 임금을 시해하고 어린 왕을 세워 정권을 장악했기에 짐이 친히 군사를 거느리고 나아와 이미 국경에 이르렀다. 너희들이 직접 강조를 잡아서 나에게 보내온다면 내 군사를 돌려 돌아갈 것이다. 하나 그렇지 않으면 곧장 개경으로 쳐들어가 너희의 처자식들을 전부 쳐죽일 것이니라!

홍화진에서 답변이 오지 않자 야율융서는 한 번 더 칙서를 보냅니다. 이번엔 종이를 화살에 묶어서 성 앞에 꽂아뒀는데요. 그러자 홍화진부사 이수화가 답변을 보냅니다.

이수화 임금을 섬기는 자라면 모름지기 지조와 절개를 굳건히 해야 하오니, 만약 이러한 이치를 어긴다면 반드시 하늘의 재앙을 받게 될 것입니다. 엎드려 바라옵건대 이 백성의 심정을 굽어 살피시어 폐하의 넓은 마음으로 군대를 거두어 주시옵소서.

홍화진이 항복하지 않자, 야율융서는 이번엔 홍화진의 장수들에게 비단옷과 은그릇을 하사하면서 한 번 더 이들을 회유하려고 합니다.

야율융서 너희가 올린 글을 보니 항복하겠단 얘긴 없더구나? 너희의 글은 진심에서 우러나온 것이 아니라 단지 화려한 문장으로 나를 공경하는 것처럼 보이려 할 뿐이다. 하물며 너희는 일찍부터 역적이 반역한 사실을 알고 있을 터인데, 어찌 억울하게 죽은 전왕을 위해 설욕할 생각은 하지 않는 것이냐?

그러자 다시 이수화가 답변을 보냅니다.

이수화 지난 표문에도 전하였듯이, 신들은 폐하께서 넓은 아량으로 군을 물려주시기를 간절히 기원하옵나이다. 하나 폐하께서 끝내 군을 물리지 않으신다 할지라도 저희는 온몸이 가루가 되고 뼈가 재로 변할 때까지 분골쇄신하여, 천년의 성업을 영원히 받들 것이옵나이다!

흥화진이 끝까지 항복할 기세를 보이지 않자 야율융서는 결국 공격을 시작합니다.[4]

◐ 흥화진 전투 ◑

흔히들 흥화진 전투를 고려군 3000명이 거란의 40만 대군을 막은 전투라 생각하는데, 실제 전투에 투입된 거란 병사는 그 정도로 많진 않았으리라고 봅니다. 일단 정예병 수도 적었을 뿐만 아니라 전투가 집중적으로 이루어진 곳은 동쪽 성벽이었으리라 추측돼요.

또한 흥화진에 주둔한 병사는 적게는 3000으로 보지만 많게는 6000까지 보는 견해도 있습니다. 원래 흥화진 내에 주둔해 있던 병력은 3000 정도로 추정되지만, 흥화진이 중요한 만큼 추가로 병력을 증원했을 수도 있고요. 싸움이 치열했던 만큼 성에 있던 성인 남성은 전부 전투에 참여하지 않았을까요?

그렇다고 해서 이 싸움이 쉬웠을 거라는 얘기는 아닙니다. 거란 병사들은 수가 워낙 많으니 한 부대가 공격하는 동안 다른 부대는 쉬고, 돌아가면서 싸울 수 있었을 테지만 고려 병사들은 쉬지도 못하고 계속 싸워야 했습니다.

게다가 40만 대 3000이라니 심리적 압박감도 어마어마했을 거예요. 여기에 야율융서는 고려군의 사기를 더욱 꺾기 위해 전투가 시작되기 전에 고려 백성을 성 앞으로 끌고 와 흥화진 병사들이 보는 앞에서 이들을 전부 죽입니다.

이를 본 병사들은 어떤 생각이 들었을까요? 자기 가족과 친구들의 미래가 저렇게 될까 봐 두렵지 않았을까요? 사기가 급격히 떨어졌겠죠? 그런데 아니었습니다. 흥화진 병사들은 저런 잔인한 자들에게 우리 가족이 죽게 내버려둘 수 없단 생각에 오히려 투지를 불태웁니다.

그렇게 마침내 시작된 전투. 거란의 대군이 진격하여 점점 성 앞으로 다가옵니다. 이를 본 양규는 병사들에게 '팔우노'를 장전시키는데요. 팔우노란 일종의 석궁으로, 활을 당기는 데 소 여덟 마리의 힘이 필요하다 해서 팔우노라고 불립니다.

그렇다고 진짜로 소가 활을 당기는 건 아니고 기계적 구조로 말아서 당기는 방식으로 장전을 하는데요. 팔우노의 장점은 엄청난 파괴력에 있습니다. 당기는 힘이 워낙 세니 웬만한 방패는 그냥 뚫어버렸죠.

반면 팔우노의 단점은 장전에 시간이 너무 오래 걸린다는 것이었습니다. 그래서 이를 보완하기 위해 고려군은 또 다른 석궁인 '정노'를 함께 사용합니다.

팔우노와 정노의 쉴 틈 없는 사격에 무참히 죽어 나가는 거란군. 하지만 거란군은 숫자가 워낙 많았기에 화살비를 맞으면서도 계속해서 진격해 오는데요. 그때 앞서 나가던 거란 병사들이 갑자기 고꾸라지기 시작합니다.

성 앞에는 '마름쇠'라는 게 뿌려져 있었어요. 마름쇠란 독을 발라 놓은 쇠침으로, 사람이나 말이 이걸 밟으면 그냥 쓰러집니다. 안 그래도 화살비 때문에 정신없는데 바닥엔 독침까지 뿌려져 있으니 그야말로 아비규환이었겠죠.

그래도 거란군은 워낙 수가 많아서 결국 성 앞까지 당도하고 마는데요. 이제 거란군은 '침두목려'를 사용해 성문을 부수려 합니다. 침두목려란 충차의 일종으로 큰 나무 기둥을 깎아서 이걸로 성문을 두드려 깨부수는 무기였습니다.

나무 기둥 주변엔 방어막을 씌워서 성 위의 공격으로부터 병사들을 보호할 수 있었는데요. 거란은 이걸로 일단 성문을 부순 뒤 뒤이어 기병들이 돌격해 성을 점령하려 했죠. 그런데 이게 나무니까 불에 잘 타겠죠. 그래서 고려군은 미리 준비했던 맹화유, 맹렬히 타오르는 기름을 붓고는 불화살을 쏴서 충차를 불태워버립니다.

거란군은 무려 7일 동안 공격을 퍼부었으나 흥화진은 끝까지 무너지지 않고 버텨냈습니다. 양규는 애초에 거란의 침공을 대비해 군사들을 철저히 훈련해놓았습니다. 게다가 앞서 사용한 무기들도 충분히 준비해놓았죠.

흥화진의 방어는 양규의 뛰어난 지휘력에 고려 정예병들의 치열한 저항, 적의 공격을 예상하고 철저히 준비해놓은 무기들에 서희가 지은 강력한 성벽까지, 이 모든 게 활약해서 이뤄낸 그야말로 대승이었습니다.

흥화진 전투의 승리는 고려 입장에서는 정말 어마어마한 승리였어요. 7일 동안 거란이 축낸 군량만 해도 얼마나 됐겠습니까. 반대로 거란 입장에서는 그야말로 쓰디쓴 패배였습니다. 40만이나 끌고 왔는데, 그것도 첫 관문에서 고작 3000이 지키는 성을 못 무너뜨린다? 거란군의 사기는 말도 안 되게 떨어졌겠죠.

결국 야율융서는 비장의 카드를 꺼내 드는데요. 마침 근처에 있는 평야에 고려군 30만이 주둔 중이라는 보고를 받은 야율융서는 여기서 성 부수느라 세월아 네월아 할 바에는 그 30만과 평야에서 제대로 한 판 붙는 게 낫겠다는 생각을 합니다. 그래서 흥화진 함락을 포기하고 군을 돌립니다. 그렇다고 흥화진을 그냥 그대로 둘 순 없으니, 군대를 20만씩 나누어 20만은 흥화진 근처 무로대에 남아 흥화진을 견제하게 하고, 나머지 20만을 이끌고 강조의 30만 대군을 상대하러 갑니다.

◐ 최사위의 기습 ◑

흥화진 전투가 벌어지는 동안 고려는 적의 배후를 기습하는 작전을 동시에 진행합니다. 통군사 최사위가 소수의 병력과 함께 우회하여 압록강을 건너는 거란군의 측면을 기습했는데요. 물론 이걸로 40만이나 되는 대군을 무찌를 순 없겠지만 하루 이틀만 끌어줘도 식량 보급에 엄청난 타격을 줄 수 있었죠. 하지만 아쉽게도 이 전투는 고려군의 패배로 끝나고 맙니다.[5]

◐ 흥화진 전투의 진실 ◑

사실 흥화진 전투에 대한 기록은《고려사》에 적혀 있질 않습니다. 기록에 적혀 있는 건 이렇습니다.

'거란의 군주가 40만 대군을 이끌고 흥화진을 포위하자 양규와 이수화 등이 성문을 닫고 굳게 지켰다. 야율융서는 이들을 회유하려 했으나 흥화진은 끝까지 항복을 거절했다. 그러자 야율융서는 성의 포위를 풀고 무로대에 20만 군사를 남겨둔 뒤 나머지 20만을 이끌고 통주성으로 진격했다.'

이게 기록의 전부예요. 야율융서와 흥화진이 편지로 나눈 대화가 길게 적혀 있을 뿐이고요. 그래서 한편으로는 흥화진 전투 자체가 벌어지지 않았을 거라고 해석하는 의견도 있습니다. 적어도 기록상에는 전투가 벌어졌다는 직접적인 단어가 나오질 않으니까요.

그럼 흥화진 전투가 실제로 일어났다는 해석은 어디서 나온 걸까요? '성문을 닫고 굳게 지켰다'라는 문구를 전투로 해석한 거죠.

그럼 흥화진 전투가 7일 동안 벌어졌다는 얘기는 어디서 나왔을까요? 야율융서가 흥화진을 포위한 게 11월 16일 기록이고, 그다음 전투인 삼수채 전투가 벌어진 게 11월 24일 기록입니다. 그사이에 날짜 미상으로 야율융서가 흥화진을 회유하려 했다가 흥화진이 끝내 항복하지 않자 포위를 풀고 통주성으로 진격했다는 기록이 나와요.

그래서 야율융서가 움직인 기록을 삼수채 전투가 벌어진 전날인

23일로 잡고, '16일에 포위를 했다가 23일에 포위를 풀었으니 이 사이 7일 동안 전투를 했겠네'라고 해석하는 겁니다.

마지막으로 홍화진 전투에 대한 묘사는 JTBC의 다큐멘터리 〈평화전쟁 1019〉를 참고했습니다. 이 다큐멘터리에는 여러 석학이 자문단으로 참여한 만큼 제가 알지 못하는 기록을 참고했을 테니까요. 물론 홍화진 전투가 아예 없었다고 해서 양규 장군의 위대함이 실추되진 않습니다. 양규의 활약은 이후로도 종횡무진으로 이어지니까요.

홍화진 전투에서 발견된 또 하나의 의문점은 바로 야율융서가 홍화진을 견제하기 위해 무려 병력의 절반인 20만을 남겨놓고 갔다는 사실입니다. 그럼 여기서 이런 생각이 들 거예요.

'아니, 고려군이 30만이라는데 홍화진에 고작 3000 있는 거 견제하려고 여기다 20만이나 남겨놓고 간다고? 많이 쳐도 한 5만만 남기고 35만 정도 끌고 가도 되는 거 아냐?'

심지어 이 20만은 이 뒤로 전혀 등장하지 않아요. 그래서 이에 관해서는 해석하는 사람에 따라 의견이 나뉘는데요. 먼저, '사실 이때 야율융서가 직접 끌고 내려간 20만이 실제 거란 병력 전부일 것이다'라고 생각하는 의견이 있어요. 혹은 '이때 무로대에 남기고 간 20만은 보급부대이고 야율융서가 끌고 간 20만이 전투 부대일 것이다'라고 해석하는 의견도 있죠. 또 '이때 야율융서는 실제로 병력의 절반을 떼내서 무로대에 남겨 뒀으며, 이 병력은 나중에 본대에 흡수됐을 것이다'라고 보는 사람도 있습니다.

해석하기 나름인데, 저는 개인적으로 이 20만은 허구라고 생각합니다. 야율융서가 이끌고 간 20만이 진짜 거란의 전군이라고 봐요. 왜냐면 어차피 무로대의 20만은 이후로 등장하지 않으니 없다고 봐도 무방하기 때문이죠.

자만이 불러온 참혹한 결과

삼수채 전투

◐ 강조의 30만 대군 ◑

1010년 10월 1일, 거란의 침공이 기정사실로 되자 현종은 강조를 고려군 총지휘관인 행영도통사에 임명해 그에게 전권을 맡깁니다. 현종이 임명을 한 거라곤 하지만, 사실상 실권자였던 강조가 자진해서 직접 전투에 나선 거라고 봐야 해요.

강조는 무려 30만 대군을 이끌고 거란과 싸우기 위해 통주성으로 나아갑니다. 강조가 어째서 이렇게 많은 대군을 동원했는지는 기록에 없습니다. 추측하기론, 어차피 저 많은 대군이 쳐들어온 이상 성안에 소수의 병력으론 버티는 게 한계가 있을 테니 차라리 한번 제대로 붙어서 무찔러 버리는 게 낫다고 생각했던 것 같습니다. 실제로 강조는 거란과의 전투에서 상당히 자만하는 모습을 보였거든요.

그렇게 전국에 총동원령을 내려서 무려 30만이나 되는 대군을 끌어 모은 강조. 그런데 강조가 반란으로 정권을 휘어잡았는데 이 많은 군대를 다른 사람 손에 맡길 수가 있을까요? 반란으로 정권을 잡은 사람은 모두 똑같은 생각을 합니다.

'내가 했으니 다른 누군가도 할 수 있겠구나.'

그래서 평생토록 반란을 걱정하면서 살아요. 저는 이걸 '반란의 저주'라고 부르고 싶습니다.

강조도 똑같았습니다. 자기가 해봤으니 군대를 절대 다른 사람 손에 쥐여줄 수 없는 거죠. 다른 누군가가 반란을 저지를 명분도 좋잖아요.

'역적 강조를 처단하겠다!'

심지어 거란이 쳐들어온 이유도 역적 강조를 처단하기 위해서니 얼마나 이치에 맞습니까. 그렇기 때문에 더더욱 강조는 군대를 다른 사람 손에 쥐여줄 수 없었어요. 그래서 강조는 직접 대군을 이끌고 통주로 가서 진을 칩니다.[6]

◐ 삼수채 전투 ◑

통주성에 도착한 강조는 고민에 빠집니다. 물론 30만으로 공성전을 했으면 고려에 더 유리했겠죠. 그런데 문제는 30만이나 되는 대군을 전부 성에 넣을 수가 없다는 겁니다.

따라서 강조는 차라리 짱 대 짱으로 맞붙는 대회전을 벌이기로 하는데요. 강조가 선택한 전장은 통주성 앞에 있는 '삼수채'라는 곳이었습니다. 삼수채는 세 개의 강줄기가 만나는 지점에 있는 평야지대였는데, 이때는 겨울이라 강이 꽁꽁 얼어 있어서 그냥 평야라고 생각하면 됩니다.

기병을 상대로 평야에서 맞붙는 게 멍청하다고 생각할 수 있는데, 꼭 그렇지만은 않습니다. 이길 수만 있다면 말이죠. 고려에게는 기병을 상대할 비장의 무기가 있었기에 강조는 평야에서 싸워도 승산이 있다고 봤습니다.

게다가 진을 칠 때도 전략을 생각하며 부대를 나눠서 배치했는데요. 강조는 부대를 셋으로 나누어 한 부대는 강을 앞에 두고 진을 쳤으며, 다른 한 부대는 이 바로 뒤쪽에 산을 등진 채로 진을 치게 했습니다. 그리고 나머지 한 부대는 통주성 앞에서 대기하게 했습니다.

그중 산을 등진 채 있는 부대는 기병 부대였습니다. 강조가 기병 부대를 따로 배치한 건 특별한 활용처가 따로 있기 때문이었을 걸로 추측합니다. 중앙군이 적의 기병을 막고 있으면 뒤에 있던 기병 부대가 빙 돌아서 적의 옆구리를 쳐서 진영을 무너뜨릴 수 있겠죠. 반대로 만약 중앙군이 위기에 처하면 기병 부대가 지원을 해줄 수도 있고요.

또 통주성 앞에 있던 부대는 혹시라도 적이 군을 나눠서 통주성을 공격해 올 경우 이를 방어할 수 있었습니다. 본대가 위기에 처하면 지원군으로도 활용할 수 있었죠. 이렇게 포진을 마친 강조는 직접 중앙군을 지휘하여 결전을 준비합니다.

11월 24일, 삼수채에 도착한 거란군은 곧장 공격을 시작합니다. 고려군을 향해 무섭게 돌격해오는 거란의 최정예 기병 부대! 그때 강조가 준비해놓은 대기병 무기가 등장합니다. 그건 바로 '검차'라는 건데요. 검차란 수레 위에 방패를 올리고 앞에는 창이나 칼을 꽂아서 만든 무기였습니다.

검차를 향해 말이 돌진하면 창에 찔려 죽고, 검차를 뛰어서 넘어가려면 방패에 막히니 뛰어넘을 수도 없었죠. 그래서 검차는 평야에서 기병을 상대하기에 최적의 무기였습니다. 검차를 일렬로 쫙 연결하면 마치 간이 성벽 같은 게 돼서 기병으로는 검차를 뚫을 수 없게 됩니다.

강조는 검차 부대를 전면에 배치해 효과를 톡톡히 봤습니다. 거란은 검차 부대를 뚫기 위해 수차례나 돌격해 왔지만 결국 한 번도 뚫지 못했어요. 거란이 잠시 숨을 돌리기 위해 군을 물리자 강조는 승리를 확신했습니다. '이 전쟁, 내가 이겼다'고 말이죠.

◐ 승리를 확신하던 강조 ◑

문제는 여기서 발생합니다. 아직 전쟁이 끝나지도 않았는데 강조는 김칫국을 그냥 사발로 들이켜요. 거란이 별 볼 일 없다고 생각하고는 사람들을 모아 '탄기'를 하는데요. 여기서 탄기란 바둑이에요. 바둑을 두는 걸 '탄기를 했다'라고 말하기도 하죠. 해석하는 사람마다 다르기는 하지만《고려사》한국어 번역본에서는 탄기를 했다는 걸 '바둑을 두다'로 해석했습니다.

그러니까 강조는 전쟁에서 이겼다고 생각하고 사람들을 모아서 바둑을 두고 있었던 거예요. 그런데 그때 야율융서가 이끄는 거란의 최정예 부대가 검차 부대를 뚫고 돌파합니다. 기병으로는 검차를 뚫을 수 없는데 어떻게 했을까요? 보병으로 성벽을 기어오르듯 검차를 넘어왔거나 보병이든 기병이든 멀리 빙 돌아서 검차가 없는 곳을 기습했을 수도 있죠. 어찌 됐건 검차가 뚫렸다는 소식은 곧장 강조에게 전해집니다.

병사 검차가 뚫렸습니다! 적이 검차를 넘어 들이닥치고 있습니다!

그러자 강조는 명언을 내뱉습니다.

강조 음식을 먹을 때 조금만 먹으면 만족이 덜하지 않느냐? 입 안의 음식과 같이 많을수록 좋으니, 더 많이 들어오게 하라!

강조는 앞선 승리가 검차 때문이 아니라 자기가 지휘를 잘해서 그런 거라고 생각했습니다. 그러니 검차 부대가 뚫려도 이렇게 자만하며 큰소리 떵떵 칠 수 있었던 거죠. 그런데 거란은 기병 부대잖아요. 애써 검차로 막고 있었는데 검차가 뚫려버리니 기병이 미친 듯이 쏟아져 들어왔겠죠. 곧이어 병사가 또 보고를 올립니다.

병사 이미 많이 들어왔는데요?

강조 정말인가?!

그제야 강조는 사태의 심각성을 깨닫고 충격에 빠집니다. 바로 그때 거란 병사들이 강조의 막사에 쳐들어와서 강조를 결박해버립니다. 거란군은 애초부터 강조가 목표였어요. 시간을 끌면 후방에 있던 기병 부대나 통주성 앞에 있던 부대가 구원을 올 테니, 대응할 시간을 주지 않기 위해 총대장 강조부터 잡으려 했어요. 그래서 검차 부대를 뚫자마자 곧장 강조의 막사로 진격해 강조를 체포한 거죠.

개인적으로는 초반에 거란이 밀린 것도 고려를 방심시키려고 일부러 져준 걸 수도 있다고 봅니다. 그렇게 작전대로 고려군이 방심하니까 그 틈을 타 한 번에 밀어붙여서 30만 대군을 박살낸 걸 수도 있죠.

◐ 완항령의 구원 ◑

총대장이 적에게 사로잡히자 고려군은 순식간에 무너져 내립니다. 다행히 통주성 앞에 있던 부대는 바로 옆의 통주성으로 들어갈 수 있었고, 후방에 있던 기병 부대는 먼저 도망을 칠 수 있었습니다.

문제는 강조의 중앙군이었습니다. 이들은 혼비백산하여 그나마 가까운 성인 곽주성을 향해 도망치기 시작하는데요. 사실 전쟁에서 전투를 벌일 때는 생각보다 사상자가 많이 발생하지 않습니다. 사상자가 대량으로 발생하는 순간은 바로 한쪽은 패배해 도망치고 다른 한쪽은 이들을 쫓아가며 무참히 살육할 때입니다.

이때부터는 그야말로 학살에 가까웠습니다. 거란군은 도망치는 고려군을 추격하며 이들을 마구잡이로 죽였죠.

그런데 그때 갑자기 어디선가 고려군이 반격해오기 시작합니다. 이대로 두면 중앙군 10만이 전멸을 당할 수 있으니 피해를 줄이기 위해선 적의 추격을 멈춰 세워야만 했습니다. 그래서 후방의 기병 부대를 지휘하던 좌우기군의 장군 김훈 등이 곽주 방면으로 퇴각을 하던 중에 말머리를 돌려서 완항령이라는 곳에 매복해 있었어요.

그러다 거란군이 나타나자 기습 공격을 가하는 김훈! 갑작스러운 반격에 당황한 거란군은 추격을 멈추고 군을 되돌립니다. 만약 이들이 반격하지 않았다면 고려군은 정말 어마어마한 피해를 입었을 겁니다. 다행히도 김훈 등이 거란의 추격을 막았기에 고려군의 피해는 3만에 그칠 수 있었죠.

◐ 강조의 최후 ◑

강조를 체포한 야율융서는 그에게 묻습니다.

야율융서 너는 나의 신하가 되겠느냐?

그러자 강조는 이렇게 답합니다.

강조 나는 고려 사람이다! 어찌 너의 신하가 되겠는가!

야율융서 다시 한번 묻겠다. 나의 신하가 되겠느냐?

강조 싫다 하지 않았느냐?

그러자 야율융서는 칼로 강조의 살을 찢어내면서 고문을 가하더니 다시 한번 묻습니다.

야율융서 이래도 나의 신하가 되지 않겠느냐?

강조 나는 고려의 신하다. 죽는다 할지라도 거란의 신하가 될 수는 없다!

그러자 야율융서는 이번엔 강조와 함께 잡혀온 도통부사 이현운에게 묻습니다.

야율융서 그럼 너는 어떻느냐? 너는 내 신하가 되겠느냐?

이현운 저의 두 눈이 이미 새로운 해와 달을 보았는데 어찌 옛 산천을 생각이나 하겠습니까?

그러자 강조는 벌떡 일어나더니 이현운을 발로 걷어찹니다.

강조 네 이놈! 너는 고려 사람이거늘! 어찌 그런 망말을 내뱉느냐!

강조가 항복할 뜻이 전혀 없음을 알아챈 야율융서는 결국 강조를 처형합니다.

야율융서 놈을 죽여라.

야율융서는 강조에게 항복을 권유했지만 강조는 끝내 항복하지 않고 죽음을 맞이했습니다. 강조가 정말 욕심이 끝이 없고 개인의 안위만을 생각했다면 어째서 거란에 항복하지 않은 걸까요?

이 때문에 강조를 고려의 충신이라고 생각하는 사람도 많습니다. 목종 폐위 사건은 어차피 명분이 충분했으니, 강조는 진심으로 고려를 지키기 위해 반란을 일으킨 것이고, 끝까지 고려를 위해 싸우다 죽은 거라고 말이죠.

그렇다고 할지라도 강조가 무능한 장수인 것만은 변함없습니다.

30만 중에 20만은 각 성에 흩어져서 수성전을 전개하고 나머지 10만이 최후 방어선으로 굳건히 버티고 있었다면 고려는 훨씬 쉽게 거란의 침공을 막아냈을 겁니다.

그러나 강조는 무능하게도 이 많은 병력으로 대회전을 벌였고, 작은 승리를 가지고 자만에 취해 방심했으며, 무려 3만이나 되는 고려군을 사지로 내몰았습니다. 설사 고려의 충신이었다고 해도 그의 무능은 수많은 고려 백성을 죽음으로 몰아넣었습니다.

그런데 거란은 반역자 강조를 죽이겠다고 쳐들어왔으면서 왜 강조를 회유하려고 한 걸까요? 거란은 원래부터 인재난에 시달렸기 때문에 적이라도 능력만 있으면 어떻게든 등용하려고 했습니다. 강조를 회유하려고 했던 것도 강조의 능력을 알아봤기 때문이라고 해석할 수 있죠.

하지만 제 생각은 다릅니다. 강조는 이미 삼수채 전투에서 무능을 보여줬습니다. 그럼에도 야율융서가 강조를 회유하려 했던 이유는 강조를 이용해 먹을 수 있기 때문이었던 것 같습니다. 고려의 내분을 유도하기 위해서 말이죠. 어차피 현종은 허수아비이고 고려의 실권자는 강조인 데다 지금 고려 조정엔 강조를 따르는 자들이 많이 포진해 있으니 이걸 잘 활용해서 고려 스스로 무너지게 하려 했던 것 같은데요.

실제로 거란은 거짓으로 강조의 서신을 꾸며서 흥화진에 보내 항복을 유도합니다. 총대장 강조가 이미 항복했으니 이제 흥화진도 그만 항복하라고 말이죠. 하지만 편지를 받은 양규는 이렇게 답합니다.

양규 나는 왕의 명을 받고 이곳에 온 것이지, 강조의 명령을 받고 온 게 아니다!

양규는 고려의 주력이 대패하고 강조마저 포로로 잡힌 이 상황에서도 끝내 항복하지 않았습니다. 그는 고려의 서북면을 지키는 도순검사로서 왕의 명령이 떨어지지 않는 한 끝까지 거란에 저항하려고 하는데요. 이처럼 강조를 이용한 걸로 보아 야율융서의 회유는 강조의 능력 때문이 아니라 이용 가치 때문이었던 것으로 보입니다.

하지만 강조는 끝내 죽음을 택했고, 야율융서는 이제 다음 목표인 통주성으로 향합니다.[7]

끝날 때까지 끝난 게 아닌 이유
서경성 전투

◐ 통주성 전투 ◑

거란은 먼저 고려인 포로 노전과 거란의 관료 마수를 통주성으로 보내 항복을 권유합니다. 통주성에는 삼수채 전투의 패잔병들이 들어와 있었기에 거란군을 더욱 두려워했는데요. 성안의 관료들은 항복해야 할지 말아야 할지 고민하고 있었죠. 그때 중랑장 최질과 홍숙이 벌떡 일어나더니 노전과 마수를 잡아 가두고 다른 장수들을 설득합니다.

최질 삼수채 전투에서의 패배는 강조가 방심해서 그런 것입니다. 이곳 통주는 성이 굳건하니 지킬 수 있을 것입니다.

그렇게 최질의 설득으로 통주의 군사들은 마음을 모아 항전의 의지를 굳혔어요. 통주성이 항복을 거절하자 거란은 성을 공격했지만 통주성의 격렬한 저항에 끝내 성을 함락시키지 못하고 이번에도 성을 그냥 지나칩니다.[8]

◐ 곽주성 전투 ◑

통주성 함락에 실패한 거란은 이제 곽주성으로 향합니다. 곽주성에는 삼수채 전투의 패잔병 일부가 도망 와 있었는데요. 이들은 곽주성 병사들과 합류해 성을 굳게 지키기로 합니다.

그렇게 거란의 대군이 도착하고 마침내 시작된 곽주성 전투. 거란 입장에서는 흥화진, 통주성을 둘 다 지나쳐왔는데 곽주성까지 그냥 지나칠 수가 없었습니다. 따라서 미친 듯이 공격을 퍼부어 끝내 성문을 뚫고 말았어요.

12월 6일, 곽주성이 뚫리고 거란군이 성안으로 밀고 들어오자 곽주성의 총지휘를 맡던 방어사 조성유가 한밤중에 성을 버리고 도망쳐버립니다. 대장의 탈주에도 불구하고 성안의 장수와 병사들은 격렬히 저항했지만, 이들은 끝내 모두 전사하고 거란군에 성을 점령당하고 말죠.

곽주성 함락에 성공한 거란군은 마침내 한숨 돌리게 됩니다. 이 많은 대군을 이끌고 쳐들어왔는데 중간기지 하나 없이 더 깊숙이 들어갔다가는 보급도 불안하고 뒤에서 공격당할 위험도 있었죠. 그래서 자칫 큰 낭패를 볼 수도 있었는데, 다행히도 곽주성을 점령했으니 여기를 중간기지로 삼아 앞으로 쭉쭉 나갈 수 있게 되었습니다.

거란은 이곳 곽주성에 6000명의 병사를 남겨둔 뒤 다음 목표인 안북부를 향해 나아갑니다.[9]

◐ 안북대도호부 ◑

대도호부란 일반 지역과 달리 무언가 핵심이 되는 주요한 지역에 설치된 행정기관이었습니다. 예를 들어 서북면에서 가장 중요한 지역은 어디일까요? 바로 평양입니다. 그래서 태조 왕건이 평양을 다른 지역과 구분하기 위해 그 지위를 한 단계 격상시켜서 '평양대도호부'라고 이름 지어요. 이게 나중에 한 단계 더 격상돼서 고려 제2의 수도인 서경이 되는 거고요.

그리고 성종 시절에 지방 행정제도를 정립하면서 서북면에 대도호부를 다시 설치하는데, 이때 선정된 게 안북대도호부입니다. 따라서 서북면에서 제일 중요한 지역이 서경이라면, 그다음으로 중요한 지역은 안북대도호부인 거죠. 참고로 훗날 3차 전쟁 때는 강감찬이 고려군 총력을 이 안북부에 주둔시킵니다. 그 정도로 크고 중요한 지역이었다고 보시면 돼요.

그런데 거란군이 곽주를 점령하고 안북대도호부로 진격하니까 안북대도호부의 수장인 도호부사 박섬이 성을 버리고 도망쳐버립니다. 성주가 도망쳤으니 이 소식을 들은 백성들도 너 나 할 것 없이 도망치죠. 그렇게 비어 버리니까 거란군은 피 한 방울 안 흘리고 안북대도호부를 점령할 수 있게 된 거예요.

자, 이제 안북대도호부도 손에 넣었겠다, 거란은 쭉쭉 나아가서 숙주도 점령하고 다음으로 서경을 향해 진격합니다.[10]

◐ 서경성 전투 ◑

서경은 고려 제2의 수도였습니다. 태조 왕건은 평양을 서경으로 격상해 제2의 수도로 삼고 서경을 중심으로 북진정책을 추진했었어요.

게다가 현종 바로 앞의 왕인 목종은 재위 기간 내내 서경을 특별 대우했습니다. 조세 감면도 여러 번 해주고 특별 사면도 여러 차례 시행했으며, 서경의 노인과 과부들에게 물품을 하사하기도 했죠. 오랫동안 벼슬에 오르지 못한 50세 이상의 남성들에게 전부 벼슬을 내려주기까지 했습니다. 물론 대부분 명예직이었지만 말이에요.

이렇듯 서경은 고려에서 개성 다음으로 중요한 지역일 뿐만 아니라 북방정책의 최대 중심지였기 때문에 고려는 서경을 지키는 데 특별히 역량을 집중했습니다.

과거 거란이 압록강을 건너왔단 소식을 들은 현종은 중랑장 지채문을 화주로 보내 동북을 방어하게 했습니다. 그런데 강조가 삼수채 전투에서 대패하자, 현종은 지채문에게 명하여 병사들을 이끌고 서경으로 들어가라고 해요. 명령을 받은 지채문은 군용사 최창과 함께 즉시 출병해 서경 근처에 있는 강덕진에 주둔합니다.

그사이 거란군은 곽주와 안북대도호부를 점령하고 마침내 서경에 당도합니다. 그러고는 서경의 고려군을 겁주기 위해 중흥사 탑을 불태워버리죠.[11]

거란은 먼저 고려인 포로 노의와 거란의 관리 유경을 보내 서경성에 항복할 것을 권유합니다. 서경의 관료들은 고민에 빠집니다. 처음 흥화진은 잘 막았으나 강조의 대군이 대패하고 그 뒤론 곽주와 안북부까지 쭉쭉 뚫린 이 상황에 거란군의 기세는 그야말로 거칠 것 없는 맹수와 같았기 때문이죠. 고민 끝에 결국 항복하기로 결정한 서경의 관료들. 부유수 원종석을 필두로 관료들은 항복문서를 작성해 노의와 유경에게 전합니다.

그런데 그때 이 소식을 들은 지채문이 곧장 서경성으로 달려옵니다. 하지만 서경의 관료들은 성문을 닫고 지채문을 성안으로 들여보내 주질 않는데요. 그러자 함께 온 최창이 성안에 있던 분대어사 조자기를 만나 묻습니다.

최창 폐하께서 서경이 위급하다 하시기에 우리가 동북의 군사들을 이끌고 이리 급히 달려 왔소. 한데 어찌 들여보내 주지 않는 것이오?

조자기 거란 사람이 찾아와 우리에게 항복을 권했소. 이에 성안 관료들끼리 협의하여 항복하기로 결정하고 거란 사람에게 항복문서를 전한 상태요. 자네들은 우리와 뜻이 다를 것 같기에 어찌할까 고민했소만 일단 들여보내줄 테니 조용히 있어주시오.

그렇게 성문이 열리고 지채문과 최창은 군사들과 함께 성안으로 들어옵니다. 최창은 곧장 항복을 주도한 원종석을 찾아가 이렇게 따집니다.

최창 항복이라니 이게 무슨 소리요? 당장 거란 사람을 잡아 가두고 성을 굳게 지키시오.

원종석 자네들은 서경 사람도 아니지 않소? 서경은 내 관할이오. 항복할지 말지는 내가 결정할 사안이니 자네들은 그만 빠지시오.

그러자 최창은 지채문을 찾아가 이 일을 전합니다.

최창 말이 통하질 않습니다. 이를 어찌해야 합니까?

지채문 말이 통하질 않는다면 다른 방법으로 알아먹게 해야 하지 않겠습니까?

최창 어찌 말입니까?

지채문 기린 사람이 항복문서를 못 전하게 하면 되지 않습니까?

의논을 마친 둘은 서경 관료들 몰래 병사들을 보내 서북쪽 성문 앞에서 대기하게 합니다. 잠시 후 노의와 유경이 항복문서를 가지고 성문을 나오자 지채문의 병사들은 즉시 이들을 쫓아가 그 자리에서 죽이고 항복문서를 불태우죠. 그리고 지채문은 항복을 주도한 원종석과 서경의 주요 관료들을 전부 죽입니다.

하지만 성안의 관료들은 여전히 거란에 항복하겠다며 지채문을 압박합니다. 지채문은 괜히 성안에서 버티고 있다가 내분이 일어나게 되면 고려 병사들끼리 치고받고 싸우게 될 테니 순순히 성 밖으로 나가 성 남쪽에 진을 칩니다. 그리고 얼마 안 있어 동북계도순검사 탁사정이 병사들을 이끌고 서경에 도착하니, 지채문은 그들과 합세하여 다시 성으로 들어가죠.

한편 그사이 현종은 강조의 대군이 대패했다는 소식을 접하고는 야율융서에게 표문을 올립니다.

현종 제가 황제 폐하를 찾아뵙겠사오니 허락하여 주시옵소서.

고려의 왕이 직접 거란의 진영으로 만나러 온다는 건 항복하겠다는 뜻이죠. 표문을 받은 야율융서는 크게 기뻐하며 약탈을 금지합니다. 고려가 항복했으니 이제 거란의 관리를 보내 고려를 다스리게 해야겠죠. 야율융서는 마보우를 개성유수, 즉 개경을 다스릴 관리로 삼고 왕팔에게 자신을 보좌하게 합니다. 그러고는 장수 을름에게 기병 1000명을 데리고 이들을 호위하여 개경으로 가라고 합니다.

그런데 이상하게도, 고려 조정은 이미 항복했는데 서경에 보낸 자들이 돌아오지 않는 겁니다. 조정이 항복했으니 그냥 빨리 문 열면 될 텐데 말이죠. 야율융서는 사정을 확인하기 위해 한기에게 기병 200명을 붙여서 서경성으로 보냅니다.

서경성에 도착한 한기는 빨리 항복하라며 서경의 관료들을 다그치죠.

한기 황제 폐하께서 어제 유경과 노의를 보내어 서경성에 항복을 권하셨는데, 어찌 지금까지 소식이 없는 것인가? 폐하의 명을 거역할 게 아니라면 어서 나의 명을 듣도록 하라!

그러자 성문이 열리더니 갑자기 기병들이 튀어나와 한기와 거란 병사 100명을 베어 죽이고 나머지 100명은 사로잡습니다. 탁사정이 지채문과 의논하여 날랜 기병들을 보내서 거란 병사들을 급습한 거죠.

또한 이들에게서 야율융서가 개경으로 사람을 보낸 사실을 알게 된 탁사정은 곧장 지채문을 출격시켜 을름군을 공격하게 합니다. 지채문의 기습을 받은 을름군은 순식간에 패배하고, 을름과 마보우는 다시 거란 진영으로 달아납니다.

이때까지만 해도 서경의 군사들은 거란에 항복하려고 했으나 지채문이 한기에 이어 을름까지 격퇴하는 모습을 보고는 항전하기로 마음을 바꿉니다.

패배하고 돌아온 을름을 본 야율융서는 그에게 다시 군사를 내주어 서경성을 공격하라고 명합니다. 그러자 성 밖을 순찰하던 고려 병사들이 을름의 군대를 발견하고는 지채문에게 달려와 적군이 다가오고 있음을 알리죠.

지채문이 이 사실을 탁사정에게 보고하자 탁사정은 승려 법언과 더불어 병사 9000명을 이끌고 을름군을 향해 출격합니다. 이들은 거란군 3000여 명의 머리를 베고 다시 한번 을름군을 무찌릅니다. 하지만 이 와중에 승려 법언이 전사하고 말았죠.

연이은 승전으로 기세가 차오른 지채문은 다음 날 또다시 출병해 거란군을 격파합니다. 그러자 이제는 병사들이 성벽 위로 올라와 함성을 내뱉으며 싸움을 구경하는 지경에 이르렀는데요. 자신감에 찬 서경의 군사들은 패퇴하는 거란군을 보더니 앞다투어 성 밖으로 뛰쳐나와서 거란군을 추격하기 시작합니다.

승리에 취한 고려군은 정신없이 적군을 쫓아갑니다. 그런데 어느새 너무 깊숙이 들어가버리고 말았는데요. 거란은 갑자기 군을 돌리더니 본대까지 합세해 순식간에 고려군을 격파합니다. 그러고는 성 앞까지 진격해 성을 완전히 포위해버렸습니다.

패퇴한 지채문은 어디론가 사라져버렸고 홀로 남은 탁사정은 성안에서 두려움에 떨기 시작합니다. 탁사정은 살길을 찾기 위해 장군 대도수를 불러 이렇게 말하죠.

탁사정 그대가 동문으로, 내가 서문으로 나가서 앞뒤로 적을 공격한다면 분명 적을 무찌를 수 있을 것이오.

대도수 알겠습니다. 그럼 그렇게 한번 해봅시다.

그렇게 대도수가 군사를 이끌고 동문으로 나와 거란군을 공격하기 시작하는데, 이상하게도 서문 쪽에선 병사들이 나오지 않습니다. 거란의 관심이 대도수에게 집중된 사이 탁사정은 휘하 병사들과 함께 성을 버리고 도망친 거죠. 자신이 속았음을 깨달은 대도수는 거란의 대군을 이길 수 없음을 알고는 병사들과 함께 거란에 투항하고 맙니다.

핵심 장수들이 전부 사라지자 성안의 백성들은 두려움에 떨기 시작합니다. 이제 거란군이 쳐들어오면 꼼짝없이 죽을 날만을 기다리고 있는 그때! 통군녹사 조원과 애수진장 강민첨 등 중하위급 관료들이 나서서 민심을 수습합니다.

이들은 문관 7품 관료인 조원을 임시 병마사로 추대해 그를 중심으로 군열을 재정비하는데요. 그렇게 서경성의 군사들이 성문을 걸어 잠그고 굳게 버티자 거란군이 아무리 공격해도 성이 뚫리지 않습니다.[12]

양규와 1700 결사대
곽주성 탈환

◐ 양규의 700 결사대 ◑

서경이 거란과 공방을 주고받으며 힘겹게 성을 지키고 있는 사이, 북쪽의 흥화진에서 양규가 움직이기 시작합니다. 양규는 흥화진을 잘 지켜내긴 했으나 거란이 물러난 게 아니라 더 깊숙이 진격한 사실을 알고 있었기에 고민이 이만저만이 아니었습니다. 거란의 대군이 고려를 향해 칼을 들이밀고 있단 사실은 전혀 변함이 없었거든요.

상황을 완전히 뒤집기 위해선 거란이 군을 철수시킬 만한 사건을 만들어야만 했습니다. 그리하여 양규는 거란에 함락된 곽주를 탈환하기로 하는데요. 곽주는 거란에 매우 중요한 지역이었습니다.

거란 입장에서 중간기지 하나 없이 고려 깊숙이 진격하는 건 굉장히 부담되는 일이었는데, 다행히도 곽주를 점령했기 때문에 여기에 중간 기지를 세우고 계속해서 진격을 할 수 있게 되었죠. 이 말을 반대로 하면, 만약 곽주를 다시 빼앗긴다면 거란은 진격하기에 엄청난 부담이 생길 수밖에 없는 거죠.

그런데 거란 입장에서는 곽주를 빼앗길 걱정을 할 필요가 없었어요. 왜냐하면 곽주성에 6000명의 병사를 남겨두었으니까요. 보통 성을 함락하려면 수비군의 3배 이상이 필요하다고 합니다. 따라서 곽주성을 함락시키기 위해선 고려가 1만 8000명 이상의 병력을 끌어모아야 하는 거죠. 지금 서경 지키기도 바빠 죽겠는데 그럴 여력이 있을 리 없죠.

그리고 거란은 40만 대군으로도 흥화진과 통주성 함락에 실패해봤잖습니까. 그러니 1만 8000명은커녕 10만 명은 모아야 성을 탈환할 수 있을까 말까라고 생각했죠. 고려군이 감히 그걸 꿈도 꾸지 못할 것이고, 그 정도 병력이 있으면 차라리 서경이나 개경 지키는 데 투입할 거라는 게 사실 합리적인 추측이죠.

그런데 양규는 오히려 그렇기 때문에 승산이 있을 거라고 봤던 것 같습니다. 거란은 고려군이 어차피 곽주성에 쳐들어올 리 없다고 생각해서 경계를 게을리할 것이니, 적의 허를 찌를 수만 있다면 충분히 해볼 만하다고 생각한 거죠.

하지만 아무리 그래도 곽주성 탈환 작전은 너무 위험이 컸습니다. 흥화진에는 애초에 병사가 3000명밖에 없었는데, 그마저도 7일간의 전투로 꽤 많이 죽었을 겁니다. 그러니 양규가 동원할 수 있는 병력은 고작 700명밖에 안 됐어요.

6000명이 지키는 성을 고작 700명으로 탈환한다? 말도 안 되는 일이죠. 6000명이 멀리서 700명이 오는 걸 보고 성 밖으로 뛰쳐나와서 정면으로 붙는다면 거의 10대 1의 싸움이에요. 괜히 쳐들어갔다가 고려군이 전멸하면 흥화진마저도 위험해지지 않을까요? 물론 잘되면 좋지만, 승산도 없는 싸움에 이렇게 큰 위험을 감수하면서까지 할 일일까요? 아마 흥화진 내에서도 반대하는 사람이 많았을 것입니다.

하지만 양규는 기어코 이 작전을 실행하겠다면서 700명의 병사와 함께 성 밖으로 출진합니다.

◐ 곽주성 탈환 ◑

양규는 일단 통주성으로 가서 병력을 충원합니다. 통주성에서 1000명의 병사를 충원한 양규는 그대로 곽주성으로 진격합니다. 승패를 가르는 요소는 속도였습니다. 잠시라도 주저했다가 군을 움직인 사실이 적에게 발각되면 공성은커녕 야전에서 전멸을 당할 수도 있습니다. 따라서 양규는 한시도 쉬지 않고 곧장 곽주성으로 달려갔어요.

아쉽게도 곽주성 탈환 작전이 어떤 과정으로 전개됐는지는 기록에 남아 있질 않습니다.《고려사절요》에 적힌 기록은 다음과 같습니다.

고려사절요 양규가 흥화진에서 병사 700명을 거느리고 출진해 통주에서 병사 1000명을 충원하였다. 이들은 곽주로 쳐들어가서 그곳에 있던 거란 병사들을 전부 목 베고, 성 안의 남녀 7000여 명을 통주로 옮겼다.[13]

이게 끝이에요. 그래서 지금까지도 이 곽주성 탈환은 미스터리로 남아 있습니다. 대체 어떻게 1700명으로 6000명이 지키는 성을 함락시키고, 6000명을 전부 죽일 수 있었던 걸까요? 아쉽게도 전해지는 기록이 없어 이 과정은 상상에 맡길 수밖에 없지만, 이 말도 안 되는 일을 양규는 해냅니다.

양규의 곽주성 탈환은 거란에게는 치명타나 다름없었습니다. 곽주는 사실상 거란의 유일한 중간기지였기 때문에 이곳이 다시 탈환당했다는 건 거란군이 완전히 서경성 앞에 고립됐다는 뜻이 되거든요.

◐ 의문점 1. 병력 ◑

그런데 곽주성 탈환 작전에는 이상한 점이 몇 가지 있습니다.

첫째, 거란이 흥화진 함락을 포기하고 지나칠 때 흥화진을 견제하기 위해 무로대에 병력의 절반인 20만 명을 남겨뒀다고 했죠. 그 군사는 뭘 했기에 흥화진에서 700명이 뛰쳐나와 곽주까지 가는 데 아무런 제재도 못 한 걸까요? 20만 명을 거란이 회수했다거나 어디로 움직였다는 얘기는 없습니다. 그냥 남겨두고 갔다고 하고, 그 뒤로 등장하지 않아요. 그냥 증발해버린 거죠.

그래서 이 병력의 실체에 대해 계속 의문이 남습니다. 개인적으로 그 병력은 애초에 없었던 거라고 생각합니다. 20만 명이 정말 있었다고 하더라도, 흥화진을 견제하라고 남긴 건데 아무 역할도 못 했다면 그냥 없는 거랑 다름없죠.

의문점은 이게 끝이 아니에요. 삼수채 전투에서 고려군 30만 명이 투입됐는데, 그중 3만 명이 죽었다고 했죠. 통주성 근처에 있던 병사들은 코앞의 통주성으로 들어갔을 것이고, 곽주 쪽으로 도망친 병사들은 곽주성으로 들어갔을 겁니다.

삼수채 전투에 참여한 장수 중에 서경성에 있던 장수도 있는 걸 보면, 서경성으로 들어간 군사들도 있었겠죠. 아니면 그냥 흩어진 병사들도 있었을 것이고요. 어쨌든 27만 명이 살아남은 건데, 그들은 도대체 어디로 갔을까요? 만약 이때 통주성으로 들어간 군사들이 통주성을 지킬 때 활약했고 그 뒤로도 통주성에 남아 있었다면 양규한테 합류했을 가능성도 있지 않았을까요?

양규의 직함은 서북면도순검사입니다. 지금 전투가 한창인 서북면에서 최고위 장수예요. 그러니 이 병사들이 통주에 있든 어디 있든 양규에게는 이들을 지휘할 권한이 있는 거죠. 양규가 1700명으로 이 모든 걸 해냈다고 하기에는 믿을 수 없을 정도로 대단하기 때문에 '삼수채 전투의 패잔병들을 일부 활용하지 않았을까?'라는 추측을 해봅니다.

확실한 근거는 없지만 《고려사》 기록을 보면 12월 16일에 이런 대목이 나옵니다.

큰 유성이 곽주에 떨어졌다.[14]

그리고 《고려사절요》에서 정확히 같은 날인 12월 16일 양규가 곽주성을 탈환했다는 기록이 나와요. 그리고 《고려사절요》의 12월 19일 기록에는 이런 문구가 나옵니다.

서경의 신사에 갑자기 회오리바람이 일어나더니 거란의 군사와 말이 모두 넘어졌다.[15]

이걸 '누군가 거란군을 습격해서 큰 타격을 주었다'라고 해석하는 사람도 있습니다. 서경성은 문 꽉 걸어 잠그고 지키기 바쁜 와중에 서경성의 군사들이 밖으로 나왔을 가능성은 작은 것 같고요. 아마 삼수채 전투 때 살아남은 군사들이 밖에 있다가 지원을 온 게 아닌가 싶습니다.

만약 《고려사》에서 때로 전투를 미스터리한 일로 표현하기도 했다고 전제한다면, '큰 유성이 곽주에 떨어졌다'도 '큰 군대가 곽주를 쳐들어갔다'로 해석해볼 여지가 있는 거죠.

또 다른 추측으로, 진짜 곽주성에 운석이 떨어졌을 수도 있습니다.

이 해석도 꽤 그럴듯합니다. 애초에 곽주성에 운석이 떨어진 걸 보고 양규가 급하게 출동을 한 것이고, 양규가 도착했을 때는 이미 성벽이고 뭐고 다 무너져서 곽주의 거란군도 대부분 죽어 있던 터라 양규가 잔당을 전부 제거할 수 있었다는 거죠.

아니면 성안의 백성들이 도움을 줬을 수도 있습니다. 백성이 몰래 성문을 열거나 했을 수도 있죠.

하지만 아무리 그래도 양규가 곽주성에서 구출한 고려 백성이 총 7000명이라고 하는데, 여기에 양규 병사 1700명을 합친 인원으로 거란의 정예병 6000명을 전멸시킨다는 건 쉽지 않아요.

그래서 이런 해석들을 종합해보면, '양규의 병사 1700명에 삼수채 전투의 패잔병 수천 혹은 수만 명이 도움을 줬고, 성안의 백성들까지 호응해줘서 곽주성 탈환과 거란 병사 전멸이라는 대승을 거둘 수 있었다'라고 할 수 있겠죠. 그런데 통주성에서는 1000명만 충원했다는 기록이 정확히 있으니, 이 또한 추측일 뿐입니다. 정확한 반론의 근거가 없으니, 일단 양규는 1700명으로 움직인 걸로 하겠습니다.

◐ 의문점 2. 의의 ◑

이렇게 큰 위험을 감수하고 어렵사리 성을 탈환해냈어요. 그럼 그다음에는 무슨 일을 할까요? 곽주성에 군사를 배치하고 성을 지키려 하지 않을까요? 애초에 적이 곽주성을 중간기지로 삼지 못하게 하는 게 탈환의 목적이었다면, 곽주성을 빼앗았으니 이제 지켜야죠.

그런데 양규는 곽주성을 탈환한 다음 성에 있던 백성 7000여 명을 전부 통주로 옮깁니다. 성을 그냥 비워둬요. 이러면 애초에 '적의 중간기지를 없앤다'는 목적과 안 맞잖아요. 거란이 다시 군사를 보내서 곽주성에 들어가면 되는 것 아닙니까. 게다가 사실 곽주보다 큰 도시인 안북대도호부가 이미 거란에 넘어갔기 때문에 고려가 곽주를 차지한다고 해서 적의 중간기지가 사라진 것도 아니에요.

그래서인지 야율융서는 곽주성을 탈환당했어도 별로 신경 쓰지 않고 그대로 직진하거든요. 그럼 곽주성 탈환의 진짜 의의는 과연 무엇일까요?

양규가 백성을 옮겼다는 걸 보면 백성을 구하는 게 진짜 목표였을 거라고 봅니다. 이후에도 양규는 적에게 포로로 잡힌 백성을 구하는 데 혈안이 돼 있습니다. 그래서 곽주성 탈환도 사실 적의 중간기지를 없애려는 것보다는 성에 갇힌 백성을 구하기 위해 실행한 작전이 아닐까 하는 생각을 해봅니다.

혹은 곽주성에 정말로 운석이 떨어졌다면, 성이 초토화돼서 이미 지키고 말고 할 수 있는 수준이 아니었기에, 일단 백성들만이라도 구해서 통주성으로 이동하게 한 걸 수도 있죠.

개경을 향하는 거란의 칼날
현종의 몽진

◐ 개경으로 진격하는 거란 ◑

1010년 12월 16일, 양규가 곽주성을 탈환한 날 야율융서는 서경성 함락을 포기하고 갑자기 개경으로 진격하기 시작합니다. 왜 이렇게 급발진을 한 걸까요?

야율융서는 곽주를 탈환당했다는 보고를 받았을 걸로 추측됩니다. 이 소식은 거란군에게 굉장히 치명적이었습니다. 지금 서경까지 진격한 상황에서 곽주성은 거란의 유일한 중간기지였는데 여길 빼앗겼으면 거란은 보급에 엄청난 차질을 빚게 되니까요(앞서 안북대도호부가 남았으니 거란에게 곽주성 탈환은 생각보다 큰 의미가 아닐 수도 있다고 한 건, 제 추측일 뿐 여기서는 통설대로 설명하겠습니다).

애초에 거란은 너무 많은 대군을 동원했기에 처음부터 보급이 문제였습니다. 간단하게 계산해 봐도, 그 시절에는 하루에 두 끼를 먹었다고 가정해도 공깃밥만 200그램씩 400그램을 먹잖아요. 여기에 20만 명을 곱하면 80톤이 돼요. 반찬까지 생각하면 대충 100톤이라고 해보죠.

그런데 거란군은 기마군 중심이라 말도 먹여야 하잖아요. 말은 보통 하루에 자기 몸무게의 2퍼센트 정도를 먹는다고 해요. 옛날에는 말이 작았다고 하니까 말 한 마리의 무게가 300킬로그램이라고 했을 때 하루에 6킬로그램을 먹는 거예요. 그럼 말을 10만 마리 동원했다고 하면 하루에 말들이 먹는 양만 600톤입니다.

그럼 사람과 말이 하루에 먹는 양만 무려 700톤인 거예요. 어마어마하죠. 말 한 마리가 식량을 100킬로그램씩 나른다고 가정하면 하루에 식량 나르는 말만 7000마리가 필요합니다. 그런데 말들이 매일 왕복할 수 있을까요? 한 열흘 단위로 움직여야 하지 않을까요? 그럼 7만 마리가 필요하겠네요. 이 7만 마리의 식량도 필요하고요. 이렇게 대충 계산해봐도 식량을 보급하는 게 너무 힘듭니다.

여기서 이렇게 생각할 수 있어요. 거란은 '타초곡'이라 해서 식량이나 말먹이가 부족할 경우 현지에서 조달하는 제도가 있으니 보급은 신경 쓸 필요 없다고요. 물론 그 시대에 군대가 남의 나라에 쳐들어가면 당연히 약탈하고 현지에서 물자를 조달했습니다. 그런데 그것만으로는 한계가 있어요.

그리고 '청야전술'이라는 것도 있었어요. 청야전술은 적군한테 뺏길 바에는 아예 곡식이고 뭐고 싹 다 불태워버리고 도망치는 작전이에요. 만약 고려가 청야전술을 썼다면 타초곡도 소용이 없죠. 그렇다고 해서 전쟁을 접고 그냥 되돌아갈 리도 만무하고요.

그러니까 타초곡이라는 게 만능이 아니에요. 세상 어느 군대나 남의 나라에 쳐들어가면 약탈해서 현지 조달을 하려고 합니다. 본국에서 보급하는 것과 약탈해서 얻는 것의 비중이 나라마다 다를 뿐이죠. 거란은 약탈하는 비중이 높았다고 해석해야지, 거란은 원래 현지 조달을 하니까 보급 따위는 신경 쓰지 않는다는 건 말이 안 됩니다.

게다가 보급 문제를 제외하더라도 애초에 거란은 이 전쟁을 길게 끌 수가 없었어요. 일단 봄이 되면 눈이 녹습니다. 그럼 압록강, 청천강 같은 큰 강의 얼음이 전부 녹고 땅도 진창이 돼요. 기마군을 운용하기엔 최악의 환경이 되는 거죠.

이게 싫어서 거란이 한겨울에 그 추운데 쳐들어온 거예요. 겨울에는 강이고 땅이고 다 얼어 있으니까 기마군으로 쭉쭉 달릴 수 있거든요. 봄이 찾아오면 상황이 완전히 달라진다는 거죠. 그뿐 아니라 거란도 봄이 되면 군사들을 집에 돌려보내야 해요. 곧 말들에게 풀 먹일 시기가 돌아오기 때문에 돌아가서 유목을 해야 하거든요.

그러니 애초부터 거란군은 길어도 1월 안에는 승부를 봐야 했습니다. 그래서 며칠 공격하다 안 되면 그냥 지나치고, 또 며칠 공격하다가 안 되면 그냥 지나치면서 서경까지 온 겁니다. 그런데 서경도 아직 함락하지 못했는데 그나마 가지고 있던 곽주마저 빼앗겼다니, 거란에게는 그야말로 청천벽력과 같은 소식이었을 겁니다.

자, 이제 야율융서는 선택해야 합니다. 이대로 후퇴할지, 아니면 서경을 끝까지 공격할지 말이죠. 그런데 여기서 야율융서는 또 한 번 비장의 카드를 발동합니다. 거란의 필살기! 그냥 지나치기 작전입니다.

아니, 지금 곽주까지 빼앗긴 마당에 서경마저 그냥 지나친다? 만약에 실패하면 고려 함락이고 뭐고 거란이 떼죽음을 당할 수도 있어요. 따라서 거란군 내부에서도 반발이 상당했으리라고 추측됩니다.

그런데 야율융서 입장에서도 여기까지 와서 그냥 돌아가기에는 체면이 말이 아니었을 거예요. 본인이 친정을 시작한 후 첫 번째로 한 일이 이 전쟁인데, 이걸 실패로 끝내기엔 너무 면이 안 서겠죠. 결국 야율융서는 끝까지 자신의 뜻을 굽히지 않았습니다.

> 이날에 거란의 군주가 서경을 공격하였다가 함락시키지 못하자 포위를 풀고 동진하였다.
>
> _《고려사절요》[16]

◐ 현종의 피난 ◑

북쪽에서 사활을 건 전투가 계속되고, 거란은 거침없이 진격해 오는 이때 고려 조정은 과연 뭘 하고 있었을까요? 고려 조정의 분위기는 그야말로 처참했습니다. 앞서 거란이 서경에 당도했을 때 이미 친조하겠다는 표문을 올렸으니, 이미 그때부터 항복 얘기는 나왔을 걸로 보입니다.

시간이 지날수록 관료들 사이에서 항복의 물결은 점점 거세지고 심지어 조정을 버리고 도망치는 자들까지 생겨나는데요. 그러던 중 12월 27일, 지채문이 개경에 당도합니다.

지채문은 앞서 서경성에서 거란군을 여러 번 물리쳤으나 도주하던 적을 너무 깊숙이 쫓아가는 바람에 역공을 맞아 패퇴하고 말았죠. 이때 거란군이 곧장 서경성을 포위해버렸기 때문에 지채문은 성으로 들어갈 수가 없어져서 말을 돌려 개경으로 향했던 겁니다.[17]

12월 28일, 지채문은 자신의 패전과 서경의 상황을 구체적으로 보고합니다. 그러자 이제 조정의 의견은 완전히 항복으로 굳어졌습니다. 이미 서경의 주력군이 패배한 상황에 서경이 과연 얼마나 더 버틸 수 있을까요?

서경 다음은 바로 개경입니다. 야율융서가 서경을 포기하고 다시 진격을 시작한 게 12월 16일이었죠. 28일이면 벌써 12일이나 지났으니 이미 개경에는 야율융서가 다가오고 있다는 소식도 전해졌을 겁니다.

관료들 사이에서는 더 늦기 전에 빨리 항복해야 한다는 의견이 주를 이룹니다. 발해가 멸망했듯 거란의 말발굽에 짓밟혀 아예 흔적도 없이 사라질 바에는 차라리 굴욕적일지라도 항복하고 목숨을 부지하며 더 이상의 피해를 줄이는 게 합당해 보였겠죠.

거란군이 이미 도착한 뒤에는 너무 늦습니다. 그때는 더 굴욕적이고

비참한 항복을 해야만 할 거예요. 그러니 더 늦기 전에 빨리 항복해야 한다며 온 조정이 현종을 압박하는데, 그때 갑자기 한 관료가 소리칩니다.

강감찬 지금 거란이 고려를 쳐들어온 이유는 역신 강조를 처단하기 위함이니, 항복은 우리가 고민할 사안이 아니옵니다. 다만 적의 수가 너무 많기에 적은 병력으로 이들을 당해낼 재간이 없으니, 당장은 적의 칼날을 피하였다가 다시 반격할 방안을 모색해야 합니다.

현종 당장은 피한다니 어찌 말이오?

강감찬 남쪽으로 피난하시옵소서.

이 사람은 바로 강감찬이었습니다. 강감찬은 성종 2년(983년)에 장원급제를 한 뒤로 단 한 번도 고려사에 등장하지 않았습니다. 그런데 만 62세에 이르러 갑자기 역사의 중심에 모습을 드러냅니다.

이때 강감찬의 관직은 정4품 예부시랑이었습니다. 예부란 교육과 외교를 담당한 부서로 예부시랑은 이 예부의 차관급에 해당하는 관직이었습니다.

앞서 양규도 이전에 기록이 없는데 갑자기 서북면도순검사로 임명됐다고 했죠. 거란의 침공이 임박한 시점에서 최전방인 서북면을 책임지는 도순검사에 임명됐다는 건, 단지 기록이 안 됐을 뿐 분명 그전에 이미 능력을 보여줬기 때문일 거라고 했습니다.

강감찬도 마찬가지일 것입니다. 온 조정이 항복을 주장하는데 강감찬 홀로 항전을 주장합니다. 그런데 현종은 여기서 강감찬의 손을 들어줘요. 아마 강감찬이 이전에 이미 능력을 보여줬으며, 현종도 그를 믿었기 때문에 이런 결정을 했다고 봐야겠죠.

뒤이어 지채문도 강감찬의 의견을 지지합니다.

지채문 신이 비록 미련하고 나약하지만, 죽을힘을 다하여 전하의 곁을 지키겠사옵니다!

현종 지난날 이원과 최창이 서북면에서 급히 돌아와 내 곁을 지키겠다 하였으나 그새 어딜 가버렸는지 보이질 않는 걸로 보아, 신하의 도리 따위는 집어 던지고 제 한 목숨 살자고 도망친 것 아니겠는가? 하나 경은 서경에서 그리 고생을 했음에도 또다시 나를 찾아와 호위를 자처하니, 그 충정이 매우 고맙구나.

그날 밤 현종은 서둘러 개경을 빠져나와 피난길에 오릅니다. 그러나 이때 현종을 따라간 신하는 고작 50명밖에 되지 않았습니다. 항복을 입에 올리던 자들은 이미 조정을 버리고 도망쳤으니 왕의 행렬은 초라하기 짝이 없었죠.[18]

현종의 목숨을 지킨 충신들
지채문과 하공진

◐ 조선과는 달랐던 고려의 왕권 ◑

그런데 여기서 한 가지 알아야 할 게, 고려는 조선과 상당히 다른 나라였다는 것입니다. 우리가 조선사에 너무 익숙하다 보니 고려를 볼 때도 조선과 같이 생각하는 경향이 있어요. 그런데 두 나라는 꽤 많이 달랐습니다. 특히 고려 초기에는 더욱 그랬는데요. 두 나라의 차이점 중 가장 두드러지는 특징은 바로 왕의 권한이었습니다.

조선은 이미 건국될 때부터 고려 때 다져 놓은 왕권을 그대로 계승한 데다가 태종이 강력한 왕권 강화와 중앙집권적 국가 체제를 만듦으로써 나라의 힘이 왕한테 쏠리게 돼요. 그리고 현명한 신하들이 왕이 올바른 길로 가도록 보좌하는 형태로 국가가 운영됐습니다.

그런데 고려 때는 왕의 힘이 그리 세지 않았어요. 고려가 건국될 때까지만 해도 한반도는 고려, 신라, 후백제 이렇게 세 나라로 나뉘어 있었습니다. 이 말인즉슨, 세 나라의 백성들은 자기들이 같은 나라 사람이라고 생각하지 않았다는 거예요. 지금 같은 '한민족' 개념이 아예 없었을 때입니다.

게다가 삼국이 통일전쟁을 하면서 서로 죽어라 싸웠잖아요. 저 나라 사람이 우리 아버지를 죽이고 내 아들을 죽이고 우리 집 재산을 약탈하고 그랬는데, 고려가 통일을 했다 한들 바로 '이제부터 우리 한 팀이다', '앞으론 싸우지 말자' 이렇게 될 리가 없잖아요.

그뿐 아니라 각 지방 호족이 과장을 좀 보태서 그 지역을 다스리는 왕처럼 군림하던 시기였어요. 호족들은 막 고려에 붙었다, 후백제에 붙었다 하면서 누구랑 손잡을지를 계속 바꿨단 말이에요.

그래서 왕건이 삼국을 통일한 다음에 이대로 안 되겠다 싶어서 각 지역의 유력 호족 딸들을 전부 아내로 들입니다. 이때 그나마 가장 강력한 동맹이 혼인동맹이었거든요. 그래서 전부 혼인으로 엮어서 동맹을 맺어버린 거예요. 우리가 고려 태조 왕건 하면 아는 유명한 일화 중 하나가 왕비를 29명이나 뒀다는 건데, 이런 이유가 있었던 거죠.

그러다 보니 고려는 강력한 왕이 전 국토를 전부 다스리는 게 아니라 전국에 있는 호족들이 연합국가를 형성한 다음, 연합국가의 대표로 왕을 세운 것 같은 느낌이었습니다.

물론 현종 시기는 고려가 건국된 지 100년 정도가 지났을 때니, 그동안 왕이 가만히 앉아 있었던 건 아닙니다. 고려 성종 때 이걸 좀 개선해보려고 지방 행정제도를 개편했어요. 그렇게 중앙집권력과 왕권을 좀 강화하긴 했지만, 그래도 아직 조선에 비해선 한참 모자랐습니다. 아직도 지방은 호족의 세상이었고, 호족들은 지방의 하급 관리직인 아전, 향리 같은 직책을 도맡아 지방의 실권자로 군림하고 있었죠.

이렇게 지방 호족이 각기 권한이 세고 왕권이 약한 시기인데 지금 왕이 수도를 포기하고 피난을 가기 시작했습니다. 그 말은 왕이 자기 세력권을 벗어나서 다른 사람의 세력권으로 들어가게 된다는 겁니다. 그것도 고작 호위무사 50명을 데리고 말이죠.

그러면 지방 호족들이 이걸 가만히 두겠습니까? 현종이 수도 개경을 벗어나자마자 반란 세력이 현종을 공격하기 시작해요. 어찌어찌 공격을 피해도 몇 발자국 가면 또 반란이 일어나고, 또 피해서 몇 걸음 가면 또 반란이 일어나기를 수도 없이 겪습니다. 그렇다고 멈출 수도 없죠. 뒤에서는 거란군이 쫓아오고 있으니까요. 그러니까 현종의 피난길은 그야말로 생사의 고비를 수도 없이 넘나드는 죽음의 외줄타기였다고 보면 됩니다.

◐ 현종의 몽진 ◑

피난 시작 바로 다음 날인 12월 29일, 현종은 단조역에 다다릅니다. 그런데 그때 저 멀리서 한 무리의 군사들이 다가오더니 갑자기 현종을 향해 화살을 쏘기 시작해요. 그러자 지채문이 호위병과 함께 말을 타고 달려나가 화살을 쏘며 적들을 물리칩니다.

그렇게 적이 물러나자 왕의 행렬은 다시 길을 나서기 시작하는데, 얼마 안 가서 이들이 또다시 나타나 화살을 쏘며 공격해옵니다. 지채문은 다시 말을 타고 뛰쳐나가 한 번 더 이들을 물리칩니다.

이들이 어째서 왕을 공격했는지는 기록에 안 나와 있지만 이유야 뻔하지 않겠습니까. 왕위를 빼앗거나, 납치해서 돈을 요구하거나, 그것도 아니면 거란에 갖다 바치고 포상을 받거나, 이 중 하나였겠죠.

그렇게 두 번이나 죽을 고비를 넘긴 현종은 그날 날이 저물어서야 겨우 창화현에 도착합니다. 그런데 왕이 도착하자마자 아전, 즉 지방의 하급 관리가 현종을 찾아와 이렇게 묻습니다.

아전 폐하께서는 저의 이름과 얼굴을 아십니까?

왕이 지방의 하급 관리까지 어떻게 압니까. 현종은 애써 못 들은 척하며 대답을 피했는데요. 그러자 아전은 한 사람을 시켜서 이렇게 외치게 합니다.

사람 하공진이 병사들을 이끌고 왔다!

그러자 깜짝 놀란 지채문이 되묻습니다.

지채문 하공진이 무슨 이유로 여길 왔단 말이냐?

아전 채충순과 김응인을 잡으러 왔습니다.

◐ 하공진의 등장 ◑

여기서 갑자기 왜 하공진 얘기가 나올까요? 과거에 하공진과 유종 때문에 거란이 고려에서 반란이 일어났다는 사실을 알게 됐잖아요. 그래서 이 둘은 유배를 가게 됐어요. 그런데 막상 전쟁이 터지니까 유능한 장수 한 명 한 명이 소중했죠. 그래서 현종은 이 둘을 다시 장수로 복직시킵니다. 그러니 복직을 명 받은 둘이 현종을 찾으러 오고 있었겠죠.

그런데 '하공진이 왜 왔냐'고 물으니까 '채충순과 김응인을 잡으러 왔다'고 했어요. 아마 채충순과 김응인이 하공진의 탄핵을 주도한 인물들이라서 그런 것 같아요. 왕을 지키러 오는 게 아니라 자기 복수를 하러 온다고 하니 뭔가 이상하죠. 그래서 겁을 먹은 김응인과 낭장 국근은 그 길로 도망쳤고, 남은 일행도 뭔가 이상한 낌새를 눈치채고는 잔뜩 긴장하고 있었습니다.

아니나 다를까 그날 밤이 되자 웬 장사들이 현종 일행을 급습합니다. 그러자 왕을 호종하던 신하들과 환관, 빈첩들이 대부분 도망쳐요.

지채문이 몇 없는 군사들과 함께 열심히 막고는 있는데, 아무리 생각해도 못 버틸 것 같단 말이죠.

날이 밝자 지채문은 일단 두 왕후부터 대피시킵니다. 그러고는 직접 현종이 탄 말의 고삐를 잡고선 샛길로 빠져나와 적을 따돌린 후 도봉사로 향하는데요. 얼마 후 채충순 같은 관료들도 알아서 몸을 피해서 도봉사로 다시 모입니다.

지채문은 뭔가 이상한 낌새를 눈치챘는지 현종에게 이렇게 말합니다.

지채문 신이 생각하기에 지난밤의 적들은 하공진이 아닌 것 같습니다. 제가 직접 그들을 쫓아가 확인하고 오겠나이다.

현종 안 되네. 짐이 지금 의지할 곳은 이제 경뿐인데, 경마저 나를 배반한다면 이제 어찌하란 말인가?

지채문 신이 만약 폐하를 배신한다면 반드시 하늘이 저를 벌할 것이니 걱정 마시옵소서.

지채문이 이렇게까지 나오자 현종도 어쩔 수 없이 허락해줍니다. 어차피 지채문이 정말 도망칠 생각이었으면 막지도 못할 테니, 어쩔 수 없이 허락한 것 같아요.

길을 나선 지채문은 얼마 안 가서 전날 도망친 김응인과 국근을 만납니다(김응인도 함께 있었다는 기록은 없지만 뒤에 김응인이 다시 등장한 걸로 보아 이때 같이 합류했을 가능성이 높습니다). 둘은 도중에 반란군을 만나서 옷가지를 전부 빼앗긴 상태였죠.

국근 적들이 저의 옷을 전부 빼앗아 갔습니다.

지채문 너는 신하가 되어 폐하를 배신하고 도망쳤으니, 목숨을 부지한 것만으로도 감사해야 하지 않겠느냐?

그때 그곳을 지나가던 하공진과 유종 일행이 지채문을 만납니다.

지채문 공은 어찌하여 지난날 폐하를 습격한 것이오?

하공진 그게 무슨 말이오? 나는 지금 폐하를 호위하러 가는 중이오. 오는 길에 패전한 병사들을 발견해 그들과 함께 서둘러 폐하께 가고 있소이다.

오해가 풀린 지채문은 하공진과 유종 그리고 그들이 데려온 군사 20여 명과 함께 어제 습격을 당했던 창화현으로 갑니다. 그곳에서 적들이 탈취해 간 말 15필과 안장 10부를 되찾아 왕에게 돌아오죠. 그런데 전날 밤 소동 때문에 현종이 지금 잔뜩 겁을 먹고 있었겠죠. 그래서 지채문은 도중에 멈춰 서서는 하공진에게 이렇게 말합니다.

지채문 내가 그대들과 함께 간다면 분명 폐하께서 크게 놀라실 것입니다. 내 먼저 폐하께 가서 상황을 전달할 테니 그대들은 조금 뒤에 오시는 게 좋겠습니다.

그러고는 지채문이 홀로 현종을 만나러 갔는데 지채문이 돌아왔다는 소식에 현종은 기뻐하며 문밖으로 뛰어나와 그를 맞이합니다.

지채문 폐하, 지난밤 소동은 하공진이 벌인 일이 아니었습니다. 신이 하공진을 만나 오해를 풀고 적들이 훔쳐간 말도 되찾아 왔으니 폐하께선 놀라지 마시옵소서.

그렇게 오해가 풀리고 하공진과 유종이 찾아오자 현종은 그들을 위로합니다.[19]

◐ 강화 협상 ◑

1010년 12월 30일, 현종 일행은 양주에 도착합니다. 이때 하공진이 현종에게 말합니다.

하공진 애초에 거란이 쳐들어온 명분은 역적 강조를 처단하기 위해서였습니다. 한데 이미 저들이 강조를 붙잡았으니 만약 사신을 보내 강화를 청한다면 저들은 분명 군사를 돌릴 것이옵니다.

하공진은 직접 사신이 돼서 거란 진영으로 나아가 강화를 체결하겠다고 나섭니다. 현종은 뭔가 불안했는지 점을 한번 쳐보고 길조를 얻자 마침내 이를 허락하죠.

그렇게 하공진과 고영기는 현종의 표문을 받들어 거란 진영으로 나아갑니다. 그런데 앞서 거란의 침입을 막기 위해 고려에서 거란으로 보낸 사신들이 모두 억류당한 데다가 이미 전쟁 중인데 다짜고짜 적진을 찾아갔다간 무슨 봉변을 당할지 모르겠죠. 그래서 하공진은 일단 창화현에 도착해서는 부하들에게 먼저 적진을 찾아가서 사정을 설명하고 표문을 전하라고 명령합니다. 그렇게 부하들이 적진을 향해 출발했는데 얼마 안 있어 거란의 선봉이 창화현에 도착해버려요. 하공진이 상황을 설명하자 거란군은 이렇게 묻습니다.

거란군 고려의 국왕은 어디 있는가?

하공진 지금 강의 남쪽을 향해 가고 계시는데, 정확히 어디에 계시는지는 저도 알지 못하옵니다.

거란군 그럼 멀리 갔는지 가까이 있는지 그것만 말하거라.

하공진 강의 남쪽은 매우 멀어서 이미 수만 리는 가셨을 것이옵니다.

그러자 거란군은 이내 추격을 멈추고 군을 돌려 되돌아갑니다.[20]

거란보다 호족이 더 무서운 이유
고난의 몽진길

◐ 거란의 개경 점령 ◑

이틀 후인 1011년 1월 1일 거란의 군주 야율융서가 개경에 당도합니다. 사실 거란군 입장에서도 개경으로 진격하면서 걱정이 이만저만이 아니었을 겁니다. 서경마저 포기하고 후방에 적군을 너무 많이 남겨놓고 왔으니까요. 만약 개경에 상당수의 수비군이 버티고 있다면 거란은 이렇다 할 중간기지도 없는 처지라 앞뒤로 공격당할 수도 있는 상황이었습니다.

그런데 거란 입장에서는 다행히도 고려의 왕과 신하들이 수도를 텅 비우고 전부 도망쳐버렸죠. 개경의 군사들이 저항했다는 기록조차 없는 걸로 보아 거란군은 아마도 개경에 무혈 입성한 것 같습니다. 그렇다고 개경이 비어 있는 게 거란군에게 마냥 좋은 것만은 아닙니다.

'개경은 고려의 수도니까 그 어느 도시보다 물자가 많지 않았을까' 하는 생각을 할 수 있어요. 그럼 거란이 보급을 좀 못 하더라도 개경의 물자로 어느 정도 버틸 수 있을 테고, 그동안 대안을 마련하면 되지 않을까요? 그렇지 않습니다.

개경에 어느 정도의 물자가 남아 있었는지 기록으로 전해지진 않지만 얼마 없었던 것 같아요. 앞서 거란의 1차 침공 때 고려 성종이 거란에 땅을 내주면서, 적에게 식량을 내줄 순 없으니 서경의 곡식 창고를 열어서 백성한테 나누어주고 남은 건 전부 강에 버리라고 했었죠. 이걸 '청야작전'이라고 하는데요. 적에게 뺏길 바엔 내 손으로 없애버리는 거죠. 개경을 버리고 떠날 때도 청야작전을 쓴 것으로 보입니다.

야율융서 입장에서는 분노가 치밀어 올랐겠죠. 후방에 식량 보급도 제대로 하지 못하면서 기껏 개경까지 왔는데 여기도 먹을 게 없다니! 게다가 고려 왕은 저 멀리 남쪽으로 수만 리나 도망을 쳐버렸어요. 안 그래도 시간이 없는데 이게 무슨 일입니까.

화가 잔뜩 난 야율융서는 개경에 입성하자마자 태묘와 궁궐 그리고 민가까지 모조리 불태워버립니다. 어차피 개경에 오래 머물지 않을 거니까 화풀이라도 하자, 이거죠. 이때 각종 기록이나 문헌뿐만 아니라 이전 시대의 유물까지 전부 소실되는 바람에 고려는 문화적으로 큰 타격을 입습니다. 가장 큰 피해는 바로 고려 초기의 역사서가 전부 사라져버린 건데요. 이 때문에 지금까지도 고려 초기의 기록이 너무 부실해요.[21]

그로부터 이틀 후인 1월 3일에 하공진이 거란 진영에 도착합니다.

하공진 고려의 국왕께서는 진심으로 거란의 진영으로 나아와 직접 폐하를 뵙길 원하고 계시옵나이다. 하나 거란의 군대가 두렵고 심지어 내란까지 발생해버리는 바람에 일단 남쪽으로 피난을 가셨습니다. 이에 신 등을 보내어 먼저 표문을 전하게 하셨으니, 청컨대 폐하께서는 속히 병사들을 거두어주시옵소서.

고려 국왕이 직접 와서 항복할 테니까 일단 군사들부터 거둬달라는 얘기인데요. 거란 입장에서도 그리 나쁘지 않은 제안이었습니다. 다만 고민이 필요하니 야율융서는 일단 하공진을 포로로 잡습니다.[22]

◐ 눈물겨운 왕의 피난길 ◑

한편 현종은 아직 거란이 철수할지 말지 모르니 일단 계속 남쪽으로 나아갑니다. 1월 1일, 거란이 개경에 들어온 날 현종은 경기도 광주에 머물고 있었어요.

그전에 창화현에서 아전들의 습격을 받았을 때 왕후들과 잠깐 떨어져서 따로 대피를 했었죠. 그 뒤로 왕후를 못 찾고 있어서 현종은 걱정

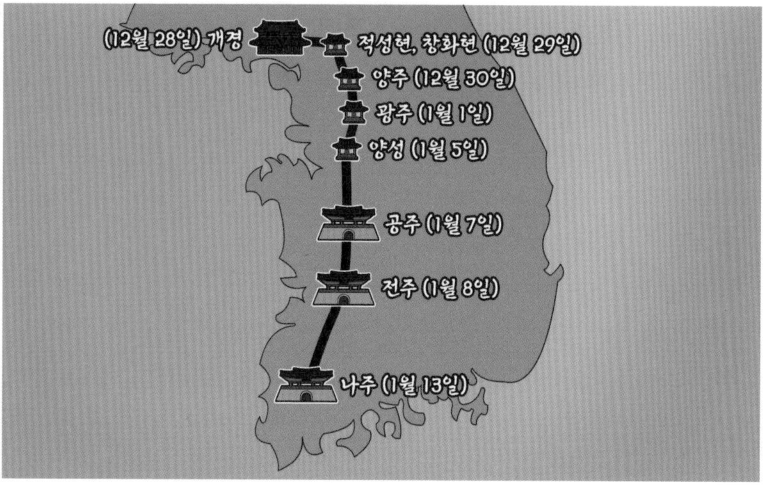

현종의 피난길

이 이만저만이 아니었습니다. 그래서 지채문에게 명하여 왕후를 찾아오라고 했는데, 다행히도 지채문이 금방 왕후를 찾아서 모시고 와요. 그러자 현종은 기뻐하며 3일간 휴식을 취합니다.[23]

1월 3일, 하공진이 거란 진영에 도착해 표문을 전하고 체포당했다는 소식이 현종에게 전해집니다. 현종과 신하들은 강화협상이 어그러져서 하공진마저 포로로 잡혔고, 거란이 계속 쫓아올 거라고 생각합니다.

완전히 끝났다는 생각에 그나마 남은 신하들도 전부 도망치고, 이제 현종 곁엔 고작 6명밖에 남지 않았는데요. 그들은 채충순, 유종, 김응인, 박충숙, 장연우, 주저입니다. 지채문은 호위병이라 여기에 포함되지 않은 듯합니다.

거란이 다시 쫓아올 것 같은데 계속 쉴 수는 없죠. 초라한 왕의 행렬은 다시 남쪽으로 길을 재촉합니다.[24]

다음 날 지채문이 현종에게 제안을 하나 합니다.

지채문 폐하를 호종하던 자들이 전부 도망쳐버렸으니, 어두운 밤을 틈타 간사한 적들이 쳐들어올까 염려됩니다. 청컨대 남아 있는 신하들의 관모에 표식을 꽂아서 혹시 모를 도적 떼와 구분되게 하심이 어떠하옵나이까?

급습을 당할 경우 당황할 수 있으니 진짜 아군만 표시해놓자는 거죠. 현종은 이를 허락합니다.[25]

그다음 날인 1월 5일, 유종이 현종에게 이렇게 아룁니다.

유종 폐하, 신의 고향인 양성이 여기서 멀지 않으니 그곳에서 잠시 쉬어 가시옵소서.

이에 현종은 양성으로 가서 하룻밤 묵는데요. 그날 밤 유종과 김응인이 멋대로 왕이 타는 말의 안장을 뜯어서 고을 사람들에게 줘버립니다. 아마 분위기가 심상치 않음을 알아채고 일단 돈 되는 거라도 좀 줘서 진정시키려고 했던 것 같아요. 아니나 다를까 다음 날 날이 밝자 고을 아전들이 전부 도망칩니다. 그러자 유종과 김응인이 현종에게 묻습니다.

유종과 김응인 상황이 위급하니 일단 두 왕후부터 각자 고향으로 피신시킨 뒤 호위무사도 전부 해산시키시옵서. 그 후 동쪽 변방으로 가서 위급상황에 대비하셔야 하옵니다.

상황이 위험하다면서 호위무사를 전부 해산시키라니, 이게 말이 되는 소리인가요? 현종이 지채문에게 의견을 묻자 지채문은 대성통곡하며 이렇게 말합니다.

지채문 지금 이 위급한 상황에서야말로 마땅히 인의에 따라 행동해야 하지 않겠사옵니까? 왕후를 버리고서 살기를 구하다니요. 신은 차마 그런 짓만은 할 수 없사옵니다.

현종 그대의 말이 옳다.

이후로도 지채문은 현종의 마음을 풀어주기 위해 활로 날아가는 새를 맞히는 묘기를 보여주는 등 온갖 정성을 다합니다. 그러나 유종과 김응인은 달랐습니다. 왕의 행렬이 천안부에 이르자 둘은 이렇게 말해요.

유종과 김응인 폐하, 신들이 먼저 나아가 음식을 마련한 뒤 폐하를 영접하겠나이다.

현종이 이를 허락하자 둘은 그 길로 도망칩니다.[26]

◐ 인생은 김은부처럼 ◑

1월 7일, 현종이 공주에 도착하자 공주절도사 김은부가 마중나와 예를 갖추며 일행을 맞이합니다.

김은부 아니 폐하, 이게 무슨 몰골이시옵니까? 신이 감히 성상께서 산을 넘고 물을 건너 서리와 눈까지 맞아가며 이렇게 극한의 상황에 이르시게 되리라고 어찌 생각이나 하였겠습니까?

김은부는 곧장 현종에게 갈아입을 옷을 진상하고 토산물도 올리는데요. 현종은 크게 기뻐하며 옷을 갈아입고 호종하던 신하들에게 토산물을 나눠줍니다.

그날 밤 현종은 발길을 재촉해 파산역에 다다랐는데, 왕을 모셔야 할 역리들이 모두 도망가고 수라간마저 텅텅 비어서 먹을 게 하나도 없는 겁니다. 그때 김은부가 달려오더니 또 음식을 한 보따리 싸 와서 아침, 저녁 식사를 푸짐하게 대접합니다.

현종은 12월 28일에 처음 몽진을 시작해 지금 1월 7일에 이르기까지 10일 동안 가는 곳마다 홀대받고 시도 때도 없이 반란군의 위협에 시달렸습니다. 그런데 김은부만이 유일하게 그를 극진하게 대접해줬어요. 현종이 김은부에게 얼마나 고마웠을지 상상이 되죠. 훗날 현종은 이 은혜를 잊지 않고 김은부에게 엄청난 포상을 내립니다.[27]

◐ 고작 16명 ◑

김은부의 극진한 대접을 받은 현종은 지금 상황이 위급하니 일단 왕비부터 피신시키려고 합니다. 현종이 지채문에게 말합니다.

현종 현덕왕후는 지금 임신한 상태이기 때문에 이 이상 함께하기엔 무리일세. 현덕왕후의 본관인 선주가 여기서 멀지 않으니, 그곳으로 보내는 게 좋겠네.

지채문 폐하, 신은 절대로 왕후 전하를 버리고서 살기를 구할 순 없사옵니다.

현종 지금 상황이 어쩔 수가 없네. 내 이미 마음을 굳혔으니 서둘러 보내도록 하게.

그렇게 현덕왕후는 임신한 아이를 위해 홀로 선주로 갔으나, 안타깝게도 이 아이는 유산이 되어 세상에 태어나지 못하고 맙니다.

현덕왕후를 보낸 현종 일행은 계속해서 길을 나아가 여양현에 도착합니다. 그런데 이쯤 되니까 여태 현종을 호위하던 장수와 병사들도 지칠 대로 지쳐서 더 이상 못 참겠는지 반란을 일으키려고 해요. 이를 눈치챈 지채문은 조용히 현종을 찾아가 말합니다.

지채문 과거 태조께서는 통일 대업을 이루실 때 공이 있는 자에게는 비록 조금일지라도 반드시 상을 내리셨습니다. 그와 마찬가지로 폐하께서도 지금 이 험난한 고비를 넘기시려면 따르는 자들에게 상을 내리시어 그들의 마음을 얻으셔야 하옵니다.

그러자 현종은 여태 그의 곁에 남은 16명의 병사들에게 전부 중윤이라는 관직을 내립니다. 중윤이 뭐 특별한 건 아니고 최하위 품계예요. 군졸들이 양반도 아니었던지라 최하위 품계라도 줘서 신분 상승을 시켜줬던 것 같습니다.

그런데 현종이 처음 출발할 때 군사 50명 데리고 출발했다고 했죠. 그리고 중간에 하공진이 20명을 충원했으니 총 병사가 70명이어야 되는데, 지금 이 중에 16명밖에 안 남았다니, 몽진길이 얼마나 힘들었을지 짐작이 됩니다.[28]

◐ 전주절도사 조용겸 ◑

다음 날인 1월 8일, 현종은 전주 삼례역에 다다릅니다. 그러자 전주절도사 조용겸이 나아와 왕을 맞이하는데요. 현종이 전주에 머무르고 갈지, 아니면 그냥 지나칠지 고민하자 옆에 있던 박섬이 말합니다.

박섬 폐하, 전주는 과거 후백제의 땅이었기에 자칫 위험할 수 있사옵니다. 청컨대 그냥 지나치시옵소서.

현종 그래, 그게 좋겠구나.

박섬이 누구인지 아십니까? 앞서 거란이 곽주를 점령하고 안북대도호부로 나아가니까 안북도호부사가 성을 버리고 도망쳤다고 했잖아요. 그래서 백성들도 전부 도망가고 거란이 안북부를 쉽게 점령했죠. 그때 도망친 안북도호부사가 바로 박섬이에요. 아마 남쪽으로 도망치다가 어찌저찌 왕을 만나서 일행에 합류한 것 같은데, 운도 좋죠?

현종은 박섬의 의견을 받아들여 전주를 그냥 지나칩니다. 그리고 장곡역이라는 곳에 다다라 거기서 밤을 보내려 하는데요. 그때 갑자기 웬 사람들이 소란을 피우며 왕의 숙소로 다가옵니다. 알고 보니 전주절도사 조용겸이 전중소감 유승건과 함께 왕을 납치하려고 사람을 모아 온 거였죠.

이를 본 지채문은 곧장 문을 잠그고 문 앞을 굳게 지킵니다. 무예가 출중하기로 유명한 지채문이 문 앞을 지키고 있으니 적들도 선불리 다가오지 못하는데요. 지채문은 지붕 위로 올라가더니 이렇게 묻습니다.

지채문 이게 무슨 짓들이냐?! 거기 유승건이는 왔느냐, 안 왔느냐?

호족 유승건도 함께 왔다!

지채문 너는 누구냐?!

호족 그러는 너는 누구기에 그리 길을 막는 것이냐?

지채문 묻는 말에나 대답하지 못하겠느냐!

마한조 지채문 장군인 것 같습니다.

지채문 오호라 목소릴 듣자 하니 네놈은 친종 마한조로구나! 폐하께서 유승건을 부르시니 냉큼 이리 오지 못할까?!

유승건 경이 그리 길을 막고 있는데 제가 어찌 들어갈 수 있겠습니까?

지채문은 직접 문밖으로 나가 유승건을 데리고 현종을 찾아갑니다.

현종 이게 무슨 짓인가?!

유승건 폐하, 이 일은 전부 조용겸이 꾸민 일이옵니다. 신은 단지 조용겸이 따라오라기에 따라만 왔을 뿐 일이 이렇게 될 줄은 전혀 몰랐사옵니다. 청컨대 조용겸을 불러올 수 있도록 허락하여 주시옵소서.

현종 그래, 그럼 내 직접 조용겸에게 묻겠다. 너는 나가서 조용겸을 불러오거라.

그런데 문을 나선 유승건은 그 길로 냅다 도망칩니다. 현종이 다시 사람을 보내서 조용겸을 불러오자 순순히 따라 들어오는 조용겸. 조용겸이 들어오자 현종을 호위하던 자들이 그를 죽이려 하는데요. 그러자 지채문이 이들을 말립니다.

지채문 멈추거라! 폐하께서 부르신 것이다.

그렇게 군사들이 물러가고 조용겸이 들어오자 현종이 말합니다.

현종 내 일단 이 일은 넘어갈 테니 여기 대명왕후를 데리고 전주로 돌아가거라.

첫째 왕후인 현덕왕후는 이미 본관으로 대피시켜 놨으니, 둘째 왕후인 대명왕후도 전주로 피신시키려 한 건데요. 그렇게 조용겸은 대명왕후를 데리고 전주로 돌아갑니다.[29]

목숨을 바쳐 포로를 구한 영웅

무신 양규

◐ 개경에서의 철군 ◑

하공진의 표문을 받은 야율융서는 고민에 빠졌을 겁니다. '첫 번째 친정인데 완벽한 승리도 아니고 이런 애매한 승리로 괜찮을까?' 하고 말이죠. 내부에서도 현종을 계속 쫓아가서 잡아야 하네, 그러지 말고 그만 철수해야 하네, 말이 많았겠죠.

일단 고려의 왕한테서 직접 친조하러 오겠다는 표문을 받아냈으니 완전히 체면을 구긴 건 아닙니다. 이것도 못 받았으면 진짜 꼴이 말이 아니었겠죠. 그래도 일단은 고려가 숙이고 들어왔으니 야율융서 입장에서도 "봐라, 고려 국왕이 항복하지 않았나. 이 전쟁은 우리가 이겼으니까 그만 돌아가자"라고 말할 명분이 생겼습니다.

지금 시간을 끌어봤자 더 큰 이득이 보장되지 않는 상황이에요. 현종을 무조건 잡을 수 있다는 보장이라도 있으면 모르겠는데 그게 아니잖아요. 현종이 수만 리나 갔다는데 그걸 언제 어떻게 다시 잡아옵니까.

시간이 지날수록 손실은 커져만 갈 겁니다. 보급도 문제지만 가장 큰 위험 요소는 북쪽에 고려군을 남겨놓고 왔다는 거예요. 거란이 삼수채 전투에서 대승을 거뒀다곤 하지만 고려군 30만 중에 3만 명만 죽였어요. 나머지 27만 명은 어딘가에 살아 있겠죠.

게다가 거란군 6000명이 지키던 곽주성을 탈환당했습니다. 지금 우리야 양규가 1700명으로 해냈다는 걸 알지만, 당시 거란군 입장에서는 대체 북쪽에 고려군이 얼마나 많이 남았기에 곽주성을 다시 빼앗았는지 불안했을 거예요. 거란이 생각할 수 있는 최악의 상황은 북쪽에서 고려군이 군대를 규합해 개경으로 쳐들어오는 거예요. 그렇게 되면 거란의 손실은 이루 말할 수 없이 커집니다.

자, 이제 결론은 뻔해요. 이득은 고정인데 손실은 시간이 갈수록 커지고, 막대한 위험 요소까지 남아 있는 상황이에요. 여러분이라면 어떻게 하겠습니까? '손절'해야죠. 그래서 1011년 1월 11일, 개경에 입성한 지 고작 10일 만에 거란군은 철군을 시작합니다.[30]

◐ 나주에 도착한 현종 ◑

1월 13일, 현종은 나주에 도착합니다. 훗날 전라도라는 이름을 지을 때 전라도 지역에서 제일 큰 도시 두 개가 전주와 나주라, 두 도시의 앞자를 따서 전라도라고 짓습니다. 나주는 그만큼 큰 도시인 데다 국토의 최남단에 있었죠. 현종의 외가 쪽 연고지이기도 해서 반란군의 위협도 적었습니다. 따라서 현종은 나주까지 도착해서야 비로소 한숨을 돌릴 수 있었어요.[31]

나주에 도착한 3일 후인 1월 16일, 척후병이 현종에게 달려와 급보를 전합니다.

고려군 폐하! 거란의 병사들이 쫓아오고 있사옵니다!

깜짝 놀란 현종은 바로 문밖으로 뛰쳐나와 떠날 채비를 하기 시작하는데요. 이를 본 지채문이 이렇게 말합니다.

지채문 폐하, 한밤중에 갑자기 어가(왕의 행렬)가 행차하면 백성들이 크게 놀라 동요할 것입니다. 일단 처소로 돌아가셔서 잠시 기다려 주시옵소서. 신이 직접 나아가 정탐하고 오겠사오니, 거란군이 정말 당도했다면, 그 후에 움직이셔도 충분할 것입니다.

그리하여 현종은 다시 처소로 돌아가고 지채문은 밖으로 나가 정탐을 했어요. 그때 통사사 송균언과 별장 정열이 거란군 총대장 소배압의 서신과 함께 나주로 찾아옵니다. 이들은 거란에 포로로 잡힌 하공진의 장계를 가지고 왔는데요. 지채문이 이들을 데리고 현종한테 가서 장계를 전하자, 현종은 기뻐하며 말합니다.

현종 거란군이 철수했다는구나! 이 기쁜 소식을 전해온 송균언을 도병마녹사로 삼고 정열을 친종낭장으로 임명하노라!

이때 현종 일행에 거란의 문자를 해독할 수 있는 사람이 없어 소배압의 서신은 읽을 수 없었지만, 그래도 하공진의 서신을 통해 일행은 거란군이 철수했다는 소식을 알게 됩니다.[32]

◐ 귀주별장 김숙흥 ◑

거란은 철군을 시작했고 현종도 개경으로 돌아오기 시작했으니, 이제 전쟁이 완전히 끝났을까요? 아닙니다. 서북면의 장수들 중에는 이렇게 전쟁을 끝낼 생각이 없는 사람들이 있었습니다. 대표적으로 귀주별장 김숙흥이 그랬습니다.

거란군은 처음 고려를 쳐들어올 땐 흥화진 쪽으로 쳐들어왔습니다.

그런데 흥화진에서 아주 쓴맛을 봤죠. 그래서 돌아갈 땐 이쪽으로 돌아가길 꺼렸어요. 게다가 아무래도 자기들이 한 짓이 있으니 고려의 성을 지나쳐 가기엔 너무 불안했을 겁니다.

한겨울 내내 행군하느라 지칠 대로 지쳐 있는 데다가 눈 녹기 전에 돌아가기에도 바쁜데, 고려군이 성문을 열고 뛰쳐나오면 상대할 힘도 남아 있지 않았죠. 그래서 거란군은 최대한 고려군과 마주치지 않고 돌아가려고 합니다.

거란군 20만은 퇴각하면서 다 같이 한 번에 움직이지 않았습니다. 일단 정찰병부터 보내고 또 부대를 나눠서 선봉대도 여러 군데로 보내 봅니다. 그렇게 길을 다 마련한 후에 마지막으로 야율융서가 이끄는 본대가 제일 안전한 길로 퇴각했죠.

이들 중 한 부대가 택한 길은 귀주 근처에 있는 길이었습니다. 1월 17일, 귀주별장 김숙흥과 중랑장 보량이 이끄는 부대가 퇴각하는 거란군을 기습해, 거란 병사 1만 명의 머리를 벱니다. 이는 2차 고려거란전쟁을 통틀어 고려군이 한 전투에서 가장 많은 거란군을 죽인 사건입니다. 앞서 양규가 곽주성을 탈환한 것만큼 엄청난 승리였어요.

그런데 김숙흥은 과연 어떻게 1만이나 되는 적군을 죽일 수 있었던 걸까요? 힌트는 요나라 역사서인 《요사》에 등장합니다. 《요사》 1011년 1월 1일 기록을 보면 이렇게 적혀 있습니다.

귀주 남쪽 험한 골짜기에 이르렀는데 여러 날 동안 큰 비가 내려서 말과 낙타가 모두 피로해지자 갑옷과 병장기를 많이 버렸으며, 날이 개어서 겨우 건넜다.

_《요사》

요사 기록에는 날짜 오류가 많아서 그건 그냥 넘어가시면 될 것 같습니다. 여기서 우리가 주목해야 할 것은 '귀주 남쪽 험한 골짜기'입니다. 이 기록을 《고려사》에 등장하는 김숙흥의 활약과 합쳐 본다면 이렇습니다.

귀주 남쪽엔 험한 골짜기가 있는데 김숙흥은 거란군이 이 길로 지나갈 걸 알고 미리 군사를 매복시켰습니다. 그리고 거란군이 골짜기 깊숙이 들어왔을 때 일제히 화살비를 퍼붓고 돌을 굴려서 이들을 기습한 거죠. 이때 김숙흥과 함께 한 군사 수는 정확히 기록되어 있지 않지만 아마 삼수채 전투의 패잔병이나 서북면에 남아 있던 군사들이 김숙흥을 도왔을 것으로 추측됩니다. 게다가 마침 이 날은 한겨울에 비까지 퍼붓는 바람에 거란 병사들은 안 그래도 힘들어 죽겠는데 추위에 벌벌 떨면서 시간을 더욱 지체했을 겁니다. 덕분에 김숙흥은 무려 1만에 달하는 거란군을 죽이는 데 성공합니다.[33]

◐ 양규의 포로 탈환전 ◑

그런데 거란군에게 주어진 문제는 이게 끝이 아니었습니다. 거란은 고려로 쳐들어온 지 두 달이 넘도록 고생을 했는데, 현종의 항복문서 하나 빼고는 이렇다 할 수확이 없는 상황이에요. 야율융서도 고생한 병사들에게 포상을 내려야 하는데, 얻은 게 하나도 없잖아요. 그러니 병사들에게 줄 게 마땅치 않은 상황이었습니다.

이 상황에서 거란 병사들에게 주어진 최고의 포상은 바로 약탈입니다. 아마 돌아가면서도 수없이 고려 백성을 약탈했을 거예요. 그 시절에 약탈품 중 최고의 가치를 지닌 물건이 뭐였을까요? 바로 사람이죠. 거란은 수만의 고려인들을 포로로 잡아갑니다. 이게 바로 야율융서가 병사들에게 내린 최고의 선물이었어요.

그런데 이 상황을 생각하며 분노가 치밀어오르는 사람이 한 명 있었으니, 그는 바로 서북면도순검사 양규였습니다. 양규의 목표는 딱 하나였습니다. 포로로 잡힌 고려 백성을 구하는 것.

양규는 병사들을 이끌고 무로대로 쳐들어갑니다. 이때 무로대에 있는 거란군이 어떤 부대였는지는 정확히 알 수 없지만 두 가지 추론을 할 수 있습니다. 앞서 거란이 흥화진 함락을 포기하면서 20만은 흥화진을 견제하기 위해 무로대에 남겨놓고 나머지 20만 명만 이끌고 곽주로 진격했다고 했죠. 20만이 그대로 무로대에 남아 있었고, 이들은 보급 부대라 전투력이 약해서 양규가 이들을 상대로 승리할 수 있었을 거라는 게 첫 번째 추론입니다.

그런데 저는 그 20만 명이 진짜였는지도 모르겠고, 진짜라고 해도 이때까지 거기 남아 있었을지 본대에 합류했을지도 모르겠어요. 그들이 그냥 보급 부대고 여태 거기에 남아 있었다 해도 20만이나 되는 대군이잖아요. 양규가 고작 1000~2000명을 이끌고 쳐들어가기에는 머릿수가 너무 많다는 말이죠.

그래서 제 추론은 이렇습니다. 거란군이 퇴각할 때 부대를 나눠서 퇴각했다고 했잖아요. 그중 일부가 무로대 쪽으로 온 게 아닌가 싶습니다.

근거는 두 가지예요. 첫째, 이후로도 양규가 여기저기 거란 부대를 습격해서 거란군을 죽이고 고려 백성을 구하는데, 숫자가 다 비슷비슷해요. 그 말은 양규가 습격한 거란 부대들이 다 비슷한 규모였을 확률이 높다는 거죠.

둘째, 양규 입장에서 봤을 때 지금 거란군이 지칠 대로 지쳐서 퇴각하고 있단 말이에요. 만약 무로대의 20만 대군이 진짜라면 아무리 보급 부대라도 이들을 지키는 병사들이 있을 것이고, 심지어 이들은 전투에 참여하지 않아서 힘이 넘칠 거예요. 이런 20만 명을 공격할 바에는 수천씩 나눠서 퇴각하는 지친 거란군 공격하는 게 더 쉽지 않았을까요? 그래서 저는 무로대의 거란군도 선봉대 중 일부였을 거라고 추측합니다.

또한 양규의 병력도 정확히 알 수 없습니다. 보통 앞서 곽주성 탈환 때 활약한 1700의 결사대가 끝까지 그대로 이어갔을 거라고 보는데,

저는 이건 말이 안 된다고 봅니다. 곽주성 탈환 때도 병력 충원이 있었을 거라고 보듯 이번에도 병력을 충원했으리라 봅니다. 김숙흥이 언제부터 양규와 합류했는지 기록에 정확히 나와 있지 않은데, 아마 처음부터 동행하지 않았을까 싶어요. 거란군을 1만 명이나 죽인 그 병력이 함께했겠죠.

1월 18일, 양규는 무로대의 거란군을 공격해 거란 병사 2000여 명을 죽이고 고려 백성 3000여 명을 구출합니다. 뒤이어 양규는 곧장 이수로 달려가 여기서도 거란과 전투를 벌입니다. 이 전투가 끝나자마자 또 석령으로 달려가 거란군 2500여 명을 죽이고 고려 백성 1000여 명을 구출해냅니다.[34]

일단 여기까지 하고 양규는 3일 정도 재정비를 한 듯합니다. 그 후 1월 22일에 양규는 다시 출전해 여리참에서 거란군을 격파합니다. 거란군 1000여 명의 머리를 베고 고려 백성 1000여 명을 구출하죠. 이날 양규는 세 번의 전투를 벌여 세 번 다 승리합니다. 이제 양규의 부대는 그야말로 복수의 화신이나 다름없었습니다.[35]

1월 28일, 양규는 한 번 더 거란의 선봉대를 기습해 거란군 1000명의 머리를 벱니다. 그런데 그때 야율융서가 이끄는 거란의 본대가 양규를 잡으러 돌격해 옵니다. 어찌 보면 당연한 일이었습니다. 2차 고려거란전쟁을 통틀어 거란에 가장 큰 피해를 입힌 장수는 누가 뭐래도 양규였으니까요. 게다가 돌아가는 길에도 이렇게 쉬지 않고 공격해대니 야율융서 입장에서는 어떻게 해서든 양규를 잡고 싶었겠죠.

어쩌면 앞서 양규에게 당한 선봉대는 야율융서가 보낸 미끼였을지도 모르겠습니다. 양규의 전공으로 보아 거란이 본대 정도는 동원해야 잡을 수 있을 테니, 본대가 도착할 때까지 양규를 잡아두기 위해 선봉대를 보냈을 수도 있죠.

거란 본대의 공격을 받은 양규는 김숙흥과 더불어 단 한 명의 거란군이라도 더 죽이기 위해 필사의 항전을 합니다. 하지만 계속되는 전투로 인해 양규의 군사들은 지칠 대로 지쳐 있었습니다. 양규의 결사대는 이날 하루 종일 죽어라 싸웠지만 결국 화살도 다 떨어지고 결사대는 전멸당하고 맙니다. 양규는 거란 병사들의 화살비를 맞고는 몸에 고슴도치처럼 무수한 화살이 꽂힌 채 죽음을 맞이했습니다.

양규는 거란군이 퇴각하는 한 달 사이에 총 7번의 전투를 치렀습니다. 그동안 무수히 많은 거란 병사를 죽였으며, 고려인 포로를 3만 명이나 구출해냈죠. 그뿐 아니라 노획한 낙타, 말, 병장기 등은 셀 수 없을 정도로 많았습니다.

그런데 앞서 고려인 포로를 탈환한 기록을 세보면 5000명밖에 안 된단 말이죠. 곽주성 탈환 때 구출한 포로를 포함해도 1만 2000명이에요. 나머지 1만 8000명은 어디서 구한 걸까요? 추측하기로는, 양규가 마지막에 거란군 본대와 싸울 때 야율융서가 직접 이끌었으니 포로도 가장 많았을 거예요. 양규가 이때 도망치지 않고 전멸당할 때까지 치열하게 싸운 이유도 여기 잡혀 있는 포로들을 구출하기 위한 것이 아닐까 합니다. 자신의 목숨을 바쳐 수많은 고려인을 구한 거죠.[36]

거란군은 마침내 압록강에 다다릅니다. 처음 고려를 쳐들어올 땐 한겨울이라 강이 얼어 있었지만, 이미 강이 녹아 있었습니다. 아무렴 어떻습니까, 이제 이 강만 건너면 거란 땅인데요.

거란군이 도하를 시작하고 절반쯤 강을 건넜는데, 그때 홍화진사 정성이 추격대를 이끌고 거란군의 후미를 기습합니다. 거란의 병사들은 고려군의 공격을 피해 서둘러 강을 건넜으나 이 와중에 또 수많은 거란군이 익사당하고 맙니다.[37]

이처럼 거란군은 퇴각하면서 엄청난 피해를 입었습니다. 고려군의 공격으로 죽은 병사만 해도 엄청난데 한겨울에 계속 행군하느라 얼어 죽은 병사도 수없이 많았겠죠. 게다가 거란이 자랑하는 수많은 군마도 극한의 추위에 수없이 죽어 나갔을 거라고 추측됩니다. 심지어 송나라 역사서인《속자치통감장편》에는 이 전쟁에 대해 이렇게 기록했습니다.

> 거란이 대군으로 고려를 정벌했으나 왕순(현종)이 여진과 병사를 합쳐서 거란군을 대패시켰다. 귀족과 병사, 수레 중에 돌아온 것이 거의 없었으며, 관리들도 태반이 전사했다.

여기서 여진과 병사를 합쳤다고 한 부분은 아마 이때 송나라에선 전투가 벌어진 강동 6주 지역을 여진 땅으로 잘못 알고 있어서, 여진과 병사를 합친 걸로 착각한 것 같아요.

이 정도로 거란에 큰 피해를 준 데에는 분명 양규의 활약이 독보적이었습니다. 양규가 흥화진을 지키지 못했다면 전세가 순식간에 거란 쪽으로 기울었을 것이며, 양규가 곽주성을 탈환하지 못했다면 거란이 퇴각하지 않았을지도 모릅니다. 게다가 양규가 퇴각하는 거란군을 계속해서 요격하지 않았다면 무려 3만에 달하는 고려 백성이 더 노예가 되어 거란으로 끌려갔을 겁니다.

그렇기에 양규는 거란의 2차 침공으로부터 고려를 구한 1등 공신이며, 서희와 강감찬에 견주어도 손색없을 정도로 위대한 장수임이 틀림없습니다. 양규는 그야말로 고려의 영웅이자 무신 그 자체였습니다.

거란의 철군
현종의 귀환, 그 후

◐ 김은부의 세 딸 ◑

1월 16일, 거란의 퇴각 소식을 들은 현종은 나주에서 4일 정도 휴식을 취한 뒤 1월 21일에 환도를 시작합니다.

현종이 피난을 갈 때는 뒤에 거란군이 얼마나 쫓아왔는지 모르는 데다 반란군의 습격까지 끊이지 않았기에 얼마 쉬지도 못하고 바삐 걸음을 옮겼습니다. 또한 가는 곳마다 홀대받았죠. 하지만 돌아올 때는 지방마다 며칠씩 쉬어 가며 전쟁으로 지친 백성을 위로했습니다.[38]

1월 26일, 전주에 도착한 현종은 이곳에서 7일간 휴식을 취합니다.[39] 그리고 2월 3일, 전주에서 출발해 공주에 도착하는데요. 공주절도사 김은부를 기억하나요? 현종이 피난 갈 때 유일하게 왕 대우를 해줬다고 했잖아요. 현종이 돌아오는 길에도 공주를 방문하자 김은부는 이번에도 극진히 왕을 대접합니다.

그러면서 김은부는 장녀를 시켜 현종에게 옷을 지어 바치게 했는데요. 그런데 김은부의 딸을 보자 그녀에게 흠뻑 빠져버린 현종. 현종은 곧장 그녀를 왕비로 맞이하니 그녀가 바로 현종의 제3비 원성왕후입니다.

훗날 현종과 원성왕후 사이에서 아들이 태어나니, 그가 바로 현종을 뒤이어 왕위에 오르는 고려 제9대 왕 덕종입니다. 김은부는 대접 한번 잘해줬다가 왕을 사위로 맞은 데 이어 훗날 자기 손자를 왕으로 만들기까지 한 거예요.[40] 비록 덕종은 일찍 죽지만, 그 뒤를 이어 현종과 원성왕후의 둘째 아들이 왕위에 올라서 고려 제10대 왕 정종이 됩니다.

게다가 현종은 김은부에게 받은 은혜가 어지간히 고마웠던지, 그의 세 딸을 전부 왕비로 들입니다. 그녀들이 바로 현종의 제4비 원혜왕후와 제7비 원평왕후입니다. 또한 고려 10대 왕 정종도 형 덕종처럼 아들이 아닌 동생에게 왕위를 물려줍니다. 그렇게 왕위에 오른 자가 바로 현종과 김은부의 둘째 딸 원혜왕후 사이에서 태어난 아들로 고려 제11대 왕 문종이에요.

그러니까 김은부는 현종이 피난 갈 때 옷 한 벌 지어주고 식사 두 끼 챙겨준 대가로 세 딸을 전부 왕비로 만들었을 뿐 아니라 손자 세 명을 왕위에 올리게 된 겁니다. 투자 대비 수익이 어마어마하지 않습니까? 뿐만 아니라 김은부 자신도 현종의 최측근이 되어 형부시랑에 제수됩니다.

2월 13일, 현종은 청주에 도착해 휴식을 취합니다.[41] 그리고 2월 16일, 청주에서 출발해 마침내 개경에 도착하는데요. 1010년 12월 28일에 몽진을 시작해 한 달 반 만에 겨우 수도로 돌아온 현종.

하지만 현종의 눈앞에 펼쳐진 개경의 모습은 참담하기 그지없었습니다. 거란의 약탈과 방화로 개경은 이미 쑥대밭이 되어 있었습니다. 본궁이 있던 만월대도 완전히 전소돼버렸고, 궁궐이 있던 곳은 거의 폐허나 다름없었죠. 다행히도 별궁 중 하나인 수창궁이 건재했기에 현종은 한동안 수창궁에서 머물기로 합니다.[42]

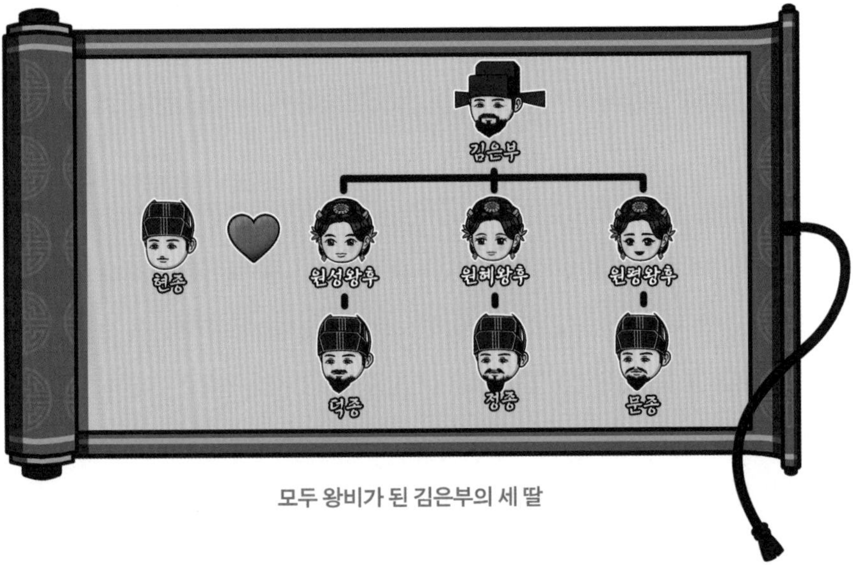

모두 왕비가 된 김은부의 세 딸

◐ 하공진의 최후 ◑

이쯤에서 하공진을 떠올려봅시다. 야율융서가 거란으로 철수하면서 하공진을 포로로 데려가버렸어요. 그런데 하공진은 고려로 돌아가고 싶었죠. 그래서 일단 야율융서의 마음에 들기 위해 겉으로는 거란에 충성하는 척합니다. 그러니까 야율융서가 하공진을 꽤 총애했다고 해요. 하공진은 이쯤이면 됐다 싶었는지 야율융서를 찾아가 말합니다.

하공진 저의 본국인 고려가 이미 망하였으니, 신이 병사를 데리고 가서 잠시 점검한 뒤에 다시 돌아오겠사옵이다.

이게 무슨 말이냐면 이런 뜻입니다.

"폐하, 저는 거란에 충성하지만, 지금 원래 모시던 고려가 폐하의 위대한 권세 앞에 멸망했지 않습니까. 그래도 옛정이 있으니 가서 상황 좀 살펴보고 돌아올게요."

그러니까 야율융서도 흔쾌히 허락해줘요. 그런데 현종이 개경으로 돌아갔다는 소식이 거란에 전해져옵니다. 야율융서 입장에서는 화날 만하죠. 친조하러 오겠다기에 군대를 물려줬더니 자신을 속인 거잖아요. 그것도 한 번도 아니고 두 번이나!

그래서 야율융서는 하공진을 다시 억류합니다. 그렇다고 어디 묶어둔 건 아니에요. 집도 마련해주고 귀한 집 딸과 결혼도 주선해주고 해요. 하공진이 어지간히 마음에 들었던 것 같죠. 하공진을 고려로 돌려 보내줬다가는 다시 안 돌아올 수도 있으니까 더 환심을 사려고 했던 거예요.

그러나 하공진의 마음은 달랐어요. 이제껏 거짓 충성을 했는데 이대로 있다가는 진짜 안 보내줄 거 같으니 몰래 도망칠 계획을 짭니다. 하공진은 일단 좋은 말을 여러 마리 산 다음 고려로 돌아가는 길에 길목마다 배치해둬요. 말도 오래 달리면 지치니까 말을 바꿔가면서 쉬지 않고 계속 달려서 고려까지 가려고 했던 거죠.

그런데 이 사실을 누군가 고발해서 야율융서가 이 계획을 알아챕니다. 분노에 차서 하공진을 잡아 국문을 하는 야율융서.

야율융서 네놈이 정말 도망을 치려 했단 말이냐?! 내 너에게 그리 잘 해줬건만 어찌 그럴 수 있단 말인가?!

하공진은 일이 이렇게까지 된 이상 이제 어차피 고려로는 돌아갈 수 없다는 걸 알았기에 실토합니다.

하공진 예, 맞습니다. 폐하께서 아무리 잘해주신다 할지라도 신은 고려의 신하로서 감히 두 황제를 섬길 순 없나이다. 신의 죄는 천 번 만 번 죽어도 마땅하옵나이다. 하나 죽는 한이 있더라도 결코 거란을 섬기지는 않겠나이다!

야율융서는 이후로도 몇 번이나 하공진을 설득하려 했지만 하공진은 끝까지 회유를 거절했어요. 결국 야율융서는 그를 처형하고 맙니다. 분노에 찬 야율융서는 하공진의 간을 꺼내서 씹어 먹었다고 하는데, 그만큼 화가 났다는 걸 비유적으로 표현한 거겠죠.[43]

◐ 2차 고려거란전쟁 후 현종의 포상 ◑

전쟁이 끝나자 현종은 공을 세운 자들에게는 포상을 내리고 죄를 지은 자들에게는 처벌을 내립니다. 먼저 상부터 살펴보자면, 거란의 2차 침공으로부터 고려를 지켜낸 1등 공신은 누가 뭐래도 양규였죠.

현종 양규는 장수로서 지략이 출중하고 군사적 재능이 뛰어난 자였다. 하나 자신을 자랑하지 않고 항상 겸손하였을 뿐만 아니라 끝까지 고려에 충성을 다하며 절개를 지켰으니, 그의 충정은 감히 비할 데가 없느니라. 양규 덕분에 고려는 거란의 침공으로부터 여러 성과 진을 지킬 수 있었다. 또 양규는 거란을 습격할 때마다 매번 승리를 거두었으나, 결국 마지막 싸움에서 적에게 둘러싸여 죽음에 이르고 말았다. 양규의 공을 기리기 위해 그를 공부상서로 추증하고 그의 처에게 해마다 곡식 100섬을 하사토록 하라. 또한 양규

의 아들 양대춘을 교서랑에 임명토록 하라.[44]

양규의 아들 양대춘은 아버지를 닮아서 군사적 재능이 뛰어났던 것 같습니다. 훗날 좌복야 최충은 그를 이렇게 평가했어요.

최충 양대춘은 지략이 뛰어나서 군사를 다루는 데 능통합니다. 만약 국경에 변란이 생긴다면 양대춘이 아니고서는 쓸 만한 자가 없습니다.[45]

다음은 김숙흥입니다.

현종 김숙흥은 변경의 성을 지키며 용맹하게 적과 맞서 싸워서 파죽지세로 적을 격파해나갔다. 하나 양규와 함께 끝내 적의 활시위에 쓰러지고 말았으니, 김숙흥의 공을 기리기 위해 그를 장군으로 추증하도록 하라. 또한 그의 모친에게 해마다 곡식 50석을 지급하도록 하라.[46]

훗날 양규와 김숙흥은 현종으로부터 공신녹권을 하사받고, '삼한후벽상공신'이라는 공신호까지 받습니다.[47] 게다가 먼 훗날 둘의 초상화는 공신각에 걸리기도 했어요.[48] 심지어 100년이 지나서도 양규의 후손이라는 이유로 상을 받은 사례가 있을 정도였죠.[49]

다음으로는 몽진길 내내 현종을 호위한 지채문입니다.

현종　짐이 피난을 갈 적에 도적 떼의 습격을 받아 위험에 처했을 때 호종하던 신하들이 전부 도망가 흩어지지 않은 자가 없었는데, 오직 지채문만이 내 곁에 남아 말고삐를 잡고서 눈보라를 뚫고 산을 넘고 강을 건너 끝까지 소나무와 같은 절개를 지켰느니라. 지채문의 공이 이리도 큰데 내 어찌 한낱 은전을 아끼겠는가? 지채문에게 토지 30결을 하사토록 하라.

토지 1결은 1000평 정도의 땅으로, 축구장 절반 정도의 크기라고 보면 됩니다. 따라서 토지 30결을 주었다는 건 축구장 15개만큼의 땅을 내린 거죠.[50] 그뿐 아니라 훗날 지채문은 정2품 우복야까지 승진하게 됩니다.[51]

이 외에도 현종은 서경성 전투 때 죽은 법언이라는 승려를 수좌로 추증했습니다.[52] 그리고 장연우, 채충순, 최사위처럼 끝까지 자신을 호종한 대신들에게도 관직을 제수했어요.[53]

이때 박섬도 승진하는데, 박섬이 이전에 안북부를 버리고 도망쳤다가 피난길에 현종을 만나 함께했던 걸 기억할 거예요. 박섬은 현종을 따라 나주까지 같이 갔는데 혹시 거란군이 쫓아올까 봐 또 도망칩니다. 그러다 거란군이 물러갔다는 소식을 듣고는 그제야 다시 돌아와 현종 옆을 지켰죠. 이 때문에 여론은 그를 비난했으나 현종은 끝내 그를 승

진시키고 맙니다.[54]

이 외에 현종은 전사한 장수들의 집에 쌀과 베를 차등 있게 배분했습니다. 그리고 수도와 각 지방에 명하여 전사자들의 유해를 수습하고 제사를 지내게 했어요. 또한 전쟁으로 인해 불우한 백성이 많이 생겨나자 현종은 그들에게 음식과 물품을 하사했습니다.[55]

◐ 도망자들에 대한 처벌 ◑

공로자에겐 상을 펴 줬으니 이제 도망자에게 형벌을 내려야겠죠? 먼저 형부에서 현종에게 거란에 항복한 유언경이라는 자의 처자식을 유배 보내달라고 요청합니다.

형부 유언경은 대대로 나라의 은혜를 입은 자입니다. 한데 나라가 위기에 처하자 배은망덕하게도 나라를 배반하여 앞장서서 적에게 항복하였으니, 청컨대 유언경의 처자식을 유배토록 하시옵소서.

현종 그리하도록 하라.[56]

다음으론 현종이 피난길에 전주를 지날 때 그를 납치하려 했던 전주 절도사 조용겸과 유승건입니다.

관료 조용겸과 유승건 등은 폐하께서 남쪽으로 피난하실 때에 악한 마음을 품고 폐하께 해를 가하려 했사옵니다. 청컨대 이들을 유배토록 하시옵소서.

현종 그리하도록 하라.[57]

이 외에도 거란에 항복하거나 배반한 자들에게는 유배형이나 경질이 내려집니다. 사실 이 정도 죄면 당장 삼족을 멸해도 아무도 뭐라 하지 않았을 거예요. 그런데 현종은 단 한 명도 죽이질 않습니다. 현종은 단지 이들을 전부 죽이는 것만이 능사라 생각하지 않았습니다. 그보다 더 중요한 건 지금 이 국난의 시기에 능력 있는 자들이 모두 힘을 합쳐서 국난을 극복하는 것이 최우선 과제라 생각했죠.

따라서 신하들이 겁먹지 않고 능력을 발휘할 수 있도록 인자하고 관용을 베푸는 모습을 보여줬습니다. 또한 능력이 있는 자라면 다시 등용해 죄를 만회할 기회를 줬는데요. 대표적으로 위에 나왔던 인물 중에선 유승건이 훗날 다시 등용되었습니다.

한편 뭔가 착오가 있었는지 서경에서 대도수를 미끼로 던지고 제 한 목숨 지키겠다고 도망친 탁사정을 우의간대부로 임명하는 현종.[58] 그러나 얼마 안 있어 탁사정과 더불어 최창, 위종정 등은 강조의 잔당이라는 이유로 다 같이 유배를 보냅니다. 전쟁 때 죄를 지어서가 아니라 단지 강조의 잔당이라는 이유만으로 벌을 받아요. 강조의 그림자를 전부 없애버리겠다는 의지가 보이죠.[59]

◐ 전쟁 후 거란의 손익 ◑

자, 이렇게 해서 2차 고려거란전쟁이 끝났습니다. 이 전쟁으로 인해 고려와 거란, 양측이 어떤 이득을 봤고, 어떤 손해를 봤는지 손익계산서를 한번 뽑아볼까요?

먼저 거란 측의 이득부터 알아봅시다. 첫째, 거란은 고려 국왕으로부터 명목상으로라도 친조를 약속받았습니다. 결국 고려가 약속을 안 지켜서 다시 전쟁이 나긴 하는데, 이때는 약속했으니 거란 입장에서는 이득으로 봐야겠죠.

둘째, 거란은 고려와 송나라의 군사연합을 저지하는 데 성공합니다. 애초에 거란이 고려를 쳐들어간 목적은 송나라 칠 때 뒤통수치지 말라는 거였어요. 사실 전쟁 전에도 송나라는 고려 도와주기를 꺼렸거든요. 고려가 도와달라고 사신을 보냈는데 만나주지도 않고 답장도 안 해요.

그런데 앞서 살펴봤듯 송나라는 이 전쟁의 결과에 대해 '거란이 막대한 손실을 입었다'고 기록했죠. 그래서 전쟁이 끝난 다음에 오히려 고려를 더 우대하기 시작해요. 물론 다시 고려가 같이 거란에 쳐들어가자고 하니까 그건 또 거절해요. 송나라의 속내는 '너희 고려가 잘 싸웠긴 한데, 그래도 그건 아니지'라는 거죠. 그러니 거란 입장에서는 애초에 목표했던 대로 송나라의 군사동맹을 막은 거나 다름없어요.

셋째, 거란은 이 전쟁에서 수많은 고려인을 포로로 잡아갑니다. 양규가 포로를 3만 명이나 구해낸 것도 대단하지만, 이 말은 거란이 잡은 포로가 3만 명을 훌쩍 뛰어넘었다는 뜻이기도 하죠. 그뿐 아니라 약탈품도 어마어마하게 많았을 걸로 추정됩니다. 그러니 포로와 약탈품은 거란 측의 이득으로 봐야겠죠.

넷째, 전쟁이 터지기 전에 소태후가 죽었잖아요. 이때 야율융서가 정권을 완전히 장악하지 못해서 일각에서는 반역이 일어날 것 같은 낌새가 보였다고 해요. 그런데 전쟁이 터지니까 여기 신경 쓰느라 반역이 안 일어납니다. 야율융서 입장에서는 어쨌든 반란이 저지됐으니 이득을 본 거라고 봐야겠죠.

다섯째, 이번 실패를 통해 훗날 고려를 침공할 때 무엇을 보완해야 할지 알게 됩니다. 일단 첫 번째 장애물은 압록강입니다. 강이 녹으면 전쟁 수행이 불가능해지니까 이 강 자체가 시간적 제약을 크게 준다는 사실을 깨달은 거란은 아예 압록강에 다리를 짓습니다.

두 번째 장애물은 강동 6주입니다. 직접 싸워보기 전까지만 해도 거란은 강동 6주의 위력이 어느 정도인지 잘 몰랐습니다. 그러니 1차 침공 때 그렇게 쉽게 넘겨줬겠죠. 그런데 직접 겪어봤더니 강동 6주는 그야말로 고려를 지키는 철의 방어선이라는 걸 깨닫습니다. 따라서 이 강동 6주를 어떻게 해야 할지 파훼법을 끊임없이 고민하게 돼요.

이번에는 거란 측 손실을 한번 살펴볼까요? 첫째, 송나라 사서에 적혀 있듯 거란은 이 전쟁으로 수많은 군인과 장수를 잃었고, 돌아온 말과 수레도 극히 적었다고 합니다. 다시 말해 거란의 전력에 꽤 큰 손실을 입었다는 거죠.

둘째, 관료도 너무 많이 죽었어요. 그래서 한때 거란에선 글만 읽을 줄 알면 관리로 등용해 주겠다고 합니다. 얼마나 관료가 부족했으면 이 지경이 됐을까요?

셋째, 현종은 끝까지 친조를 거부하고, 오히려 다음 공격을 대비해서 서북면에 더 강한 방어책을 마련합니다. 결국 친조는 그냥 시간을 끌기 위한 명분이었다는 거니, 야율융서 입장에서는 제대로 농락당했다고 봐야겠죠. 아마 체면이 말이 아니었을 겁니다.

◐ 전쟁 후 고려의 손익 ◑

이번엔 고려 측 이득을 한번 살펴볼까요? 첫째, 일단 고려는 나라를 지켜냈습니다. 사실 이게 제일 크죠. 어쨌든 외세의 침략을 물리치고 나라를 지켜냈으니까요.

둘째, 거란의 대군을 막아냈으니 나라의 위상이 살아납니다. 특히 송나라의 평가가 달라졌죠. 송나라는 2차 전쟁 전까지만 해도 거란의 눈치를 보느라 고려에서 보낸 사신을 만나주지도 않았어요. 그런데 2차 전쟁이 끝난 후에는 송나라 역사서에 '사실상 거란의 피해가 막대하다'고 기록했고 고려의 사신도 환영하며 맞아줍니다.

셋째, 고려는 거란의 또 다른 침략을 막기 위해 방어할 시간을 벌었습니다. 이 기간을 활용해 고려는 서북면에 성을 쌓고 개경의 성벽을 보완하는 등 여러 방비책을 강구합니다.

넷째, 강조 일파를 제거했습니다. 강조가 살아 있었으면, 현종은 그냥 허수아비에 불과했을 거예요. 근데 강조가 죽음으로써 강조 일당을 전부 제거할 수 있었고, 결과적으로 현종은 드디어 왕다운 왕이 될 수 있었죠.

다섯째, 현종은 거란의 대군으로부터 나라를 지켜낸 위대한 군주라는 타이틀을 얻게 됩니다. 현종이 성군으로 불리는 이유는 업적도 업적이지만 이 엄청난 침략으로부터 나라를 지킨 게 제일 컸어요. 이처럼 강조를 제거하고 왕의 위상까지 올라갔으니 결과적으로 현종은 강력한 왕권을 손에 쥘 수 있게 됐으며, 이 힘을 기반으로 자기 생각대로 국정을 운영해나갈 수 있게 됩니다.

여섯째, 충신과 역신을 구분할 수 있게 됩니다. 역신은 내쳤고 채충순, 지채문, 김은부, 강감찬 등 유능한 인재를 등용할 수 있었죠.

일곱째, 현종 스스로 몽진 때 수모를 겪은 덕에 고려의 약점을 정확히 파악해냅니다. 그건 바로 호족의 힘이 너무 세고 중앙집권력이 약하다는 거였는데요. 이를 보완하기 위해 현종은 5도 양계를 도입해 중앙집권력을 강화합니다.

반면 고려 측에선 손실도 어마어마했어요. 일단 첫째, 수도 개경과 서북면 지역이 완전히 초토화됐죠. 복구 비용이 어마어마했을 거예요.

둘째, 수많은 유물과 사초를 분실하고 맙니다. 심지어 이건 복구도 못 하죠.

셋째, 약탈 피해가 심각했습니다. 거란은 원래 약탈의 민족이었으니 아주 박박 긁어 갔겠죠.

넷째, 앞의 세 가지 피해로 인해 고려의 국가 재정이 완전히 파탄 나 버립니다. 관료들 월급도 제대로 못 줄 만큼 나라가 빈곤해져요.

다섯째, 수많은 고려군과 장수가 사망합니다. 군사도 어마어마하게 죽었을 테지만 더 아까운 건 양규와 김숙흥, 하공진 같은 명장들이 전사한 건데요. 이로 인한 인적 손실도 꽤나 컸으리라 봅니다.

여섯째, 수많은 고려 백성이 죽고 포로로 잡혀갔습니다. 이건 거란 측엔 이득이었으니, 반대로 고려 측엔 엄청난 손실이었겠죠.

PART 2. 주요 사건 연표

※ 모든 날짜는 《고려사》, 《고려사절요》 기준이며 '음력'입니다.

997년	목종 즉위
1009년 1월 16일	강조의 난 ✪
1009년 2월 3일	목종 폐위·시해, 현종 즉위 ✪
1010년 11월 16일	2차 고려거란전쟁, 흥화진 전투 ✪
1010년 11월 24일	삼수채 전투 ✪
1010년 12월 6일	곽주 함락
1010년 12월 8일	안북대도호부 함락
1010년 12월 10일	숙주 함락, 서경성 전투 ✪
1010년 12월 16일	곽주성 탈환(양규의 1700 결사대), 거란군 서경 공격 포기, 개경으로 진격 ✪
1010년 12월 28일	현종 피난 시작 ✪
1011년 1월 1일	거란군 개경 점령 ✪
1011년 1월 3일	하공진 개경 도착, 강화 협상 ✪
1011년 1월 7일	현종 공주 도착, 공주절도사 김은부의 환대

1011년 1월 11일	거란군 철수 시작
1011년 1월 13일	현종 나주 도착
1011년 1월 17일	김숙흥의 귀주전투(거란군 1만 명 사살)
1011년 1월 18일	양규의 포로 탈환전(무로대, 이수)
1011년 1월 21일	현종 환도 시작
1011년 1월 22일	양규의 포로 탈환전(여리참)
1011년 1월 28일	양규와 김숙흥 사망
1011년 1월 29일	거란군 압록강 넘어서 완전 철수
1011년 2월 16일	현종 개경으로 귀환

거란의 2차 침입로

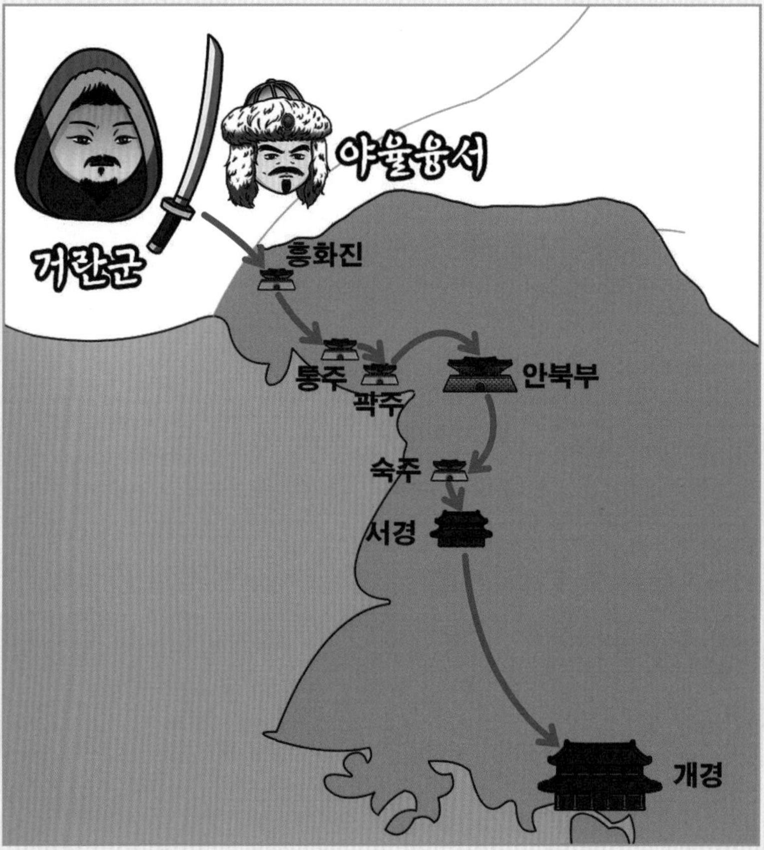

PART 3

3차 고려거란전쟁

현종이 성군인 이유

현종의 업적

◐ 중추원 부활과 궁궐 보수 ◑

전쟁이 끝나자 공로자에겐 포상을 내리고 도망자들에겐 처벌을 내린 현종. 하지만 현종이 해야 할 일은 이제 시작이었습니다. 거란의 말발굽에 짓밟힌 고려를 다시 일으켜 세우려면 한시가 바빴죠.

현종은 먼저 강조가 설치했던 중대성을 혁파하고 중추원을 다시 되살립니다. 중추원은 왕의 비서실 겸 정무를 관할하는 기구였어요. 그런데 강조가 현종의 눈과 귀를 막고 권력을 독점하기 위해 이걸 중대성으로 바꿔버린 겁니다. 이제 강조도 죽었겠다, 현종은 이걸 다시 중추원으로 원상복귀합니다.[1]

또한 현종은 불타버린 궁궐을 보수하기 시작합니다. 이 작업에만 무

려 3년이라는 긴 시간이 걸리는데요. 시간도 시간이지만 이 때문에 소비된 인력도 어마어마했습니다.[2]

◐ 실록 편찬 ◑

그런데 거란이 불태워버린 건 궁궐뿐만이 아니었습니다. 궁궐이 불타면서 여기 보관돼 있던 역대 고려 국왕의 사초들까지 전부 불타버렸어요. 그래서 현종은 더 늦기 전에 하루빨리 사초를 복원하기 위해서 태조 왕건부터 목종까지의 실록을 다시 편찬하라고 지시합니다.

그런데 이게 어디 쉽나요? 관련된 사람들 찾아가서 하나하나 물어보고 관련된 기록 찾아서 하나하나 읽어보고 또 서로 교차 검증하고 하는 데 시간과 노력이 엄청 들어갔겠죠. 무려 20년이라는 긴 세월이 지난 끝에 고려 제1대 왕 태조부터 고려 제7대 왕 목종까지의 역사를 기록한《칠대실록》이 완성됩니다.

원래 고려는 이렇게 자체적으로 기록한 역사서를 남겨 놨어요. 이걸《고려실록》이라고 하는데요. 조선 초기에 정도전이《고려실록》을 기반으로 고려의 역사서를 다시 편찬합니다. 그리고 나중에 세종이 이게 너무 편파적으로 쓰였다며 전면적으로 수정해서 다시 만든 게 바로《고려사》예요. 그리고《고려사》를 요약해서 만든 책이 바로《고려사절요》입니다.

이때까지만 해도 고려의 역사서는《고려실록》과《고려사》그리고《고려사절요》세 종류가 있었습니다. 그러다 임진왜란 때《고려실록》이 전부 소실되는 바람에 현재 우리가 볼 수 있는 고려의 역사서는《고려사》와《고려사절요》만 남았죠.

이게 참 아쉬운 점입니다. 왜냐하면《고려사》와《고려사절요》는 조선시대에 쓴 것이라 조선의 관점에서 어느 정도 편파적으로 쓰였을 테니까요.《고려실록》이 남아 있었으면 고려사 연구가 훨씬 재미있었을 거라는 아쉬움이 큽니다.

《고려실록》이 거란과 몽골의 침입으로 많이 소실됐었기 때문에 조선시대에는 이런 불상사를 막기 위해서 실록을 세 권씩 만들었습니다. 그리고 세 권을 세 군데에 나눠서 숨겨놓죠. 임진왜란 때 그중 두 개가 소실됐는데, 다행히도 하나가 남아서 우리가 지금도《조선왕조실록》을 읽을 수 있는 겁니다.

◐ 불교 위상 회복 ◑

고려는 불교국가였습니다. 고려 태조 왕건은 죽기 전에 '훈요 10조'라는 유훈을 남겼는데요. 유훈은 후대 왕들에게 전하는 통치 지침서 같은 거예요. 고려가 삼국을 통일한 것은 부처님께서 도와주셨기 때문이니 불교를 잘 위하라는 말과 함께, 불교식 행사인 연등회와 팔관회를 중요시하라는 말을 남겼죠.

그런데 고려 6대 왕 성종은 유학자라고 했잖아요. 성종은 불교보다 유학을 더 중요시했어요. 그래서 불교는 그냥 종교로만 남겨놓고 국가의 통치는 유교적 가치에 따라서 하려고 했죠. 그래서 이때부터 연등회와 팔관회를 중지합니다.

성종과 달리 현종은 어렸을 때 승려로 살았기 때문에 불교에 대한 애착이 굉장히 강했어요. 현종은 즉위하자마자 연등회와 팔관회를 부활시킵니다. 전쟁이 일어나기도 전에 말이죠.[3]

그런데 전쟁이 끝난 후 현종은 고려가 거란의 침입을 물리칠 수 있었던 이유는 부처님께서 고려를 지켜주셨기 때문이라고 믿습니다. 그래서 이에 대해 감사를 표하고, 앞으로도 외적의 침입이 있을 때 고려를 지켜달라는 의미를 담고, 마지막으로 전란으로 고생한 백성들을 위로하기 위해 대장경을 제작하라고 명하죠.

대장경은 쉽게 말해서 불교 경전이라고 보면 됩니다. 그런데 대장경을 제작하는 데는 시간이 아주 오래 걸려요. 무려 70년이 넘게 걸려서 1087년에야 대장경이 완성되는데요. 이때 완성된 대장경을 '진병대장경'이라고 부릅니다. '난리를 진압하는 군사와 같은 대장경'이라는 뜻이죠.[4]

그런데《진병대장경》이 원나라의 침입 때 소실되고 말아요. 그래서 과거 거란의 침공을 격퇴했듯 몽골의 침략도 격퇴하겠다는 염원을 담아서 대장경을 다시 만드는데, 이게 그 유명한《팔만대장경》입니다. 진병대장경이라는 이름이 어려워서인지 지금은 이걸 '초조初雕 대장경'이라고도 부릅니다. '먼저(처음) 만들어진 대장경'이라는 뜻으로 말이죠.

게다가 현종은 광종 때 벼락을 맞아 무너졌던 황룡사 9층 목탑을 재건합니다. 이때 현종은 경주에 있던 조유궁을 헐어서 황룡사 9층 목탑을 재건하는 데 사용했는데요. 조유궁은 비록 임시 숙소이긴 하지만 그래도 엄연히 국왕이 머무는 궁궐이었어요. 다른 집도 많은데 굳이 이걸 헐어서 절에 목탑을 짓다니, 현종의 불심이 얼마나 뛰어났는지 알겠죠.

황룡사 9층 목탑은 9년에 걸쳐 완성됐지만, 안타깝게도 몽골의 침입 때 소실되고 맙니다.[5]

◐ 지방제도 개편 ◑

현종은 몽진을 가면서 같은 고려인들에게서 수많은 위협을 받았습니다. 반란군부터 향리뿐만 아니라 심지어 절도사까지 무려 6번이나 현종을 공격했죠. 이 정도 되면 현종으로서는 도저히 지방 호족을 믿을 수가 없어졌겠죠. 따라서 현종은 호족의 힘을 약화하고 중앙집권력을 강화할 필요성을 느낍니다.

먼저 지방제도를 개편합니다. 이때까지 고려의 지방제도는 성종 때 제정한 10도 12목으로 운영됐는데, 현종은 이를 개편해서 새로운 지방제도를 도입합니다. 전국을 7개 지역으로 나눠서 그중 5개 지역은 '도',

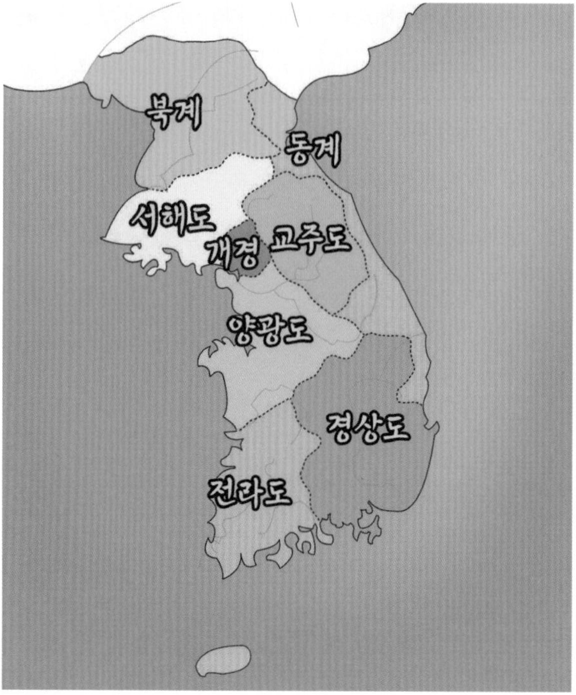

5도 양계

즉 일반행정기관으로 삼고, 북쪽의 2개 지역은 '계'라고 해서 군사행정기관으로 삼습니다.

이때까지만 해도 일본이나 왜구는 별로 신경 쓸 게 못 됐어요. 외적의 침입이 있으면 항상 북쪽에서 내려왔으니 북쪽 2개 지역은 아예 군사행정기구로 묶어버린 거죠. 이를 5개의 '도'와 2개의 '계'라 해서 '5도 양계'라고 합니다. 그뿐 아니라 현종은 5도 양계 밑에 군, 현을 두어서 각 지방을 더 촘촘하게 나누는데요. 지방 구석구석까지 중앙의 영향력을 행사하기 위해서였죠.

고려 성종은 12목에 '절도사'를 파견해서 각 지방의 행정을 다스리고 군권을 행사하게 했습니다. 그런데 현종은 바로 그 절도사한테 위협을 당했죠. 그래서 절도사만으로는 부족하다는 생각에 중앙에서 파견하는 지방관 수를 대폭 늘립니다. 무려 116명까지 늘렸는데요. 전국 각지에 지방관을 파견해서 중앙정부의 입김이 지방 곳곳까지 닿게 한 거죠.

게다가 군, 현과 별도로 특수행정기구인 향, 부곡, 소를 설치해 여기까지도 행정력이 미치게 했습니다. 향과 부곡은 신라 때부터 있었는데 현종은 여기에 '소'를 추가한 거예요. 향과 부곡은 주로 농민들이 사는 지역이고, 소는 주로 수공업자들이 사는 지역이었어요.

향과 부곡은 겉으로 보기엔 일반 지역과 달리 국가에 공물을 납부하는 지역이었는데요. 사실 향과 부곡은 일반 전쟁 포로들이 집단으로 거주하거나 일반 현에서 중대한 범죄가 발생하면 연대책임으로 아예 지역 자체를 강등하면서 만들어진 지역이었습니다. 그래서 향과 부곡은 국가로부터 차별을 많이 받았고, 그곳의 백성은 신분상 양인이지만 실제 대우는 천민과 다름없었을 거라고 보기도 합니다.

이렇듯 지방제도를 개편함으로써 현종은 중앙집권력을 강화하고 지방 호족의 힘을 약화했습니다. 건국될 때부터 고질적으로 병폐를 일으켰던 호족 문제를 해결했으니 고려는 국가로서 한 단계 더 성장할 수 있었죠.

그렇기 때문에 이 지방제도 개편이 현종의 업적 중 가장 뛰어난 것이라고 볼 수 있습니다. 심지어 현종은 이걸 2차 고려거란전쟁과 3차 고려거란전쟁 사이에 해냈어요. 대군의 침입을 두 번이나 막아냈고 그 와중에 지방제도까지 개편했기에 현종은 훗날 성군이라 불리게 된 것입니다.[6]

그렇다고 해서 현종이 오로지 호족을 탄압하고 그들의 힘을 억제하려고만 하지는 않았어요. 현종은 향리의 권한을 그냥 없애는 게 아니라 이들의 정원을 제한해서 지방관과 서로 어우러지게 했습니다. 또한 향리의 자제들이 과거에 응시할 수 있게 해서 이들이 중앙 정계에 진출할 수 있는 발판도 마련해줬죠.

이렇듯 현종은 단지 이들을 탄압하기만 한 게 아니라 호족의 힘과 중앙집권력이 한데 어우러져서 더 큰 시너지를 낼 방안을 마련하려고 했습니다.[7]

◐ 군제 개편 ◑

이렇게 지방제도까지 개편했지만 현종은 이걸로 만족하지 않았습니다. 선왕인 목종도 반란으로 폐위됐고 자기도 몇 번이나 반란으로 죽을 뻔했다 보니, 아무래도 국왕이 직접 지휘하는 친위대가 꼭 필요하다고 생각했어요.

그리하여 현종은 국왕의 친위부대인 응양군과 용호군, 이렇게 2군

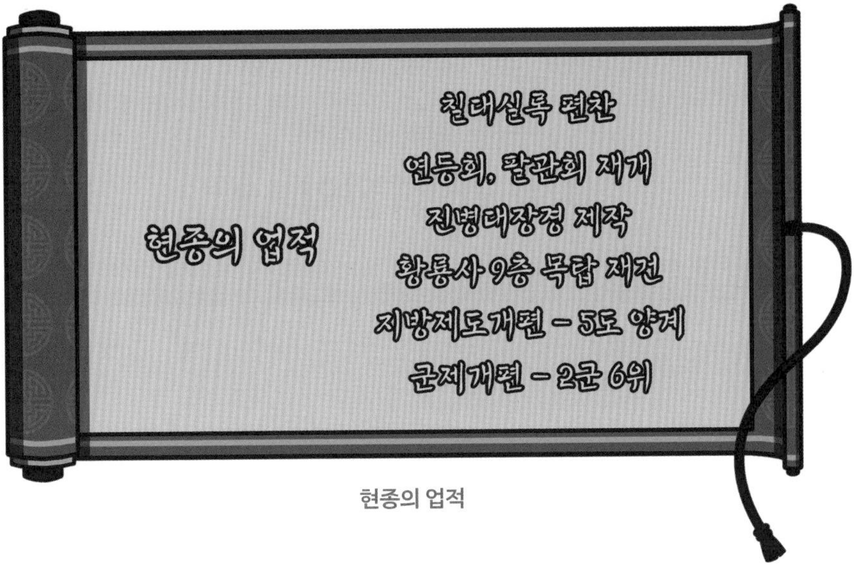

현종의 업적

을 창설합니다. 이때까지 고려의 중앙군은 6위로 구성돼 있었는데, 현종은 여기에 2군을 추가했으니 이제 2군 6위 체제가 됐죠.

2군 6위의 정확한 창설 연도는 알려져 있지 않지만 현종 9년에 응양군에 대한 기록이 등장하는 걸로 보아, 현종이 2군을 창설했을 것으로 추정합니다. 또 2군 6위의 대장들이 모인 군사최고기관인 '중방'도 그즈음 창설됐을 것으로 추정돼요.

재미있는 건 나중에 이 2군이 무신정변을 일으켜서 정권을 장악해요. 국왕이 제일 믿고 곁에 두었던 친위대가 반란을 일으킨 거죠. 게다가 군사최고기관인 중방은 단순히 군권을 뛰어넘어 아예 국가 최고의 권력기구로 군림합니다.[8]

현종 최악의 실책

김훈과 최질의 난

◐ 김훈과 최질 ◑

김훈은 거란의 2차 침공 때 강조군의 부장으로 있던 장수입니다. 강조가 30만 대군을 동원해 삼수채에 진을 쳤을 때 군대를 세 부대로 나누어 한 부대는 강 앞에, 한 부대는 통주성 앞에, 그리고 나머지 한 부대는 본대 뒤쪽에 산을 등지고 배치했다고 했죠. 이때 산을 등지고 배치된 부대의 장수를 '좌우기군장수'라 칭했던 걸로 보아 이 부대는 좌우 두 부대로 나뉜 '기군', 기마군이었던 걸로 보입니다.

그렇게 배치를 마친 다음 강조의 중앙군이 거란군과 붙었는데, 강조가 방심한 사이에 거란의 별동대가 기습해 강조가 포로로 잡히면서 중앙군이 완전히 무너져버렸습니다. 이를 본 통주성 앞의 부대는 그대로 통주성으로 들어가버렸고 좌우 기군은 바로 곽주성 방면으로 후퇴했죠.

그런데 김훈이 생각하기에 이대로 퇴각한다면 중앙군에 있던 10만은 전멸을 당할 것 같았습니다. 그래서 그는 다른 장수들과 함께 완항령 근처에 매복했는데요. 얼마 후 패배한 중앙군이 완항령을 지나 곽주 방면으로 도망을 치고, 뒤이어 거란의 추격대가 완항령에 당도하자 김훈은 이들을 기습해 추격을 멈추게 합니다.

이후에는 따로 기록이 없지만 이렇게 퇴각 도중에 매복해서 적의 추격을 멈추는 기지를 발휘한 걸로 보아 김훈은 다른 전투에도 계속해서 참가했을 것으로 보입니다. 그리고 전쟁이 끝난 뒤 김훈은 이러한 공로를 인정받아 상장군에 오르게 됩니다.[9]

한편 최질은 2차 고려거란전쟁 때 중랑장으로 있었습니다. 원래부터 통주성에 있었는지, 아니면 강조의 휘하에 있으면서 통주성 앞에 진을 친 부대에 있었는지는 모르겠지만 강조의 중앙군이 대패한 뒤 최질은 통주성에 들어가 있었습니다.

삼수채 전투에서 승리한 거란군은 고려 관리 노전을 포로로 잡고, 노전과 함께 거란 관리 마수를 통주성으로 보내 항복을 권유했어요. 그러자 통주성 내에서는 항복파와 항전파로 나뉘어 대립합니다.

그런데 그때 중랑장 최질은 역으로 이 둘을 잡아 가두더니 동료들에게 항전을 주장합니다. 일이 이렇게 된 이상 어쩔 수 없으니 통주성의 장수들은 항전의 의지를 불태웁니다.

그렇게 통주성이 성문을 걸어 잠그고 버티자, 거란은 성을 공격했지만 끝내 함락하지 못하고 통주성을 지나치고 말죠. 최질도 이때의 공을 인정받아 전쟁 후 승진을 거듭해 상장군에 오르게 됩니다.[10]

◐ 김훈, 최질의 난 ◑

고려는 거란의 2차 침공 때문에 인적, 물적으로 엄청난 타격을 입었습니다. 게다가 전후 복구사업을 진행하느라 나라 살림이 거덜 납니다.

게다가 거란의 위협이 완전히 사라진 게 아니기 때문에 현종은 군인의 수를 늘리려 했습니다. 군인을 많이 뽑았으니 이들을 입히고 먹이고 월급까지 주려면 또 어마어마한 돈이 들겠죠. 그러다 보니 국가의 재정이 완전히 바닥을 드러내고 말았어요.

시간이 지날수록 상황은 더욱 심각해지더니 심지어 관료들의 월급까지 밀리는 지경에 이르고 맙니다. 곳곳에서 불만이 터져 나오자 중추사 장연우와 황보유의가 현종을 찾아와 대책을 제안합니다.

장연우 폐하, 국가의 재정이 부족해 관리들의 급여가 지급되지 않고 있사옵니다. 곳곳에서 불만이 터져 나오고 있사온데, 이대로 계속 상황이 악화된다면 무슨 일이 벌어질지 모르옵니다. 지금같이 어려운 때일수록 서로 고통을 나누어 함께 이겨내야 하지 않겠습니까? 군인들에게 지급된 토지를 환수해 문관의 녹봉으로 지급하소서.

현종 그리하도록 하라.

이때 환수된 토지는 '영업전'이라고 해서, 쉽게 말해서 군역을 대가로 나라에서 지급한 토지를 말해요. 영업전은 사실상 사유지에 가까워서 한번 받으면 자식에게 물려줄 수도 있었습니다. 군인 입장에서는 월급으로 돈 대신 땅을 받은 거죠.

그런데 이걸 다시 빼앗아서 관료한테 준다는 거예요. 지금 우리나라에서 군인들에게 이미 준 월급을 환수해서 공무원 월급으로 준다고 생각해보세요. 당연히 반발이 있겠죠? 게다가 고작 몇 년 전에 그 큰 전쟁이 일어났을 때 문관들은 뭐 했습니까. 대부분 도망쳤잖아요. 고작 몇 명만 현종을 따라다녔고요.

물론 곳곳에서 열심히 일한 사람도 있죠. 강감찬도 몽진을 주장할 때 빼고는 기록에 등장하지 않았지만 나중에 승진한 걸 보면 다른 데서 뭔가 일을 했겠죠. 하지만 아무리 그래도 전쟁 때 전장에 나가 목숨 걸고 싸워서 나라를 지킨 건 군인들이잖아요.

안 그래도 고려에서는 원래 문무관 차별이 심했어요. 무관은 승진에도 한계가 있고 문관직을 겸직하지도 못합니다. 반면 문관은 무관직을 겸직했죠. 강조도 강감찬도 양규도 원래 문관입니다. 그들처럼 문관이면서 무관직을 겸직해서 전쟁 때 열심히 싸운 사람들도 당연히 있죠.

하지만 그 사람들에게는 포상할 걸 다 했으면서 무관은 똑같이 공을 세워도 계속 차별받았거든요. 애초에 포상 자체도 적었던 거예요. 그것도 화가 나는데 이미 준 월급을 다시 빼앗아서 문관한테 줘버린다니, 이게 말이나 되는 일입니까.

이건 어떻게 봐도 현종이 잘못한 것으로 보입니다. 돈이 없으면 궁궐을 천천히 짓거나 황룡사 9층 목탑을 짓지 말아야죠. 대장경을 만들거나 연등회, 팔관회 등을 여는 데 돈을 쓰지 말아야죠. 그 돈으로 월급을 줬어야죠.

사실 이걸 업적으로 치는 것도 어폐가 있다고 봅니다. 이건 그냥 현종이 불교를 좋아해서 사적으로 쓴 거라고 봐야 하지 않을까요? 거란의 2차 침공 때 목숨 걸고 싸운 군인들에게 감사한 마음이 있었다면, 그렇게 처리할 수는 없습니다. 이건 누가 봐도 현종의 뼈아픈 실책입니다.

당연히 화가 난 군인들은 김훈과 최질을 필두로 반란을 일으킵니다. 김훈과 최질은 2차 고려거란전쟁 때 혁혁한 공을 세웠음에도 무관이라는 한계 때문에 승진이 막혀 있었어요. 안 그래도 화가 날 텐데 현종이 기름을 부워버린 격이죠.

1014년 11월, 김훈과 최질을 필두로 군인들이 난을 일으킵니다. 이들은 북을 치면서 소란스럽게 궁궐로 쳐들어갑니다. 군인들은 일의 주모자인 장연우와 황보유의를 잡아 죽기 직전까지 패버립니다. 그러고는 현종을 찾아가서 따지죠.

김훈 장연우와 황보유의가 저희 군인들의 토지를 빼앗은 것은

> 그저 저들 스스로의 이익을 도모하고자 한 것이지 결코 조정의 이익을 위한 것이 아니옵니다! 만약 발을 깎아서 신발에 끼워맞춘다면 사지가 어떻게 되겠습니까?! 이에 여러 군사가 분노와 원망을 이기지 못하고 있사오니, 청컨대 폐하께서는 나라를 좀먹는 저 벌레와 같은 자들을 제거함으로써 뭇사람들의 원한을 풀어주시옵소서.

이미 궁궐로 쳐들어왔는데 이 청을 안 들어주면 어떻게 되겠습니까. 그래서 현종은 어쩔 수 없이 해달라는 대로 해줍니다. 일단 장연우랑 황보유의를 유배 보내고 군인들에게서 빼앗았던 토지도 다시 돌려줘요.[11]

◐ 국정 장악 ◑

현종이 이들의 요구를 들어주자 점점 더 큰 걸 요구하기 시작해요. 앞서 말했듯 당시 고려에선 문관은 무관직을 겸할 수 있었지만 무관은 문관직을 겸할 수 없었죠. 이것 때문에 김훈과 최질은 전공이 높았음에도 불구하고 승진에 한계가 있었습니다. 따라서 이 둘은 이 기회에 6품 이상의 무관이 문관직도 겸할 수 있게 해 달라고 요구합니다. 사실상 이들이 칼 들고 협박하는 꼴이니 현종은 어쩔 수 없이 이것도 들어줍니다.

그러자 김훈과 최질은 아예 국정을 장악하려고 합니다. 먼저 어사대를 폐지하고 금오대를 설치할 것을 요구해요. 어사대란 정치의 잘잘못을 논하고 관료를 규찰하고 탄핵하는 일을 맡은 관청입니다. 지금으로 치면 언론기관과 검찰청을 합친 형태라 보면 되는데요. 이걸 폐지하고 금오대를 설치하겠다는 건 이제부터는 무관이 문관을 규찰하고 탄핵하겠다는 얘기예요. 군인이 언론사랑 검찰청을 다 장악하겠다는 거죠. 현종은 결국 이것도 들어줍니다.

김훈과 최질의 폭주는 여기서 멈추질 않습니다. 이번엔 삼사를 폐지하고 도정서를 설치해달라고 합니다. 삼사는 국가의 재정을 관할하는 기관입니다. 월급도 여기서 줘요. 이제 돈줄까지 쥐겠다는 거죠. 현종은 이것도 허락합니다.

그러니까 군인이 정부, 언론, 검찰, 재정까지 다 손에 넣은 겁니다. 그렇게 김훈과 최질은 국정을 완전히 장악하죠.[12]

◐ 이자림의 등장 ◑

바로 여기서 이자림이라는 사람이 등장합니다. 이자림은 청주 이씨 집안의 호족 출신인데, 성종 때 장원급제를 해서 서경의 장서기로 관직 생활을 시작합니다. 장서기는 글 쓰는 관직이라고 생각하면 돼요. 과거에서 장원을 했으니 능력도 출중했겠죠.

이자림이 그 뒤로 어떤 관직을 맡았는지는 모르지만 어느 날 그는 화주방어사로 임명됩니다. 방어사는 말 그대로 방어를 맡은 관직이에요. 그렇게 화주방어사 임기가 끝나고 개경에 들어와서 잠시 쉬고 있었는데, 바로 그때 김훈과 최질의 난이 일어납니다.

그 소식을 들은 이자림은 매우 분노했다고 해요. 그런데 군인들이 칼 들고 정부 요직을 다 꿰찬 상황에서 섣불리 움직였다가는 목이 달아나겠죠. 그래서 일단 조용히 돌아가는 상황을 지켜보다가 중추원에 관리로 있던 김맹이라는 사람을 찾아가서 말합니다.

이자림 어찌하여 폐하께서는 한고조가 운몽에서 노닐던 일을 본받지 않으시는 것인가?

'한고조가 운몽에서 노닐던 일'이 뭘까요? 중국 한고조 유방 밑에 '한신'이라는 중국 역사상 최고의 장수가 있었습니다. 한신이 너무 잘 싸우니까 유방은 '혹시 한신이 나를 공격하면 어쩌지?' 하는 불안이 생겼습니다. 그래서 유방은 한신의 집 근처로 놀러 가는 척하고는 그 길로 한신을 죽입니다.

'한고조가 운몽에서 노닐던 일'은 바로 이 사건을 뜻합니다. 그러니까 이자림은 현종이 이 같은 일을 해야 한다고 말한 겁니다. 왕의 비서실 격인 중추원 관리 김맹은 이자림에게 들은 말을 현종에게 전합니다. 현종은 그 말을 전해 듣고 '바로 이거다!' 싶었죠. 그래서 바로 이자림을 서경판관으로 임명합니다.

이자림이 먼저 서경으로 가서 거사를 치를 준비를 다 해놓은 다음 현종이 김훈과 최질에게 말해요.

현종 북쪽에 방어선을 점검하러 한번 갈까 하네.

김훈과 최질이 이걸 거절할 이유는 없었습니다. 그래서 현종이 서경에 도착해서는 또 이렇게 말해요.

현종 서경까지 온 김에 그대들이 그동안 고생한 것을 치하하고자 연회를 열어주겠네.

김훈이랑 최질은 당연히 동의했죠. 그래서 현종이 서경의 장락궁이라는 곳에서 김훈, 최질을 포함한 일당을 다 모아놓고 잔치를 엽니다. 그들에게 계속 술을 따라주다가 다 취하자 바로 그때!

현종 다 죽여!!!

칼 든 병사 수십 명이 쳐들어와서는 그 자리에서 김훈, 최질과 함께 이들의 측근까지 총 19명을 다 죽입니다. 그리고 이들의 가족까지 전부 유배를 보내요. 그런데 현종은 역시 관대한지라 바로 그다음 해에

연좌죄로 처벌받은 김훈의 가족을 모두 풀어줍니다.[13]

이 사건으로 이자림은 현종의 최측근으로 거듭납니다. 이자림은 이후로도 승진에 승진을 거듭하다가 나중에 개경에 외성을 쌓습니다. 이걸 '개경 나성'이라고 부르는데 이자림이 이 공사의 총책임자가 됩니다.

그리고 성을 잘 쌓았더니 그 공으로 왕씨 성을 하사받아요. 그때부터는 '왕가도'라고 이름을 바꿉니다. 그리고 이자림은 자신의 첫째 딸을 현종에게 시집보내요. 그다음엔 둘째 딸을 현종 다음 왕인 덕종한테 시집보냈죠. 그렇게 왕가도는 두 왕의 장인이 되었을 뿐만 아니라 자신도 재상직까지 올라갈 정도로 왕들의 깊은 총애를 받았습니다.[14]

칼이 아닌 붓으로 하는 전투

외교전

◐ 6차 고려거란전쟁 ◑

우리가 학교에서 배우는 바에 따르면 고려거란전쟁은 3차에 걸쳐 이뤄졌습니다. 그런데 일각에서는 고려거란전쟁을 6차 전쟁으로 봐야 한다는 의견도 있습니다. 왜냐하면 2차와 3차 전쟁 사이에도 거란은 계속해서 고려에 쳐들어왔기 때문이에요. 그때 군사를 몇 만 명 보냈다는 기록이나 15만 정도의 규모의 군대를 조직할 때 쓰이는 '도통'이라는 직위를 사용했다는 기록이 있기 때문에 이 전투들도 N차에 포함해야 하지 않느냐는 거죠.

이와 달리 총 3차 전쟁으로 보는 의견은 중간 전쟁들은 고려가 함락되기 직전까지는 가지 않았기 때문에, 그냥 소모전 정도로 봅니다. 주

류 의견은 3차 전쟁으로 보는 것이지만, 그렇다고 중간 과정을 생략할 수는 없습니다. 그 과정을 이해해야 왜 3차 전쟁이 그런 식으로 흘러갔는지 이해할 수 있기 때문이죠.

그도 그럴 것이, 이상하지 않나요? 거란은 분명 2차 때 중간기지 없이 막무가내로 뚫고 갔다가 제대로 당했으면서, 어째서 3차 때는 아예 강동 6주를 제치고 바로 개경까지 진격해버리는 무모한 작전을 시도한 걸까요?

◐ 전시 체제 유지 ◑

2차 전쟁이 끝나고 거란은 군대를 물렸지만, 고려는 아직 안심할 수 없었습니다. 그래서 한동안 성을 보수하고 장수를 임명하는 등 전시 체제를 그대로 유지하는데요. 먼저 전쟁이 끝난 그해 8월에 송악성을 보수하고 서경에 황성을 쌓습니다. 송악성은 수도 개경을 둘러싼 성곽이고 황성은 서경 안에 성벽을 하나 더 쌓은 거예요. 둘 다 성의 방어력을 높이기 위한 작업이었죠.[15]

그리고 현종은 같은 해 7월에 최사위를 서북면행영도통사에 임명합니다. 평상시였다면 서북면도순검사에 임명했을 겁니다. 근데 도순검사가 아니라 도통사로 임명을 한다는 건 전쟁 준비를 하겠다는 거예요. 8월에는 최사위를 서경유수로 임명해요. 서북면 군사 총괄 겸 서경의

성주로 삼은 거죠. 그랬다가 9월엔 최사위를 다시 개경으로 불러들여서 이부상서로 관직을 옮깁니다.[16]

10월에는 유방을 서경유수 겸 서북면행영도병마사로 삼아요. 유방은 거란의 1차 침공 때 활약했던 장수입니다. 거란이 80만 대군을 끌고 왔다고 거짓말하면서 빨리 항복하라고 했는데, 고려가 시간을 질질 끄니까 대답을 독촉하려고 별동대를 보내서 안융진을 공격했었죠. 그런데 안융진에서 중랑장 대도수랑 낭장 유방이 거란군을 격퇴하니까 소손녕이 말을 바꿔서 대신을 보내 협상하자고 했고요. 그래서 서희가 가서 외교담판을 했던 걸 기억할 겁니다.

유방은 그 뒤로 승진을 거듭해서 목종 때는 친종장군, 즉 경호대장까지 올라갔는데, 그 뒤로 갑자기 기록에서 사라집니다. 아마 강조의 정변이 일어나자 탁사정과 하공진은 바로 강조 편으로 붙었는데 유방은 안 붙어서 강조에게서 내쳐진 것 같아요.

그래서 유방은 2차 전쟁 때는 전혀 등장하지 않습니다. 그러다 갑자기 1011년 5월에 병부상서 겸 상장군에 임명되더니, 그해 10월에 서경유수 겸 서북면행영도병마사에 제수됩니다. 도병마사는 국방 총괄이라고 보면 돼요. 최사위의 후임으로 간 것 같은데 도통사에서 도병마사로 명칭이 바뀌었죠. 이로 보아 이때쯤 고려가 전시 체제를 좀 풀었던 것 같습니다.[17]

◐ 외교전 ◑

고려는 한동안 전시 체제를 유지하면서 한편으론 거란과 사신을 주고받으며 외교전을 이어가는데요. 2차 전쟁이 끝난 1011년 4월에 현종은 거란에게 군대를 물려줘서 고맙다는 인사를 전하기 위해 왕첨을 사신으로 보냅니다.[18]

그 후로도 고려는 계속해서 거란에 사신을 보내요. 이제 전쟁은 그만하고 대화로 풀자는 거였죠. 같은 해 8월에도 고려는 거란에 사신을 보내고 10월에도 사신을 보냅니다. 심지어 11월에는 야율융서의 생일을 축하하기 위해 현종의 장인 김은부가 직접 거란에 사신으로 갑니다. 근데 이때 문제가 생깁니다.

고려사절요 김은부가 귀환하면서 내원성에 이르자, 거란이 여진을 꺼려 하여 그를 붙잡아서 돌아갔다.

내원성은 압록강의 한 섬에 위치한 성입니다. 그러니까 김은부가 압록강까지 다 왔는데 갑자기 거란군이 쫓아왔다는 겁니다.

거란군 이 근방엔 여진족이 많아 위험합니다. 저희가 호위하여 안전하게 모시도록 하겠습니다.

이러고서 김은부를 포로로 잡은 거예요. 앞서 세 번이나 사신을 보낼 땐 잘만 돌려보내 줬으면서 갑자기 왕의 장인인 김은부를 포로로 잡은 걸 보면 뭔가 문제가 발생한 것 같죠.[19]

김은부가 포로로 잡히자마자 고려는 곧장 채충순을 사신으로 파견합니다. 왜냐하면 고작 석달 전에 거란에 포로로 잡혀 있던 하공진이 탈출을 시도하다 걸려서 죽고 말았거든요. 이 와중에 왕의 장인이 포로로 잡혔으니 가만히 있을 수 없었겠죠. 채충순은 곧장 거란으로 달려가서 이렇게 말합니다.

채충순 고려의 왕이 이전처럼 거란의 신하가 되길 청하옵니다.

그러자 야율융서는 이렇게 답하죠.

야율융서 말 같지도 않은 소리 하지 말라! 내가 지난해에 고려의 수도까지 점령했음에도 군사를 물린 것은 왕순이 직접 친조하러 온다고 약속했기 때문이다. 감히 누굴 농락하려 하는 것이냐! 허튼수작 부리지 말고, 약속대로 왕순에게 직접 친조하러 오라고 전하거라!

이전 기록에는 그냥 사신을 보냈다는 말밖에 없는데, 이때 갑자기 《요사》에 이런 기록이 등장합니다. 아마 왜 친조하러 안 오냐고 물으니까 김은부가 뭐라 변명을 했겠죠. 그래서 분노한 야율융서가 김은부를 억류했을 것이고요.

왕의 장인이 포로로 잡히니까 고려는 어떻게든 대화로 해결해보려고 한 것 같습니다. 그래서 다시 거란의 신하국이 되겠다고 요청한 건데, 야율융서는 그런 거 필요없으니 약속대로 친조하라고 요구한 겁니다.

그런데 고려는 왜 죽어도 친조를 안 하려고 한 걸까요? 친조라는 게 말은 좋죠. 고려 왕에게 와서 얼굴 한번 보고 가라는 것이긴 한데, 만약 왕이 진짜 간다면 거란이 그냥 순순히 돌려보내 줄까요? 바로 포로로 잡고 고려를 속국으로 만들겠죠.

현종이 몽진을 왜 했겠습니까. 왕이 잡히면 끝이니까 몽진을 한 거죠. 그런데 전쟁이 다 끝난 지금 고려 왕이 제 발로 거란 왕을 찾아간다는 건 말이 안 되죠.

거란이라고 이걸 몰랐을 리는 없습니다. 고려의 항복은 형식상의 항복이었을 뿐 어차피 고려 왕이 안 올 거라는 건 알았어요. 진짜 고려 왕에게 오라고 할 거였다면 거란이 개경을 점령했을 때 그리로 오라고 했겠죠.

고려 왕의 말을 믿고 몇십만이나 되는 군대를 물려준 건 당연히 아닙니다. 안 올 거 알지만 거란도 상황이 급하니까 일단 군대를 물려준 거죠. 친조하겠다는 말이라도 받고 물러나면 나중에 할 말이 있으니까요. 거란의 진짜 목적은 다음 기록에서 드러납니다.[20]

◐ 강동 6주의 중요성 ◑

두 달 후에 고려는 다시 거란에 사신을 보내서 변명을 합니다.

고려 사신(전공지) 지금 저희 왕이 큰 병에 걸려서 친히 조회하러 올 수가 없사옵니다. 부디 폐하의 너그러운 마음으로 헤아려 주시옵소서.

그러자 야율융서가 분노하며 말합니다.

야율융서 한 번도 아니고 대체 몇 번이나 나를 속이려 드는 것이냐! 그래? 왕순이 병에 걸려 친조를 할 수 없다고? 여봐라! 강동 6주를 침공해 성을 전부 빼앗아 오도록 하라!

이때는 말만 쳐들어간다고 한 건데 이 뒤로 거란은 계속해서 강동 6주의 반환을 요구합니다. 거란은 1차 침공 때까지만 해도 강동 6주가 얼마나 중요한지를 몰랐어요. 그래서 순순히 고려에게 그 땅을 가지라고 한 건데, 2차 침공 때 이 강동 6주의 위력을 아주 절실히 체감했죠.

고려 입장에서 강동 6주는 그야말로 철의 방어선이었습니다. 거란이 언제, 어떻게 쳐들어오든 여기서 최대한 시간을 벌어야 해요. 적군이 아무리 많아도 이 성들은 절대로 쉽게 무너지질 않습니다. 그런데 강동

6주를 뺏기면 바로 서경이고, 서경이 뚫리면 바로 수도 개경이에요.

그러니 이 땅을 고려가 내줄 리가 없죠. 고려 입장에서 강동 6주를 내놓으라는 건 사실상 무장해제를 하라는 거나 다름없어요. 거란도 2차 전쟁에서 강동 6주가 얼마나 중요한지를 뼈저리게 느꼈잖아요. 그러니까 강동 6주만 빼앗으면 고려도 별거 아니겠네 싶었던 거죠.

그래서 처음부터 고려가 친조하러 오지 않을 걸 알면서, 이걸 빌미로 다시 강동 6주 빼앗을 생각을 하고 거란은 군대를 물렸던 거예요.[21] 이게 바로 거란의 진짜 목표였던 겁니다.

거란은 이제 노골적으로 강동 6주의 반환을 요구하기 시작합니다. 1012년 9월과 10월에 고려는 거란으로 사신을 파견해요. 어떻게든 대화로 풀어보려고 노력한 거죠. 거란은 일단 1012년 10월에 김은부를 돌려보내 줍니다. 그래도 왕의 장인이니까 보내준 것 같아요.

그러더니 1012년 10월과 12월, 두 차례에 걸쳐서 이번엔 거란이 고려로 사신을 보냅니다. 2차 전쟁이 끝난 후 거란에서 고려로 사신을 보낸 건 처음이에요. 사신을 왜 보냈을까요? 당연히 강동 6주를 반납하라고 하려고 왔겠죠.[22]

그 뒤로도 고려는 어떻게든 말로 거란을 달래보려고 계속 사신을 보내고, 거란에서는 강동 6주를 내놓으라고 계속 사신을 보냅니다. 이때부터는 기록에도 그냥 '사신이 왔다'고 하지 않고 '거란에서 강동 6주를 반환하라는 요구를 해왔다'라고 적혀 있습니다.

그런데도 고려가 끝까지 강동 6주의 반환을 거부하니까 거란은 군사를 일으켜서 강동 6주에 쳐들어옵니다. 이때부터 3차 전쟁 사이의 침입은 전부 강동 6주를 빼앗으려고 쳐들어온 거예요. 6차 전쟁으로 보는 의견에서는 이 전투들을 크게 세 덩이로 나눠서 3, 4, 5차 전쟁이라고 보는 것이고요. 이를 더 잘게 쪼개서 7차례의 국지전으로 보는 의견도 있습니다.

사실 설명하는 사람 나름인데 저는 기존 방식대로 고려거란전쟁 전체는 총 3차로 나누되, 2차와 3차 사이의 전투는 7차례의 강동 6주 공방전으로 전개하겠습니다.

계속되는 거란의 침공

강동 6주 공방전

◐ 1차 공방전 ◑

1013년 1월과 2월에 고려에서 거란으로 사신을 파견합니다. 그리고 3월에는 반대로 거란에서 고려로 사신을 파견해서 강동 6주를 내놓으라고 하죠. 하지만 고려는 계속 거절했습니다.[23]

그러자 거란은 5월에 사신을 보내서 아무 일도 없다는 듯 그냥 '연호가 바뀌었다'고 전하더니 같은 달에 바로 군사를 보내서 압록강 도하를 시도합니다. 그러자 대장군 김승위가 즉시 출격해서 이들을 물리칩니다.[24]

그다음 달인 6월에 고려는 아무 일 없었다는 듯이 거란에 사신을 보내서는 연호를 바꾼 걸 축하해줍니다.[25]

한번 몰래 쳐들어오려다 실패한 거란은 7월에 다시 사신을 보내 강동 6주를 반환하라고 요구해요.[26] 그러면서 한편으론 고려에 대한 정보를 모으기 위해 여기저기 수소문하고 다닌 것 같습니다.

10월 8일, 거란의 한 장수가 야율융서에게 고려의 사정을 잘 아는 여진인을 바치자 야율융서는 그에게 고려에 대한 정보를 캐묻습니다.

여진인 신은 3년 전에 고려에 포로로 잡혔다가 귀화하여 하급 관직을 얻었기에 고려에 대해 잘 알고 있사옵니다.[27]

또한 거란은 지속적으로 사신을 보내는 것도 잊지 않았는데요. 다음 해인 1014년 2월, 거란은 다시 한번 고려에 사신을 보내 강동 6주 반환을 요구합니다.[28]

◐ 2차 공방전 ◑

다음 침공을 준비하면서 거란은 한 가지를 더 준비합니다. 바로 압록강을 건널 방법을 마련한 건데요. 이 압록강이 거란 입장에서는 꽤 큰 장애물이었어요. 겨울엔 그나마 강이 얼어서 쉽게 건널 수 있었는데, 강이 녹기 전에 돌아와야 하니까 시간 제약이 있는 거죠. 2차 전쟁 때 강이 녹고 나서 건너려다가 꽤 피해를 봤었어요. 게다가 겨울이 아닐 때는 아예 쳐들어갈 때부터 강에서 막혀요. 1차 공방전 때 도하하려다가 실패했잖아요.

그래서 이번엔 아예 압록강에 다리를 짓습니다. 그리고 그 주변에 성까지 쌓아요. 심지어 성 하나는 강 건너에 쌓습니다. 1014년 6월, 야율융서는 조서를 내려서 압록강에 다리를 건설하고 강 옆에 3개의 성을 쌓으라고 지시합니다.[29]

그리고 3개월 후인 9월에 고려에 사신을 보내서 또 강동 6주를 내놓으라고 요구하는데요.[30] 고려가 이번에도 거절하니까 바로 다음 달인 10월에 거란군이 흥화진을 쳐들어옵니다. 그러자 장군 정신용과 별장 주연이 그들을 공격해서 700여 명의 머리를 벴어요. 강물에 빠져 죽은 자도 매우 많았다고 합니다. 아직 다리가 완성되지 않아서 퇴각하는 길에 강물에 빠져 죽은 사람이 많았던 겁니다.[31]

◐ 3차 공방전 ◑

더 큰 문제는 2차 공방전이 벌어진 바로 다음 달인 11월에 김훈과 최질의 난이 발발했다는 겁니다. 거란 상대하느라 죽겠는데 반란까지 발생하니 현종이 아주 스트레스를 받았겠죠. 현종이 대단한 건 이 와중에 반란도 진압하고, 거란도 격퇴하고, 심지어 중앙집권력까지 강화했다는 거예요. 그래서 현종을 성군이라고 하는 겁니다.[32]

그다음 해인 1015년 1월, 거란이 압록강 다리와 그 주변에 성을 다 짓습니다. 그러자 이번엔 고려가 공격에 나서요. 고려는 장수와 병사를 보내 성과 다리를 부수려 했지만 결국 패퇴하고 맙니다. 이제 더 이상 압록강은 장애물이 아닙니다. 고려 입장에선 방어막 껍데기 하나 벗겨진 거죠.[33]

거란 입장에서는 다리와 성도 다 지었겠다, 한번 더 쳐들어가야겠죠. 1월 22일, 거란은 흥화진을 포위합니다. 그러자 고려 장군 고적여와 조익 등이 반격을 가하여 이들을 물리쳤어요. 그러나 거란은 그 길로 돌아가지 않고 오히려 진격해서 통주성에 쳐들어갑니다. 그런데 그 뒤에 기록이 없는 걸로 보아 거란은 별 성과 없이 돌아간 것 같아요.[34]

◐ 4차 공방전 ◑

1015년 3월, 현종은 이자림과 작전을 짠 후 북방을 살핀다는 핑계로 서경 장락궁으로 향합니다. 거란의 위협이 계속되고 있었기에 현종이 서경으로 가는 게 별로 이상한 일이 아니었던 거예요. 오히려 왕이 직접 군사들을 격려하러 가겠다는 건 무관으로서 반길 일이었죠.

그런데 앞서 말했듯 서경에 도착한 현종은 계획대로 김훈과 최질 일당에게 술을 먹인 뒤 그 자리에서 이들을 전부 처형했죠.[35]

그리고 같은 달에 거란이 용주를 침략합니다. 그러나 바로 그전 해

인 1014년에 현종이 용주성을 보강해놓았기에 거란은 별다른 수확 없이 물러난 듯해요.[36]

그뿐 아니라 같은 달에 여진 해적이 배 20척을 이끌고 구두포, 지금의 함경남도 함흥 지역에 쳐들어옵니다. 거란이랑 짜고 양쪽으로 쳐들어온 건지, 아니면 고려가 거란한테 집중이 쏠린 사이에 반대쪽을 공략한 건지는 몰라요. 어쨌든 고려군이 곧장 반격을 가하여 이들을 격퇴합니다.[37]

◐ 5차 공방전 ◑

거란의 침입을 4번이나 격퇴하자 이제 고려도 자신감이 좀 생긴 것 같아요. 4차 공방전이 끝나고 바로 다음 달에 거란에서 사신이 찾아와서는 또다시 강동 6주를 내놓으라고 요구하는데요. 그러자 서경에 와 있던 현종은 화가 났는지 거란 사신을 그 자리에서 억류합니다.

이제 해볼 만하다는 거죠. 무력으로 4번이나 쳐들어왔는데 전부 다 격퇴했으니 더 이상 거란 눈치를 볼 필요가 없다는 판단이 선 거예요. 그러고는 곧장 개경으로 돌아오는 현종. 이 사신은 나중에 3차 전쟁까지 다 끝나고 나서 1020년이 되어서야 거란으로 돌려보내 줍니다.[38]

거란의 사신이 억류당하자 분노한 야율융서는 이번엔 아주 제대로 고려에 쳐들어갈 준비를 합니다. 1015년 5월, 야율융서는 유성을 도통으로, 야율세량을 부도통으로 그리고 소굴렬을 도감으로 삼아 고려를 정벌하라고 명령합니다.

그런데 유성이 뭉그적거리느라 약속된 날짜까지 군대를 못 모으자, 그는 제명되고 야율세량과 소굴렬의 주도하에 작전이 수행됩니다. 앞서 설명했다시피 거란의 제도에 따르면 15만의 군대를 동원할 경우에 도통을 임명하게 되어 있습니다. 근데 사실 이게 얼마나 엄격하게 지켜졌을지는 몰라요.[39]

9월 7일, 거란에서 사신 이송무가 찾아와 다시 한번 강동 6주를 요구합니다. 그런데 고작 5일 후인 9월 12일에 갑자기 거란군이 쳐들어와서는 통주성을 공격해요. 그러자 대장군 정신용을 필두로 흥화진의 장수들이 군을 이끌고 거란군의 후미를 공격해 700여 명을 죽이는 데 성공합니다.

하지만 거란의 대군이 곧장 반격해 와서 그런지, 이 전투에서 정신용을 포함해 고려 장수가 무려 6명이나 죽고 말아요. 거란군은 통주성 함락엔 실패했지만 고려 장수를 여럿 베어서 자신감이 붙었는지, 7일 뒤인 9월 20일 통주성을 지나쳐 안북부를 공격합니다.

하지만 거란군은 결국 안북부도 함락시키지 못하고 퇴각하고, 고려군은 반격하기 위해 이들을 추격했습니다. 하지만 도리어 거란군의 반격을 맞아 고려 장수 5명이 죽고 2명이 포로로 잡혀갑니다. 그리고 그 해에 정확한 날짜는 알 수 없지만 거란이 선화진과 정원진을 취해 성을 쌓았다고 해요.

그런데 앞서 1014년 6월에 야율융서가 압록강에 다리를 짓고 그 근처에 성을 3개 쌓으라고 지시했잖아요. 그때 말한 것 중에 두 곳이 선의주와 정원주였습니다. 이번에 뺏은 진과 이름이 비슷하죠. 그래서 그때 말한 2개 성을 이때 빼앗아서 쌓은 게 아닌가 추측합니다.

이번 원정은 그래도 앞선 1~4차에 비해 수확이 좀 있었습니다. 성은 함락시키지 못했지만 고려 장수를 11명이나 죽였고 2명을 포로로 잡았습니다. 장수만 이만큼 죽였으니 병사는 훨씬 많이 죽였겠죠.

게다가 거란은 오래전부터 계획했던 대로 진을 2개 빼앗아 거기에 성을 짓기까지 했습니다. 그래서 15만까진 아니더라도 거란이 이번엔 꽤 많은 군사를 동원했을 것으로 보입니다.[40]

◐ 6차 공방전 ◑

한편 고려가 앞서 거란의 사신을 억류할 정도로 자신감을 얻은 이유는 단순히 거란의 침공을 여러 번 격퇴했기 때문만은 아닙니다. 고려는 거란과 공방을 주고받는 한편, 송에 사신을 보내 송과의 관계를 회복하려고 했습니다.

앞서 2차 전쟁 전에 고려가 송나라에 사신 보냈을 땐 송 황제가 아예 만나주지도 않았다고 했습니다. 그런데 고려가 거란의 대군을 막아내니까 송나라의 태도가 바뀝니다. 대표적으로 《속자치통감》에는 2차 전쟁의 결과 거란의 피해가 막심하다고 적어놓았다고 했어요.

그리고 1014년 8월에는 고려에서 사신을 보내자 송 황제가 직접 조서를 내려서 이들을 접대하라 합니다. 사신단은 먼저 옷이랑 말 등의 방물을 바치면서 예전처럼 다시 송나라에 귀부하게 해달라고 요청하는데요. 송 황제는 흔쾌히 청을 들어줍니다.[41]

그런데 앞서 5차 공방전에서 살펴봤듯 1015년에 거란의 대대적인 침공으로 고려가 큰 피해를 입었죠. 그래서 고려는 이해에 바로 송나라로 사신을 보내서 아예 군사적인 도움을 요청합니다. 하지만 송나라는 딱 잘라서 이걸 거절해버려요. 송나라는 거란과 '전연의 맹약'을 맺고 있었기에 어차피 이걸 들어줄 수도 없는 데다가, 하필 이때 거란 사신이 송나라에 와 있어서 괜히 잘못 말했다가 상황이 복잡해질 수도 있었거든요.

송 황제는 그냥 형식적인 대답만 해줍니다.

송 황제 그러지 말고 서둘러 거란과 화해토록 하라.[42]

한편 5차 원정에서 이득을 크게 본 야율융서는 한 번 더 고려에 대한 대대적인 침략을 준비합니다. 1015년 11월, 야율융서는 조서를 내려서 병력 5만 5000을 추가로 동원할 것을 명령합니다.

1016년 1월 5일, 거란의 대군이 곽주에 쳐들어옵니다. 고려군은 맹렬히 맞서 싸웠지만 결과는 처참했습니다. 무려 고려군 수만이 전사하고 거란은 어마어마한 양의 군수품을 노획하여 거란 땅으로 돌아갔죠.

'수만'이라니 어쩌면 강조가 삼수채 전투에서 패배하여 고려군 3만이 죽었을 때보다 이번에 더 많은 고려군이 전사했을 수도 있습니다. 대체 어떤 전투를 벌였길래 이렇게 많은 병사가 죽어나간 걸까요? 어쩌면 삼수채 전투 때와 같이 적의 대군을 맞아 싸우기 위해 고려 측에서도 대군을 준비했다가 패퇴하는 길에 적의 추격대에게 무자비한 학살을 당했을 수도 있습니다.

이제 전세는 완전히 기울었습니다. 고려는 두 차례에 걸쳐 쓰디쓴 패배를 맛봤고, 반대로 거란은 두 번의 대승으로 완전히 기세가 올랐습니다.[43]

이로부터 4일 후인 1월 9일, 거란의 사신이 고려를 찾아왔으나 빈정이 제대로 상한 고려는 압록강에서부터 사신을 문전 박대합니다.[44] 심지어 그해부터 고려는 거란의 연호를 버리고 다시 송나라의 연호를 사용하기 시작해요. 이제 제대로 한번 붙어보자는 거죠.[45] 현종은 아예 다음 전쟁을 대비해 의주와 철주에 새로 성을 쌓아놓습니다.[46]

◐ 7차 공방전 ◑

1017년 7월 5일, 송나라에서 사람이 찾아와 토산물을 바칩니다. 그러자 7월 13일에 고려도 송나라에 사람을 보내서 방물을 바쳐요. 이건

별게 아니고 그냥 관계를 이어 나가기 위해 서로 선물을 보낸 거라고 보면 됩니다.[47]

1017년 2월, 야율융서는 거란의 장수에게 고려를 정벌하라고 명령합니다. 이때는 그냥 다음 침공을 준비하기 시작한 것 같아요. 그리고 5월에 이르러서야 본격적으로 장수를 임명하는데요. 야율융서는 소합탁을 도통으로, 왕계충을 부도통으로, 소굴렬을 도감으로 임명해 고려를 정벌하라고 지시합니다.

이번에도 도통 임명했으니까 군제상으론 15만인데, 실제로는 몰라요. 그해 8월, 소합탁이 이끄는 거란의 대군이 흥화진을 포위하고 무려 9일간 공격을 퍼붓습니다. 앞서 2차 전쟁 때 양규가 7일 버틴 게 진짜 대단하다고 했잖아요. 근데 이번엔 그보다 이틀이나 더 버틴 거예요.

흥화진이 끝내 함락되지 않자 거란군은 결국 군을 물려 퇴각하기 시작합니다. 그러자 흥화진의 장수들이 병사를 끌고 뛰쳐나와서는 적을 추격해 많은 수의 거란군을 죽이고 포로로 잡습니다.[48]

이렇게 고려는 무려 7차례에 달하는 거란의 침공을 버텨냈으며, 끝내 강동 6주를 지켜냅니다. 반면 거란은 7번이나 쳐들어갔는데도 강동 6주를 빼앗지 못하자, 이제 다른 작전을 생각해냅니다.

늦깎이 영웅의 등장
강감찬

◐ 강감찬 ◑

강감찬은 업적에 비해 알려진 내용이 거의 없습니다. 늙어서 업적을 세웠더라도 기록을 좀 해주지 싶은데, 애초에 고려사는 기록 자체가 적어서 특별한 일이 아니면 기록이 없어요. 하나 특이한 점은 강감찬의 원래 이름은 강은천이었다는 것입니다. 나중에 강감찬으로 이름을 바꾼 건데 언제, 왜 바꿨는지는 기록에 안 적혀 있어요.

강감찬의 아버지는 '삼한벽상공신강궁진'이라는 사람이었습니다. '삼한공신'이란 태조 왕건이 후삼국 통일을 끝낸 다음 통일 전쟁에서 공을 세운 공신들에게 내린 공신호예요. 사실상 개국공신이라고 보면 됩니다.

그럼 '삼한벽상공신'은 또 뭘까요? 태조 왕건이 공신당을 세운 다음에 거기 벽에다 공신들의 그림을 그려 넣습니다. '벽에 그렸다'고 해서 '벽상'을 넣어 '삼한벽상공신'이라고 한 겁니다.

여기에는 두 가지 의견이 존재합니다. 삼한벽상공신이 그냥 삼한공신과 같은 거라는 의견과 공이 큰 자들을 추려서 벽상공신으로 올렸다는 의견이 있어요.

삼한공신은 사실상 태조 때 공신이 전부 포함됐을 거라 추측되기에 3200명 정도 돼요. 조금이라도 숟가락을 얹으면 넣어줬던 거죠. 그런데 '과연 3200명을 전부 벽에다 그렸을까?'라는 의문이 생기죠. 그래서 '벽상공신은 좀 더 위계가 높은 거 아닐까?'라는 추측을 하기도 합니다.

강감찬의 아버지가 공신인데도 기록이 부실한 이유는 정종, 광종 때 대대적인 숙청작업으로 많이 쓸려나갔고, 거란의 침입으로 인해 소실된 자료도 많아서 정확한 기록이 존재하지 않기 때문이에요. 따라서 강감찬의 아버지 강궁진은 개국공신에 이름을 올렸던 건 확실한데 '정말 영향력이 큰 인물이었는가?' 아니면 '숟가락만 얹은 것이었는가?'는 확실하지 않습니다.

그래도 아버지가 개국공신이었으니 강감찬의 어린 시절은 꽤 유복했을 것으로 추정됩니다. 강감찬은 948년에 금주衿州에서 태어납니다. 지금으로 치면 서울시 금천구와 관악구 그리고 경기도 시흥시 일대인데, 고려시대 땐 행정구역이 그렇게 촘촘하지 않았으니 그 주변 지역까지 훨씬 넓게 포괄한 지역이었겠죠.

강감찬의 출생 설화로 유명한 게 하나 있습니다.

설화 한 사신이 근처를 지나가던 중에 하늘에서 별이 떨어지는 것을 보고 그곳으로 가봤더니 마침 아이가 태어나 있었다.

여기서 말하는 사신이 중국 사신이라는 얘기도 있고 고려 조정에서 보낸 관리라는 얘기도 있는데, 어차피 설화니까 별로 중요한 건 아닙니다. 다만 이 설화 때문에 강감찬의 출생지를 '낙성대'라고 부릅니다. '별이 떨어진 곳'이라는 뜻으로, 지금은 관악구 봉천동에 위치해 있죠.

강감찬은 어려서부터 학문을 좋아하고 지략이 출중했다고 합니다. 그런데 보통 웬만한 업적을 세운 인물들은 어린 시절에 다 설명되어 있어요. 중요한 건 그다음 문장입니다.

983년, 성종 2년에 강감찬은 36세의 나이로 문과에 장원급제합니다. 공부 좋아하고 머리 좋은 것치고는 좀 늦은 편이에요. 그래도 장원이니까 1등을 했다는 거죠.

이 시절 관직에 나아가는 방법은 두 가지였습니다. 음서와 과거. 음서는 공신의 자손에게 시험 없이 관직에 오를 수 있게 해주는 제도를 말해요. 이와 달리 과거는 시험을 봐서 관직에 오르는 것이죠.

그런데 음서로 관직에 오를 수 있어도 과거를 보는 경우가 많았습니다. 왜냐하면 대우가 완전히 달랐거든요. 쉽게 말해 '빽'으로 들어온 사람과 시험 쳐서 능력 보여주고 들어온 사람 중에는 후자가 승진이 빨랐겠죠.[49]

◐ 몽진 주장 ◑

공신 가문에 장원급제까지 했으니 강감찬 앞에는 승진 가도가 놓여 있었겠죠. 그런데 강감찬은 신기할 정도로 진급이 느렸습니다. 과거 급제 이후에 강감찬이 처음 기록에 등장한 건 거란의 2차 침공 때입니다. 거란군이 서경을 넘어 개경으로 진격해오자 강감찬이 현종에게 몽진을 제안할 때죠. 이때 강감찬의 나이가 62세였어요.

36세에 과거 급제했으니 관직 생활을 시작한 지 26년이나 됐는데, 아직도 관직이 정4품 예부시랑이었어요. 남들이었으면 재상이 되고도 남았을 나이인데 아직도 정4품이라니. 게다가 강조의 정변 때 몇 직급씩 건너뛰어 특진을 한 사람이 많았기 때문에 강감찬은 까마득한 후배들을 상관으로 모시는 상황이었습니다.

그렇다고 강감찬에게 능력이 없었다고 하기엔 장원급제도 했고 뒤에 보여줄 활약을 생각하면 능력도 출중했던 것 같은데, 어째서 진급이 느렸던 걸까요? 어쩌면 강감찬이 굳세고 바른말 하길 좋아하는 성격이었기에 승진에 영향을 미쳤을 수도 있습니다. 몽진 때만 봐도 조정 전부가 항복을 주장하는 상황에서 강감찬 홀로 몽진해서 끝까지 항전해야 한다고 주장했잖아요.

고려사 모든 신하들이 항복을 주장하였으나, 강감찬만이 홀로 말하기를,

강감찬 지금 거란이 고려를 쳐들어온 이유는 역신 강조를 처단하기 위함이니, 항복은 우리가 고민할 사안이 아니옵니다. 다만 적의 수가 너무 많기에 적은 병력으로 이들을 당해낼 재간이 없으니, 당장은 적의 칼날을 피하였다가 다시 반격할 방안을 모색해야 합니다.

이것만 봐도 성격이 보통이 아니었을 거라는 걸 추측해볼 수 있겠죠. 게다가 이 대목에서 우리는 강감찬의 상황 판단 능력을 엿볼 수 있습니다. 다들 이길 수 없다고, 빨리 항복해야 한다고 하는데 강감찬 혼자서만 아직 이길 수 있다고 생각했어요. 이건 1차 고려거란전쟁 때의 서희를 연상시킵니다.

애초에 야율융서가 고려를 쳐들어온 명분은 역신 강조를 처단하기 위해서였으니, 이미 강조를 처형한 이상 야율융서에겐 이 전쟁을 지속할 명분이 사라졌습니다. 그러니 개경을 포기하더라도 왕만 안 잡히면 시간을 끌 수 있을 테고, 결국 거란은 지쳐서 군대를 되돌릴 수밖에 없을 것입니다. 이런 강감찬의 판단은 정확히 들어맞았죠.

◐ 왕의 총애 ◑

전쟁이 끝난 후 강감찬은 이때의 공로를 인정받아 정3품 한림학사승지에 제수됩니다. 단순히 승진했다는 사실보다 중요한 건 한림학사승지가 하는 일이 '승지', 즉 왕의 비서 역할이었단 건데요. 다시 말해 현종의 최측근이 된 거죠.[50]

현종 2년(1011년)에 강감찬은 잠깐 '국자좨주'라는 관직으로 옮겨갑니다. 국자좨주란 고려 최고의 교육기관인 국자감의 교장입니다. 그러니까 조선으로 치면 '성균관 대사성'이고 현대로 치자면 서울대학교 총장이라고 보면 돼요. 그리고 얼마 안 있어서 다시 한림학사승지가 되었다고 합니다.[51]

그다음 해인 현종 3년(1012년) 기록에 강감찬은 갑자기 동북면병마사가 되어 있습니다. 아마 예부시랑이 되기 전에 무관직을 겸한 적이 있었던 것 같아요.

이때 고려는 거란과 계속해서 대치 중인 상태였어요. 따라서 이 동북면의 군사를 책임지는 동북면병마사 자리에 아무나 앉혔을 리가 없는데요. 현종은 군무에 재능도 있고 자신의 최측근이기도 한 강감찬을 믿었기에 동북면병마사로 보냈던 것 같습니다.

그런데 강감찬이 동북면병마사로 있던 시절에 감찰어사 이인택에게서 탄핵을 당합니다. 현종의 최측근이기도 한 강감찬을 아무 이유도 없이 탄핵하진 않았을 것 같고, 뭔가 잘못을 하긴 했겠죠. 그런데 여기서 현종은 아주 노골적으로 강감찬 편을 들어줍니다.

이인택 강감찬을 파직하소서!

현종 이인택을 파직하라!![52]

강감찬에 대한 현종의 신뢰가 어느 정도였는지 알 수 있겠죠?

현종 5년(1014년)에 강감찬은 한 번 더 승진을 해서 정2품 중추사가 되어 있었습니다. 기록에 따르면 이때 강감찬이 이렇게 했다고 합니다.

> 왕에게 요청하여 사직단을 수리하고, 예관으로 하여금 의주를 의논하여 정하게 하였다.
>
> _《고려사》

이건 중요한 건 아니고, 강감찬이 제사와 관련해서 무슨 의견을 냈던 것 같아요.[53]

현종 7년(1016년) 강감찬은 이부상서가 되어 있었습니다. 이부상서는 조선으로 치면 이조판서로 인사와 내무를 담당하는 부서의 장관이라고 보면 돼요. 인사권을 지녔으니 힘이 정말 막강했겠죠. 이때 강감찬은 현종에게 이런 제안을 합니다.

강감찬 신이 개령현에 좋은 토지 12결을 가지고 있으니, 청컨대 군호에게 지급해주시옵소서.

자기 땅을 기증할 테니 군인들한테 나눠주라는 건데요. 김훈, 최질의 난의 원인이었던 무관들에게 줄 토지가 부족했던 문제가 2년이나 지난 이때까지도 이어졌던 것 같아요.

특히 이 1016년부터 1018년까지는 동아시아 지역에 대대적인 가뭄과 벌레 피해가 발생하는 바람에 극심한 식량난을 겪고 있었습니다. 《고려사》에 적힌 피해 기록만 무려 10회고, 생존 자체가 어려워진 거란, 여진 등 고려 북쪽의 주민들이 고려로 귀화해 온 사례만 무려 21회나 됩니다.

이렇듯 식량 문제가 점차 심해지자 문관에 비해 상대적으로 천대받았던 무관들의 반발이 심해졌던 것으로 보여요. 그래서 강감찬은 자신의 토지까지 기증하면서 군인들의 마음을 달래려 했던 것으로 보입니다.[54]

그로부터 2년이 지난 현종 9년(1018년) 5월에 현종은 강감찬을 한 번 더 승진시켜서 서경유수 겸 내사시랑평장사에 제수합니다. 그런데 이때 현종이 강감찬을 임명하면서 이런 말을 해요.

현종 경술년(1010년, 거란의 2차 침공 당시)에 거란이 우리 고려를 침공해 왔을 때, 적의 칼날이 개경까지 드리워졌다. 당시에 강감찬이 계책을 쓰지 않았더라면 온 나라가 전부 오랑캐의 땅이 되고 말았을 것이다.

거란의 2차 침공 때 강감찬이 현종에게 몽진을 주장한 일을 꺼낸 건데요. 관직에 임명하면서 왜 갑자기 거란의 침공 얘기를 꺼냈을까요? 왜냐하면 그해에 거란의 3차 침공이 일어나거든요. 계속되는 거란의 침공으로 이미 나라엔 전운이 가득했기에 현종은 이때부터 강감찬을 총대장으로 삼으려고 미리 승진을 시켜둔 것 같습니다.[55]

3차 전쟁의 또 다른 영웅들

강민첨과 김종현, 조원

◐ 강민첨 ◑

3차 고려거란전쟁 하면 강감찬의 귀주대첩만 떠올리시는 사람이 많을 텐데 강감찬 말고도 3차 전쟁 때 공적을 세운 영웅들이 있었습니다. 그 중 한 명으로 상원수 강감찬 바로 밑에서 원수 자격으로 전쟁에 참가한 강민첨에 대해 한번 알아보겠습니다.

먼저 하나 알아두어야 할 것이 있는데요. 사실《고려사》에 강민첨에 대한 기록은 별로 없습니다. 그래서 보통 강민첨에 대해 이야기 할 때는《은열공 강민첨 실기》라는 기록을 참고합니다. 이 기록은 조선시대 때 강민첨에 대한 기록을 모아 만든 것으로, 기록의 신뢰성에 대해서는 의문을 가질 수밖에 없습니다. 다만《고려사》에 적혀 있는 큰 틀을 벗어나지 않는 선에서 강민첨에 대해 한번 알아 볼게요.

강민첨은 963년에 강주에서 출생하여 1005년에 42세의 나이로 문과에 급제했습니다. 42세면 꽤 늦은 나이에 관직 생활을 시작했죠. 게다가 2차 고려거란전쟁이 1010년에 벌어졌으니 이때 강민첨은 아직 관직에 오른 지 5년밖에 안 됐을 때예요. 즉 하급 관료였던 거죠.

초기 관직 기록을 보면 강민첨은 장서기 같은 그냥 문관직을 맡았던 것 같은데, 어느 날 갑자기 동북면의 애수진장으로 발령이 납니다. 애수진이라는 진지의 장, 즉 대장이 된 거예요.

얼마 후 전쟁이 터지고 서경성이 위험에 처하자 동북면도순검사 탁사정이 동북면의 군사들을 이끌고 서경성으로 구원을 가죠. 이때 강민첨도 같이 서경성으로 들어갑니다.

거기서 일어난 일을 다시 요약해볼게요. 서경성이 항복하느니 마니 하니까 지채문이 항복파를 처단하고 또 밖으로 나가서 거란군을 여러 번 격퇴합니다. 그런데 승리에 취한 지채문이 적의 반격을 맞고 패퇴하니까 탁사정이 성을 버리고 도망쳤죠. 그렇게 군의 지휘부가 싹 사라지니까 성의 군민들은 혼란에 빠집니다. 그러자 강민첨과 같은 하급 관료들이 정7품 통군녹사 조원을 임시 병마사로 추대해서 군기를 다잡고 성을 굳게 지켰죠.

그렇게 끝내 서경성 함락에 실패한 거란군은 결국 서경을 포기하고 곧장 개경으로 돌진합니다. 만약 서경성이 함락당했다면 진짜 전쟁 어떻게 됐을지 몰라요. 그만큼 중요한 게 서경성인데 지휘부도 버리고 도망친 걸 하급 관료들이 막았으니, 이때부터 강민첨은 이미 군사적 재능을 보여줬다고 할 수 있습니다.

◐ 여진 해적의 침입 ◑

이 시기에 고려를 괴롭힌 건 거란뿐만이 아니었습니다. 북쪽에선 거란이 쳐들어왔을 뿐만 아니라 동쪽에선 여진족이 쳐들어왔어요. 여진족은 고려 북쪽에 살았는데 왜 갑자기 동쪽에서 쳐들어왔냐고요?

고려가 거란 견제하느라 북쪽에 군대를 집중해놨다고 했잖아요. 그러니 북쪽으로 쳐들어오면 이 군대로 막을 것 아니에요. 여진은 이걸 계산하고, 배를 타고 동쪽 바다로 돌아서 쳐들어온 거예요.

동여진 해적이 처음 고려를 쳐들어온 건 목종 때부터입니다. 목종 8년, 동여진 해적이 등주(지금의 강원도 삼척)를 침범하여 촌락 30여 곳을 불태웁니다. 그러자 목종은 장수를 보내 이곳을 방어하게 했어요.[56]

그로부터 4년 후에 강조의 정변이 일어납니다. 목종이 폐위되고 현종이 옹립되고 강조가 실권을 잡죠. 이로부터 2달 뒤 강조는 과선戈船 75척을 만들어 여진 해적에 방비하게 합니다. 과선은 접전 시 적이 넘어오지 못하게 배에다 짧은 창이나 검을 꽂아서 만든 군선으로, 여진 해적을 상대하기 위해 만든 배라고 보면 됩니다.[57]

1010년 말에서 1011년 초까지 이어진 2차 고려거란전쟁이 끝나고

1011년 8월, 여진 해적은 전함 100여 척을 이끌고 경주를 침략합니다. 사실《고려사절요》에 나오는 문장은 이 한 문장이 끝이에요. 피해가 어느 정도인지 대응을 했는지 못했는지도 나와 있지 않아요.

그런데 당시 고려는 거란과 눈치싸움을 하느라 군대를 싹 다 전방에 배치해놓은 데다 전후 수습으로 조정이 한창 바쁠 때예요. 그리고 앞서 목종 8년 때나 여진 해적이 쳐들어왔을 땐 대응을 했다는 기록이 적혀 있는데, 여기엔 없어요.

따라서 이때는 제대로 대응을 못 한 걸로 봐야 합니다. 게다가 여진 해적이 무려 100척의 배를 동원해 옆구리를 치고 들어왔으니 모르긴 몰라도 피해가 상당했을 걸로 추측됩니다.[58]

이때 피해를 너무 크게 입었는지 바로 같은 달에 현종은 지금의 포항, 울산 지역에 성을 5개나 쌓도록 지시합니다.

> 청하淸河 · 흥해興海 · 영일迎日 · 울주蔚州 · 장기長鬐에 성을 쌓았다.[59]
>
> _《고려사절요》

대대적으로 방비를 하겠다는 의지가 엿보이죠.

반대로 여진족은 이때 아주 제대로 재미를 봤는지 1년쯤 지나서 다시 한번 똑같은 작전으로 고려에 쳐들어옵니다. 게다가 이번엔 아예 청하현, 영일현, 장기현의 세 군대가 동시에 쳐들어옵니다.

그런데 이 세 곳은 전부 앞서 현종이 성을 쌓아놨던 곳입니다. 그리고 여진이 똑같은 작전으로 세 번째 쳐들어온 것이니 이걸 또 당할 리 없죠. 그래서 고려도 아주 대대적으로 반격에 나섭니다.

> 도부서의 문연, 강민첨, 이인택, 조자기를 보내 주군의 군사를 독려하고 동여진군을 공격하여 달아나게 하였다.
>
> _《고려사》

여기서 '도부서'는 고려 시절에 수군과 함선을 지휘하던 관청을 말합니다. 성을 쌓아놨을 뿐만 아니라 아예 수군이랑 함대까지 준비해놨다가, 여진이 또 쳐들어오니까 곧장 출동해서 격퇴한 거죠.

이때 강민첨은 안찰사로 이 지역에 파견돼 있었습니다. 정확한 파견 날짜는 알 수 없지만, 아마 성을 지을 때부터 강민첨이 이쪽 지역에 가 있었을 것 같아요. 애초부터 여진 해적을 대비하기 위해 현종의 명을 받고 이 지역 안찰사로 가 있으면서, 성도 쌓고 수군도 모으고 배도 준비해놓았다가 여진이 쳐들어왔을 때 바로 쫓아가서 격퇴한 거죠.[60]

그로부터 3달 뒤 현종은 경주 지역에 성을 추가로 더 쌓습니다.[61]

앞서 강민첨 등이 나서서 여진 해적을 격퇴한 게 제대로 먹혀들었는지 같은 해 10월이 되자 여진족 30개 부족의 대표가 고려를 찾아와 화의를 청합니다. 이제 더 이상 침략을 못 하겠으니까 사과한 거예요. 현종은 이를 수락합니다.[62]

같은 시기에 여진 해적의 침입 말고도 경주 지역에 피해를 가져온 또 하나의 사건이 있었으니, 지진이 자주 발생합니다. 1012년 3월부터 1014년 8월까지 경주와 김해 지역에 무려 8번이나 지진이 발생해요. 그때는 천재지변에 특히 민감할 때니 민심이 엄청 흉흉했겠죠. 그래서 현종은 이 시기에 경주 지역에 성을 쌓고, 지진으로 인해 흉흉한 민심을 다독입니다. 그런 상황에서 여진 해적을 격퇴하기까지 한 강민첨의 공이 특히 두드러졌을 것입니다.

그 이후로 강민첨에 대한 기록이 없다가 1016년에 현종은 강민첨을 종4품 내사사인이라는 관직에 제수합니다.[63] 내사사인이 주로 하는 일은 바로 간언을 하는 겁니다. 왕과 대신들의 잘못을 규탄하고 이들이 올바른 정치를 해나갈 수 있도록 비판하는 게 주로 하는 일이었어요. 조선시대로 치면 대간, 지금으로 치면 언론기관 같은 거죠. 그래서 이 내사사인은 이후 승진에 아주 유리한 직책입니다. 이러한 직책에 임명을 받았다는 건 강민첨이 조정으로부터 능력을 인정받았다는 뜻이겠죠?

그리고 1018년, 거란의 침입이 임박하자 현종은 강감찬을 총대장인 상원수로 임명하면서 강민첨을 그 바로 밑의 원수로 임명합니다. 이후 강민첨은 부대장으로 강감찬을 적극 보좌하며 3차 고려거란전쟁을 승리로 이끄는 데 아주 큰 공헌을 합니다.[64]

◐ 강민첨과 또 다른 장수들 ◑

강감찬과 강민첨 이외에 3차 고려거란전쟁에서 활약한 장수로는 김종현과 조원이 있습니다. 먼저 김종현은 3차 전쟁 이전엔 기록에 딱 한 번 등장해요. 2차 전쟁이 끝난 해인 1011년에 감찰어사에 제수됐다는 기록이 끝이죠. 감찰어사는 말 그대로 비리를 감찰하는 관직입니다. 지금으로 치면 검사 같은 거죠. 이로 보아 김종현도 원래 무관이 아니라 문관이었음을 알 수 있습니다. 다만 이것 외엔 기록이 전혀 없기에 어째서 3차 전쟁 때 그가 무관으로 발탁됐는지는 알 수가 없어요. 다른 인물들처럼 기록에만 없을 뿐 무관직을 겸한 적이 있었기에 그런 인사가 단행되지 않았을까요?[65]

반면 조원은 앞서 한 번 등장했었죠. 서경의 군 수뇌부가 비었을 때 하급 문관들이 정7품 통군녹사 조원을 임시 병마사로 추대해서 군기를 다잡고 성을 굳게 지켰다고 했습니다.[66]

이때 조원은 과거에 급제한 지 고작 3년밖에 안 된 그야말로 신입 중에 신입이었습니다. 아무리 하급 문관들만 남았다고 할지라도 조원보다 관직이 높은 자가 분명히 있었을 겁니다. 근데 그들을 제치고 조원이 대장으로 추대됐습니다. 서경은 아주 중요한 곳인 만큼 아마 관료들 사이에서 이미 조원의 리더십이나 군사를 다루는 재능이 잘 알려져 있던 것으로 보입니다. 그러니 이 위급한 상황에 그를 대장으로 추대했던 거겠죠. 그리고 조원은 결국 그들의 기대대로 서경을 완벽하게 지켜냈습니다.

하지만 조원의 활약은 여기서 끝이 아닙니다. 3차 고려거란전쟁에서 조원은 이때 서경을 지켜낸 게 무색할 정도로 어마어마한 승리를 가져옵니다.

3차 고려거란전쟁에서 활약한 주요 인물들 소개까지 다 끝났으니, 다음 페이지부터는 본격적으로 3차 고려거란전쟁에 대해 한번 알아볼까요?[67]

소배압이 준비한 비장의 작전
3차 고려거란전쟁

◐ 자신감을 얻은 고려 ◑

7차례의 강동 6주 공방전이 끝난 뒤 고려는 이제 확실히 자신감을 얻었습니다. 성도 몇 개나 쌓았겠다, 침공도 7번이나 격퇴했겠다, 이제 해볼 만하다고 생각했죠. 그래서 이젠 아예 대놓고 송나라 연호를 사용하기 시작해요.

앞서 거란의 사신을 억류한 걸로도 모자라 아예 송나라 연호까지 사용하겠다는 건 한판 붙어 보자는 거예요. 전쟁의 기운은 무르익을 대로 무르익었습니다. 양국은 다시 한번 총력전을 준비하기 시작합니다.[68]

1018년(현종 9년) 10월, 현종은 강감찬을 서북면행영도통사로 삼습니다. 도순검사가 아니라 도통사로 삼았다는 건 이제 전쟁 준비하겠다는 뜻이죠. 그로부터 두 달 후에 3차 고려거란전쟁의 첫 전투가 벌어지니, 고려는 이때부터 본격적으로 전시 체제에 돌입했을 것으로 보입니다.

첫 전투 때 고려군이 무려 20만이나 동원된 것으로 보아, 이때부터 전국 총동원령을 내려 군사를 모으기 시작했을 거예요. 그뿐 아니라 대기병 무기인 검차도 만들고 각종 무기와 식량 등을 준비하며 본격적으로 전쟁 준비에 돌입했겠죠.[69]

같은 달인 10월 27일, 거란도 본격적으로 전쟁 준비에 돌입합니다. 야율융서는 소배압을 도통으로 삼았습니다. 또한 소굴렬을 부도통으로 삼고 야율팔가를 도감으로 삼아 고려 침공을 명령합니다.

거란의 군제에 따르면 15만 이상의 군대를 동원할 경우 '도통'을 임명하는데, 실제로 고려를 쳐들어온 규모는 10만으로 기록돼 있습니다. 보통 거란에 남아 행정, 보급 등 후방부대로 역할을 하는 군사들이 5만 정도 됐을 거라고 봐요. 실제로 칼 들고 고려로 쳐들어온 군사가 10만이었을 거라고 해석하죠.

제 생각은 조금 다릅니다. 일단 이 '도통=15만'이라는 공식이 어느 정도로 엄격하게 지켜졌는지 모릅니다. 그렇게 치면 강동 6주 공방전 때도 도통 임명했을 땐 15만이 쳐들어왔을 거라고 봐야 하는데 15만 동원하는 게 어디 쉽나요? 그렇게 시도 때도 없이 할 수 있는 게 아니란 말이죠.

따라서 이건 그냥 형식적인 것이고, 실제론 군대의 인원수뿐만 아니라 작전 규모나 전투의 중요성 등 여러 요소를 고려해 도통이라는 지위가 내려졌을 거라고 봅니다.

뭐가 됐든 기록상 거란의 군대 규모는 10만으로 적혀 있으니 10만으로 보는 게 타당하겠죠. 물론 이 10만은 거란 측 기록이 아니라 고려 측 기록이긴 해요. 그렇게 본격적으로 전쟁 준비를 시작하는 한편, 야율융서는 고려의 성을 지키는 관리들에게도 겁을 줍니다.

야율융서 스스로 항복하는 자들에게는 후한 상을 내릴 것이나 끝까지 저항하는 자들은 후회해도 소용없을 것이다![70]

이에 대항해 고려는 무려 20만 8300명이나 되는 대군을 동원합니다. 그런데 이건 강감찬이 거느린 군사만 말하는 거예요. 양계 각지에 있는 성에 주둔 중인 군사들도 꽤 됐을 거예요. 실제로 나중에 동북면 군사까지 동원하기도 하니, 고려가 이 전쟁에 동원한 총 병력은 30만 가까이 된다고 봐도 무방합니다.

다만 실제 전투에 참여한 건 강감찬이 거느린 20만 8300명과 나중에 동북면에서 지원 온 3300명이 전부예요. 그러니까 이 전쟁은 거란군 10만 vs 고려군 21만으로 보는 게 타당하겠죠.

또한 현종은 강감찬을 그냥 서북면행영도통사로 두는 게 아니라 따로 상원수에 임명합니다. 서북면행영도통사는 서북면 지역만을 총괄하는 것인데 상원수는 아예 고려 군대의 전권을 맡겨버리는 거예요. 그러니까 동북면에서 지원군을 차출할 때도 그냥 명령만 내리면 할 수 있게

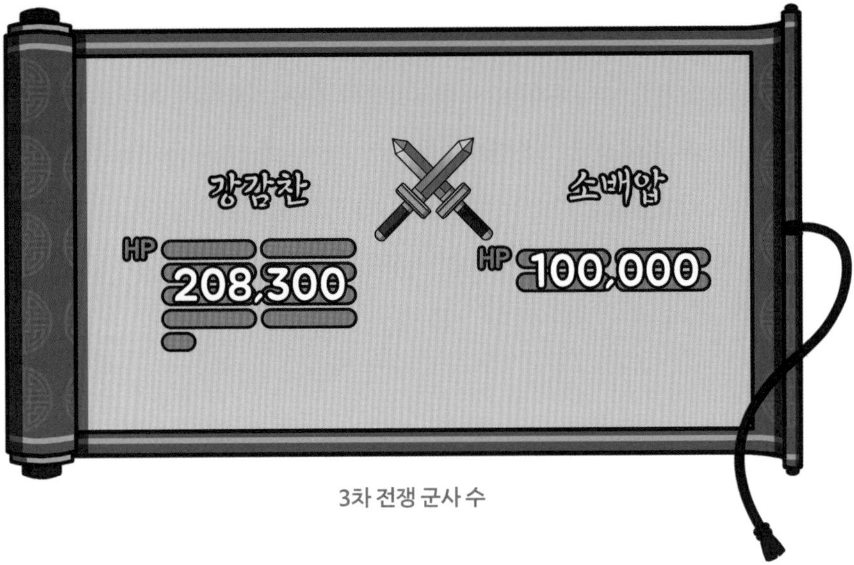

3차 전쟁 군사 수

된 거죠.

그런데 이걸 반대로 말하면, 만약에 강감찬이 이 군대로 귀주로 회군하면 그냥 강씨 왕조가 열리는 겁니다. 그럼에도 불구하고 이걸 허락했다는 것에서 강감찬에 대한 현종의 신임이 어느 정도인지를 알 수 있죠.

이건 현종의 왕권이 강화됐다는 뜻도 돼요. 2차 전쟁 땐 각지의 반란으로 죽을 위기를 몇 번이나 넘긴 현종이 이젠 나라의 총 병력을 한 명의 장수에게 일임할 수 있게 됐다는 건 그만큼 현종의 왕권이 강해졌다는 방증이죠. 성종 땐 이걸 못 해서 직접 출정했잖습니까.

현종은 평장사 강감찬을 상원수에 임명하고 대장군 강민첨을 원수에 임명하여 그를 보좌하게 했습니다. 그렇게 강감찬은 20만에 달하는

고려군을 이끌고 서북면으로 나아가 안북부에 주둔합니다.[71]

덧붙이자면, 고려사에는 이 3차 전쟁에 대한 기록에서 거란군 총대장을 '소손녕'이라고 기록했습니다. 1차 전쟁 때 쳐들어온 그 소손녕 말이에요. 그런데 소손녕은 997년에 이미 죽은 데다가 《요사》 기록엔 이때 총대장이 '소배압'이었다고 나와요. 소배압이 소손녕 형이었는데, 아마 둘이 닮아서 고려 조정이 헷갈렸던 것 같아요.

◐ 삼교천 전투 ◑

강감찬은 본대를 안북부에 주둔시킨 뒤 흥화진으로 들어갑니다. 2차 고려거란전쟁 때도 그렇고 강동 6주 공방전 때도 그렇고, 거란이 침공할 때 첫 번째 전투는 웬만해서는 흥화진에서 치러졌습니다. 여기서 얼마나 시간을 끄느냐에 따라 이후 전쟁의 판도가 결정된다고 봐도 무방했죠.

그래서 강감찬은 스스로 흥화진에 들어가 적을 맞을 준비를 합니다. 1018년 12월 10일, 거란군이 압록강을 넘어 흥화진으로 다가오자 강감찬은 준비해뒀던 작전을 개시합니다.

흥화진은 삼면이 강으로 둘러싸여 있었습니다. 삼교천이라는 강줄기가 동쪽에서 흘러나와 흥화진을 빙 둘러 서쪽으로 흘러가는데요. 그나마 동쪽 방면에서 공격하는 게 쉬웠기에 북쪽에서 오는 거란군 입장에서는 삼교천을 한 번 건너서 동쪽에 주둔해야 했습니다. 그런데 그때!

갑자기 어디선가 펑! 하고 터지는 소리가 나더니 거센 물살이 거란군을 덮칩니다. 강감찬은 첫 전투가 흥화진에서 벌어질 것이며, 거란군은 삼교천을 건너올 거란 걸 미리 예상하고 있었습니다.

그래서 강 상류에 쇠가죽을 엮어 댐을 만들어두었다가 거란군이 강을 건널 때 '펑' 하고 터트린 거죠. 물론 그냥 쇠가죽만으로 물을 막진 않았겠죠. 가죽 안에 흙이나 모래, 자갈 등을 채워 넣어서 그걸로 댐을 만들었으리라 추측됩니다.

강감찬의 신호에 따라 댐이 터지고 거센 물살이 거란군을 덮치자 적들은 정신을 차리지 못하고 혼란에 빠집니다. 바로 그때! 강감찬이 미리 대기시켰던 기병 1만 2000이 거란군을 덮치는데요. 수공으로 이미 혼란한 상태였던 거란군은 갑작스러운 기병의 공격까지 받자 속수무책으로 죽어 나갑니다.

그런데 생각보다 거란군의 수가 너무 적습니다. 10만이나 되는 대군이 넘어왔다고 하는데 대체 그 많은 대군은 어디로 간 걸까요?

여기서 잠깐 이 수공에 대해 첨언을 하자면, 사실 이때는 음력 12월로 한겨울이었어요. 2차 전쟁 때도 설명했지만 강이 이미 얼어 있을 때였죠. 이 와중에 댐을 막는 게 가능했을까요? 적어도 우리가 '수공' 하면 생각하는 것처럼 막 댐을 터뜨려가지고 미친 듯한 물살로 적을 쓸어버리는 규모의 작전은 아니었다는 것은 확실합니다.

적에게 얼마나 큰 피해를 줬을지도 미지수예요. 실제 기록에도 적의 피해 규모가 적혀 있지 않습니다. 게다가 뒤에 나오겠지만 여기로 온 거란군은 그냥 선봉대 일부에 불과했습니다. 그래서 삼교천 전투에서의 수공은 진위 여부도 불분명한 데다 적에게 별 피해도 못 준 거라고 봐야 합니다.

게다가 요즘에는 여요전쟁을 축약해서 설명하다 보니, 삼교천 전투에서의 수공과 나중에 귀주대첩이 버무려져서 마치 귀주대첩이 수공으로 적의 대군을 쓸어버린 걸로 아는 경우가 많아요. 하지만 둘은 분명 다른 전투였으니 혼동하지 맙시다.

강감찬은 거란이 흥화진으로 공격해 올 것을 예상하고 수공에 기습 작전까지 준비해 적을 격파했습니다. 다른 장수였다면 이걸로 게임 끝이었을 거예요. 하지만 소배압은 달랐는데요. 거란은 지난 4년 동안 무려 7차례나 강동 6주를 쳐들어왔지만 단 한 번도 강동 6주를 점령해내지 못했습니다.

특히 흥화진은 거의 철옹성이나 다름없었어요. 2차 고려거란전쟁 때도 7일이나 버텼고 7차 강동 6주 공방전 때는 무려 9일이나 버텼죠. 흥화진은 고려 입장에선 최고의 방패였고, 거란 입장에서는 최악의 걸림돌이었습니다.

그런데 이 흥화진을 또 쳐들어간다? 누구 좋으라고요? 애초에 거란군은 공성전에 약해요. 반면 거란의 강점은 기동력이죠. 거란은 과거에 발해를 쳐들어갔을 때 곧장 수도로 진격해서 순식간에 발해를 멸망시켰습니다. 약점인 공성전은 버리고 강점인 기동력만을 살려서 승률을 최대치까지 끌어올린 거죠.

소배압은 바로 이 작전을 생각해냈습니다. 7번이나 쳐들어갔는데 강동 6주를 점령하지 못했어요. 그런데 8번 쳐들어간다고 다를까요? 그럴 바엔 그냥 다 지나쳐서 곧장 개경으로 진격하는 게 승리에 도움이 되겠죠. 앞서 7차례의 강동 6주 공방전이 있었기 때문에, 소배압이 이런 작전을 떠올릴 수 있었던 겁니다.

그렇다고 해서 대놓고 개경까지 진격해 나가면 고려군이 가만히 있을까요? 중간에 대회전이라도 치러서 어떻게든 막으려고 하겠죠. 지금 시간이 없는데 그걸 할 여력이 어디 있겠습니까.

게다가 소배압은 고려군의 전투력을 얕보지 않았어요. 개경 직공의 핵심은 바로 기동력입니다. 중간에 시간을 잡아먹지 않으려면 고려의 대군을 다른 데다 묶어놔야 해요. 그래서 흥화진으로 미끼를 보낸 겁니다. 고려군이 미끼를 물어서 정신 팔린 사이에 소배압은 본대와 함께 빙 돌아서 흥화진을 그냥 지나칩니다. 이미 2차 전쟁 때 한 번 개경까지 가봤으니 길도 다 알아요.

《요사》에 적힌 기록에는 과거 고려에 포로로 잡혔던 한 여진인이 야율융서를 찾아가 고려의 지형을 설명해주는 장면이 나옵니다. 이처럼 거란은 고려의 지형을 파악하기 위해 다방면으로 노력했음을 알 수 있죠.

2차 전쟁 때는 개경까지 가는 데 너무 오래 걸리는 바람에 현종이 도망쳐버려서 별 소득도 없이 그냥 돌아와야만 했습니다. 그래서 소배

압은 이번엔 전군을 이끌고 곧장 개경으로 진격해 나가는 전격전을 준비한 거죠.[72]

한편 이 3차 전쟁에서의 흥화진 전투를 다르게 해석하는 의견도 있습니다. 소배압은 전군을 이끌고 흥화진 쪽으로 왔는데 강감찬이 수공과 기병 전략으로 이를 격파하니까 패배했음에도 작전을 바꿔서 개경 직공으로 선회했다고 말이죠.

저는 그건 아니라고 봐요. 바로 전 전투인 7차 강동 6주 공방전 때 흥화진을 쳐들어왔다가 고려가 무려 9일을 버텨서 결국 퇴각했는데, 이걸 또 했을 리는 없을 것 같아요. 또한 소배압이 패전한 다음에 개경으로 달려간 거면 강감찬이 바로 쫓아가면 되잖아요. 아무리 거란군의 기동력이 좋다고 해도 지형을 잘 아는 고려군이 훨씬 유리합니다. 그런데 이걸 바로 못 잡거든요.

그래서 저는 애초에 이 흥화진으로 보낸 군사는 미끼이고 고려군이 여기에 정신 팔린 사이 소배압의 본대는 다른 길로 들어와서 곧장 개경으로 진격했다고 봐요.

◐ 자주, 마탄 전투 ◑

강감찬은 뒤늦게 거란의 본대가 흥화진을 우회해서 이미 지나쳤다는 보고를 받습니다. 강감찬은 아직 소배압의 진짜 작전이 뭔지를 몰라요.

그저 홍화진이 너무 철옹성같이 견고하니까 그냥 지나친 걸 거란 정도로만 생각했겠죠.

그래서 강감찬은 일단은 안북부로 갔을 걸로 추측됩니다. 안북부에는 고려군의 본대가 주둔해 있었거든요. 그리고 안북부 바로 앞에는 청천강이 흐르고 있으니 거란군이 청천강을 건너기 전에 저지하고 거기서 싸우면 돼요. 강이 천연 해자 역할을 해줄 테니 고려에 유리합니다.

그래서 적이 어디쯤 왔나 보려고 여기저기 정찰병을 보내봤는데, 그때 한 병사로부터 보고가 올라옵니다.

고려군 거란군이 이미 청천강을 넘어갔사옵니다!

강감찬 뭐라?

소배압은 고려의 본대가 안북부 아니면 서경에 있을 거라고 생각했습니다. 당연하죠. 서북면에서 두 손가락 안에 들어가는 큰 도시니까요. 게다가 이 두 성 모두 강을 끼고 있어서 적과 맞서 싸우기엔 아주 최적의 조건이에요.

반대로 말하면, 거란군 입장에서는 개경으로 직공하려면 이 두 성을 무조건 피해야 했어요. 그래서 아예 애초부터 안북부와 서경이 있는 쪽이 아니라 다른 길로 선회해서 싹 다 지나쳐버린 거죠. 여기까지 왔으니 강감찬도 소배압의 의도를 눈치채지 못할 리가 없습니다. '홍화진엔 미끼를 보낸 데다 안북부까지 그냥 지나쳐 간다? 아! 이들이 개경으로

직공하려고 하는구나.'

강감찬 개경! 개경이 위험하다! 당장 개경으로 진격하라!! 강민첨은 선발대를 이끌고 먼저 출발하라! 적이 개경에 당도하기 전에 어떻게든 붙잡아야 한다!

강민첨은 자주의 내구산에서 한 무리의 거란군을 따라잡아 이를 격파해냅니다. 하지만 거란군은 신경도 쓰지 않고 계속 진격해 나아가는데요. 그러자 강감찬은 이번엔 서경으로 전령을 보냅니다.

강감찬 당장 서경에 있는 조원에게 전하라. 무슨 일이 있어도 서경에서 적을 막아야 하느니라!

조원은 서경에서 고려의 2차 병력을 거느리고 있었을 겁니다. 안북부까지 뚫렸을 경우를 대비해 상당한 병력과 함께 대기 중이었을 것으로 추측되는데요. 강감찬의 급보를 받은 조원은 즉시 대군을 이끌고 추격해 거란군을 찾아 나섰을 겁니다.

그리고 마침내 마탄에서 거란의 대군을 발견합니다. 조원이 이끄는 고려군은 마탄에서 적의 대군을 격파해 무려 1만에 달하는 거란군을 죽여버립니다. 그야말로 대승이죠. 이걸 소수의 병력으로 했을 리는 없기 때문에 서경에도 상당한 대군이 있었을 거라 추측한 겁니다. 그런데!

조원 나머지는? 나머지는 어디 있느냐?

병사 이미 전부 지나쳐 갔습니다!

조원 뭐라?

소배압은 마탄에서 고려의 대군이 막아서자 엄청난 도박을 합니다. 이번에도 미끼를 내주고 나머지 군사로는 계속해서 진격하기로 한 거죠. 어차피 뒤에 강감찬의 대군이 쫓아오고 있었기 때문에 여기서 잡히면 그냥 끝입니다. 여기까지 온 이상 무슨 일이 있어도 고려군보다 먼저 개경에 당도해야만 해요.

소배압은 고려군의 발목을 잡기 위해 무려 1만의 군사를 미끼로 내줍니다. 이들이 전멸을 당할 때까지 시간을 끄는 사이에 소배압의 본대는 계속해서 개경으로 진격해 나가죠.[73]

전설이 된 승리
귀주대첩

◐ 신의 한 수 ◑

거란군의 예상치 못한 진격 속도에 고려 조정은 완전히 겁에 질려버렸습니다. 설마 이렇게 단 하나의 성도 공격하지 않고 곧장 개경으로 돌격해올 줄은 상상도 못 했죠. 관료들은 항복을 해야 하네, 몽진을 해야 하네, 의견 대립을 하며 선불리 결론을 내리지 못하고 있었습니다.

그때 현종이 말합니다.

현종　짐은 두 번 다시 거란의 말발굽에 개경이 짓밟히게 두지 않을 것이다! 백성들이 동요치 않도록 개경 근방의 경계를 강화토록 하라! 또한 유배형 이하의 선고를 받은 죄수들은 전부 석방토록 하라! 온 개경의 백성들이 힘을 합쳐 적과 맞서 싸워야 하느니라!

현종은 절대 개경을 포기치 않겠다는 결연한 의지를 조정의 관료들과 개경의 온 백성들에게 선포합니다. 그러자 개경의 군사들과 백성들의 사기는 하늘로 치솟습니다.[74]

사실 현종은 도망치려면 얼마든지 도망칠 수 있었습니다. 다른 장수에게 개경 방어를 일임하고 호위무사만 데리고 도망쳐도 돼요. 그러나 현종은 끝까지 개경에 남기를 택합니다. 현종은 거란의 2차 침공 때 갑작스레 왕위에 오른 지 얼마 안 되었음에도 항복이 아닌 몽진을 택했었죠. 사실 그것만으로도 충분히 대단한 거예요. 온 조정이 항복을 외쳤는데 결국 포기치 않고 적을 물리쳤잖아요.

그런데 이번엔 이걸 넘어서 아예 개경에 남아 농성을 벌이겠다고 선포합니다. 현종은 벌써 왕위에 오른 지 10년이나 지난 베테랑 군주가 다 되었습니다. 그래서 알았을 겁니다. 이번엔 몽진이 답이 아니라는 것을 말이죠. 어째서 그때는 몽진이 맞았고, 이번엔 수성이 맞는 걸까요?

일단 2차 전쟁 때는 서북면의 상황을 정확히 파악하질 못했습니다. 삼수채 전투는 대패를 했고 곽주와 안북부에 이어 숙주까지 적의 손에 넘어간 상태였습니다. 북쪽에 남아 있는 군사들이 대체 무얼 하는지 삼수채 전투의 패잔병은 대체 다 어디로 갔는지도 잘 몰랐습니다.

게다가 개경의 군사들까지 싹 다 끌어 모아서 북쪽으로 보내놨기에 애초에 수성전을 전개하는 것 자체가 무리였습니다. 왕이 피난 가면서 호위무사를 고작 50명 데리고 갔으니 말 다 했죠. 그래서 애초에 수성 얘기가 나오지도 않은 거였고 강감찬도 수성이 아닌 몽진을 주장했던 거예요.

그런데 지금은 상황이 완전히 다릅니다. 일단 북쪽의 고려군 본대가 전혀 피해를 입지 않았습니다. 피해는커녕 연전연승하며 무서운 속도로 추격해 내려오고 있죠. 게다가 애초에 이런 상황을 대비해서 2차 전쟁이 끝나자마자 개경에 외성을 쌓아 놨기에 개경의 방어력이 한층 올라간 상태였어요.

그뿐 아니라 이번에는 개경에 현종의 친위대가 남아 있었습니다. 며칠만, 강감찬이 도착할 때까지 딱 며칠만 버티면 돼요. 그럼 무조건 이길 수 있다는 걸 알기 때문에 현종이 수성전을 전개하기로 결정한 겁니다. 나중에 보겠지만 바로 이 선택이 신의 한 수가 되어 전쟁을 승리로 이끕니다.

◐ 금교역 전투 ◑

1월 2일, 강감찬은 거란군이 개경 코앞까지 당도했다는 보고를 받습니다.

강감찬 병마판관 김종현은 즉시 기병 1만을 이끌고 출격해 곧장 개경으로 진격하라! 또한 동북면병마사에게 명하여 당장 군사 3300을 이끌고 개경을 구원하러 가라고 전하거라! 어떻게든 개경을 사수해야만 한다![75]

하지만 거란이 조금 더 빨랐습니다. 바로 다음 날인 1월 3일, 소배압은 이제 개경에서 고작 40킬로미터 떨어진 신은현에 다다릅니다. 이제 이틀만 더 진격하면 바로 개경이에요. 근데 여기서 소배압은 일단 진군을 멈춥니다. 아무리 거란군이라 할지라도 지금 20일 내내 달려왔으니 지칠대로 지칠 수밖에 없어요. 그래서 잠시 쉴 겸 개경 상황도 살필 겸 해서 진지를 구축한 걸로 보입니다.

한편 현종은 거란군이 코앞까지 당도했다는 소식을 듣자마자 청야 전술을 시행합니다. 거란군이 식량과 물자를 얻지 못하도록 고려인이 스스로 성 주변을 초토화하고 전부 성안으로 들어가버리는 거예요.

그런데 이게 백성들 입장에선 자기 손으로 자기 집과 농지를 전부 태워버리는 거예요. 이게 과연 쉬울까요? 절대 쉽지 않았겠죠. 어지간해선 전부 도망쳐버릴 거예요. 그런데 현종은 이걸 성공시킵니다. 2차 전쟁 때 거란의 대군을 무찔렀으며, 지난 10년간 선정을 베풀어 민심을 다독였고 왕권을 충분히 강화해 놓았기 때문에 가능했던 거예요.

게다가 백성들도 2차 전쟁 때 개경이 먹히니까 무슨 일이 벌어졌는지 다 봤잖아요. 어차피 적에게 빼앗기면 죽도 밥도 안 된다는 걸 직접

다 겪어봤기 때문에 백성들도 이 작전에 납득할 수 있었던 겁니다.

그런데 지금 마음이 급한 건 고려뿐만이 아니에요. 소배압도 무척 급하죠. 여기까지 내려왔으면 고려가 항복을 할 줄 알았어요. 아니, 항복까지 가지 않고 현종이 몽진만 하더라도, 거란이 개경을 점령하고 진지를 구축하면 어떻게든 다음 작전을 구상할 수 있습니다.

2차전 때는 개경까지 도착하는 데만 무려 두 달 가까이 걸렸잖아요. 그렇게 오느라 군량을 축내고, 강이 녹기 전에 돌아가야 해서 시간도 없으니 철군한 거였죠. 이번엔 20일 만에 개경에 도착했기 때문에 시간이 충분했어요. 그런데 집이고 논이고 싹 다 타 있는 거죠.

설마 여기서 수성을 하는지, 개경에 병력을 얼마나 많이 남겨놨기에 여기서 수성을 택하는 건지, 소배압은 일단 개경의 상황을 파악해야만 했습니다. 그래서 개경에 사람을 보내, 이제 철군할 거라고 거짓 정보를 흘린 뒤 몰래 기병 300을 보내 개경의 상황을 정탐하려 했어요.

거란의 척후병이 개경으로 다가오고 있다는 정보가 들어오자 현종은 곧장 기병 100기를 출격시킵니다. 이 100명은 그야말로 고려 최정예 병사들이었습니다. 당연하죠, 왕의 친위대니까요. 전체 군사 중에 제일 잘 싸우는 자들로만 추려놨겠죠. 고려 기병 100기는 금교역에서 거란 기병 300기를 발견하고는 한밤중에 이들을 기습해 전부 죽여버립니다.

척후병이 전멸했다는 보고를 받은 소배압은 이제 선택의 기로에 서 있습니다. 더 이상 개경의 상황을 파악하는 것도 무리인 이 상황에 이

대로 개경으로 쳐들어가느냐, 아니면 이제라도 군을 돌려서 고려를 빠져나가느냐?[76]

◐ 청천강 전투 ◑

일단 개경에 병사들이 얼마나 있는지도 모르고 강감찬의 본대가 얼마나 가까이 왔는지도 모르기 때문에 아무리 생각해도 승률이 너무 낮습니다. 거란은 병사 1만을 잃었지만. 아직 9만이나 남아 있습니다. 이들을 어떻게든 무사히 퇴각시키기만 하면 고려 침공은 나중에 언제든지 다시 하면 됩니다.

결정적으로 애초에 소배압의 작전은 얼마만큼 손해가 나든 일단 최대한 빠르게 진격해서 개경을 점령하고, 그다음에 뭔가를 하는 거였어요. 2차 전쟁 때도 고려는 개경을 포기했으니, 그보다 더 빨리 도착하면 고려가 항복하든 개경을 버리든 하리라 예상했겠죠.

그런데 이 급박한 상황에 개경을 지키기로 결단한 현종의 '신의 한 수' 때문에 소배압의 작전은 완전히 물거품이 돼버리고 만 겁니다. 고민에 고민을 거듭한 끝에 결국 소배압은 개경을 코앞에 두고 군을 돌립니다.

소배압 철군하라! 신속히 고려를 빠져나가야 한다.

이제 소배압의 목표는 최대한 병력 손실을 줄인 채 고려를 빠져나가는 겁니다. 거란군은 기동력을 최대한 끌어올려서 들어올 때 순식간에 밀고 들어온 것처럼 나갈 때도 순식간에 빠져나가려 하죠.

하지만 이걸 그냥 그대로 보내줄 강감찬이 아니죠. 강감찬과 예하 부대의 고려군 총 병력은 즉시 거란군을 추격하기 시작합니다. 이제부터는 그야말로 달리기 시합이에요. 과연 강감찬은 소배압을 잡을 수 있을 것인가?!

1월 23일, 강감찬은 청천강가에 있는 연주와 위주 지역에서 거란군의 꼬리를 잡아 적병 500을 베어 넘깁니다. 이제 다 왔습니다. 거란이 퇴각하는 방향으로 보아 분명 귀주 방면으로 퇴각할 게 분명합니다. 그렇다면 지형을 더 잘 아는 고려 측이 유리하겠죠.[77]

이 대목에서 이렇게 생각할 수도 있어요.

'그냥 거란군을 놔주면 안 되나? 어차피 고려는 별 피해도 안 입고 거란군을 1만 명 이상 죽였으니 그걸로 된 거 아닌가? 이제 전쟁 그만하겠다고 퇴각하는 군대를 굳이 쫓아가서 또 전투를 벌여봤자 고려군에도 피해가 있을 텐데, 왜 굳이 끝까지 쫓아가지?'

이에 대한 대답은 이순신 장군이 노량해전을 치른 이유와 같습니다. 2차 전쟁 때도 말했지만 침략을 당한 입장에서 진짜 승리는 그 뒤로 다시는 못 쳐들어오게 하는 겁니다. 그래서 2차 전쟁이 그냥 반쪽짜리 승리인 거예요. 결국 또 쳐들어왔잖아요, 그것도 8번이나.

적이 두 번 다시 못 쳐들어오게 하려면 아주 본때를 보여줘야 합니다. 특히 적이 퇴각할 때는 공수가 바뀌는 상황이라 완전히 기세가 역전돼요. 적에게 가장 큰 피해를 줄 수 있는 순간은 바로 지금입니다.

이때 어떻게든 아주 제대로 부숴놔야 '아, 저 나라는 다시는 쳐들어가면 안 되겠구나'라고 생각하죠. 이걸 놓아주면 곧 4차 고려거란전쟁이 되는 거예요. 이러한 강감찬의 집념이 하늘에 닿았을까요? 고려군은 마침내 귀주에서 거란의 본대를 따라잡습니다.

◐ 귀주대첩 ◑

1019년 2월 1일, 고려군과 거란군은 귀주성 앞에 있는 두 하천을 사이에 두고 대치합니다. 결전을 앞둔 상황에서 거란의 장수들이 하나같이 외칩니다.

거란 장수 장군, 고려군이 강 두개를 전부 건너올 때까지 기다리시지요. 저희가 고지를 점령하고 있으니 저희에게 유리할 겁니다.

그런데 그때 도감으로 참전했던 야율팔가가 홀로 이렇게 주장합니다.

야율팔가 아닙니다. 그렇게 된다면 고려군은 강을 등지고 배수의 진을 친 셈이 됩니다. 그럼 죽음을 무릅쓰고 결사항전의 태세로 나올 텐데 그렇게 됐다간 우리 쪽의 피해가 더 커질 수도 있습니다. 그럴 바엔 서로 강 하나씩을 건너 양군 모두 강을 등진 채로 싸우는 것이 더 낫습니다. 강 하나를 건너든 두 개를 건너든 적은 어차피 배수의 진을 치고 결사항전의 태세로 나올 테니, 저희도 똑같이 배수의 진을 치고 결사항전의 태세로 맞붙어야 승산이 있습니다.[78]

소배압은 고민 끝에 야율팔가의 작전을 채택합니다.

소배압 우리 거란의 장기가 무엇인가? 평야에서의 대회전이다. 적이 두 강을 모두 건너온다면 구릉 위에서 싸워야 하지만 두 강 사이에는 평야가 펼쳐져 있으니 그곳에서 싸운다면 평야에서의 대회전이 될 것이다. 어차피 적과 싸워야 한다면 우리가 잘하는 대회전을 벌이는 것이 낫지 않겠는가? 다들 지난 삼수채 전투에서의 대승이 기억나는가? 그때는 고려군이 도망치는 바람에 고작 3만밖에 죽이지 못했으나 이번엔 적의 배후에 강이 있으니 도망치지도 못할 것이다. 또한 얼마 전 곽주에서도 평야에서의 대회전을 펼쳐 고려군 수만을 죽이지 않았는가? 이 기회에 적의 20만 대군을 전부 쓸어버리도록 하자.

그렇게 양군은 강을 하나씩 건너 쌍배수의 진을 친 채로 평야에서의 대회전을 개시합니다. 고려군 20만과 거란군 9만의 대격돌! 고려군과 거란군이 대회전을 벌일 때면 항상 고려군이 패하여 수만 명씩 죽어나갔으니 이번에도 거란군이 유리할까요? 아닙니다. 고려는 이 상황을 대비해 검차를 비롯하여 거란의 기병에 맞서 싸울 철저한 준비를 해놨습니다.

그렇다고 해도 거란은 대회전의 화신이에요. 고려가 아무리 준비를 잘 해놓아도 평야에서 거란 기병을 꺾기는 절대로 쉽지 않습니다. 양측의 기세가 너무 팽팽해서 아무리 시간이 지나도 싸움은 결판이 나질 않죠. 그런데 그때 저 멀리서 들려오는 무수한 말발굽 소리!

앞서 강감찬은 소배압이 개경 직공을 택하자 이를 막기 위해 김종현에게 기병 1만을 내주어 신속히 달려가서 개경을 지키라고 했습니다. 그런데 소배압이 철군을 시작하니까 김종현도 그대로 거란군을 따라 북쪽으로 올라온 거예요.

고려군과 거란군이 한 치도 물러서지 않고 팽팽한 싸움을 이어가고 있는 그때 김종현의 1만 기병이 전장에 당도합니다. 김종현이 고려군 쪽에서 등장했을지 거란군 쪽에서 등장했을진 모릅니다. 제 생각으론 거란군 뒤쪽에 강이 흐르고 있었으니 기병 1만이 다 같이 강을 건너긴 쉽지 않았을 것 같아요. 고려군 쪽으로 와서 고려군 뒤쪽에 있는 강을 무사히 건넜을 것으로 추측됩니다.

심지어 김종현의 등장과 함께 바람의 방향까지 바뀌어 고려군에서 거란군 방향으로 비바람이 불기 시작합니다. 거란군은 뒤쪽엔 강이 있어 섣불리 퇴각하지도 못하고 앞쪽엔 강감찬의 본대가 꽉 막고 있어서 앞으로 나아가지도 못하는 이 상황에, 고려군 후방에선 바람을 타고 무수히 많은 화살이 거란군에게 쏟아집니다. 화룡점정으로 김종현의 1만 기병이 거란군의 측면과 후면을 치고 들어갑니다. 그야말로 망치와 모루 전술!

팽팽하던 긴장 상태가 깨지고 이제 기세는 완전히 고려군 쪽으로 넘어갔습니다. 거란군의 전열이 무참히 무너지며 도망자가 속출하기 시작하죠.

소배압 퇴각! 퇴각하라!

승기가 완전히 기울자 갑옷과 병장기를 내던지며 북쪽으로 도망치기 시작하는 거란군! 전쟁에서 가장 많은 사상자가 나오는 순간은 한쪽은 도망치고 한쪽은 추격하면서 무참히 학살해나갈 때라고 했죠. 고려군은 도망치는 거란군을 추격하며 적군을 미친 듯이 베어 넘기기 시작합니다. 심지어 거란군의 뒤쪽에는 강이 흐르고 있습니다. 게다가 비바람까지 세차게 몰아치니 강물이 불어났죠. 이로 인해 무수히 많은 거란군이 물에 빠져 익사하고 맙니다.

전쟁이 끝나자 들판엔 쓰러진 거란군의 시체가 가득 차 있었어요. 고려군이 노획한 포로, 말, 낙타, 갑옷, 투구, 병장기 등은 이루 다 셀 수 없을 정도로 많았습니다. 귀주 전투에 참전한 거란의 9만 병사 중 살아 돌아간 자는 고작 수천에 불과했습니다.

이 전투는 그냥 승리가 아니었습니다. 9만 명이나 되는 적을 전멸 가까이 몰아붙인 그야말로 대승 중에서도 대승이었습니다. 아마 고려 거란전쟁을 통틀어 죽은 고려군 숫자보다 이 전투 한 번에 죽은 거란군 수가 더 많을 겁니다. 우리는 이 위대한 승리를 '귀주대첩'이라고 부릅니다.[79]

평화의 시대

전쟁이 끝나고 난 뒤

◐ 패전 장수 소배압 ◑

우리가 흔히 소배압 하면 귀주대첩에서의 참패만 알기에 소배압이 무능한 장수였다고 알고 있는 사람이 많습니다. 그런데 알고 보면 소배압은 문무를 겸비한 유능한 관료이자 장수였어요.

소배압은 야율융서의 재위 초기부터 여러 정복 전쟁에 참여해 장수로서 많은 군공을 쌓았습니다. 특히 송나라와의 전투에서 두각을 나타냈죠. 그뿐 아니라 소배압은 거란의 황후 가문인 소씨 가문 출신인 데다 소태후의 딸을 아내로 맞았기에 야율융서한테는 매제이기도 했어요. 소배압은 자신의 딸을 야율융서의 후궁으로 보내기도 했고요. 그러니 당연히 야율융서의 총애를 많이 받았겠죠?

소배압은 군사적 재능뿐만 아니라 정치적 재능도 뛰어나 야율융서에게 정치적 조언을 많이 하기도 했습니다. 소배압은 거란의 2차 침공 때 통군으로 참전해 실질적으로 거란군을 지휘했습니다. 이때 소배압은 삼수채 전투에서 고려군을 크게 격파하고 개경을 점령하는 등의 높은 전공을 올렸죠.

그런데 결국 후방에 너무 많은 적을 남겨놓고 온 데다 고려의 왕을 놓쳤으며 시일을 너무 지체한 끝에 결국 큰 성과 없이 군을 철수시키고 말았어요. 그래도 그때의 군공을 인정받았는지 이후 재상직에 오르기도 했습니다.

하지만 소배압은 거란의 3차 침공 때 귀주대첩에서 강감찬에게 크게 패합니다. 원정군 10만 중 무려 9만 이상이 죽거나 포로로 잡혀버리는 참패를 겪고 말았죠. 소배압이 돌아오자 야율융서는 격노하며 그를 이렇게 꾸짖습니다.

야율융서 네가 적을 가볍게 보고 너무 깊이 들어갔기에 일이 이 지경에 이르고 만 것 아니냐! 대체 무슨 면목으로 살아 돌아온 것이냐! 내 너의 낯가죽을 벗겨낸 다음 네놈을 쳐죽일 것이니라!

말은 이렇게 했지만 실제로는 가족이나 다름없는 그를 죽이진 못했고요. 다만 패전의 책임을 물어 모든 관직을 삭탈했습니다. 그리고 전

쟁이 끝난 지 4년 후인 1023년에 소배압은 세상을 뜨고 말았죠.[80]

◐ 고려의 영웅 강감찬 ◑

소배압은 전쟁 전엔 중신으로 쓰임 받다가 전쟁이 끝난 후엔 패전의 책임을 묻고 버려졌습니다. 하지만 강감찬은 그와 정반대의 삶을 살았어요. 강감찬은 2차 전쟁이 벌어지기 전까지만 해도 승진에 한참 뒤처진 일개 관료 중 하나였죠. 그러나 2차 전쟁을 기점으로 왕의 특별한 총애를 받기 시작합니다. 그리고 3차 전쟁 때는 거란군을 상대로 대승을 거둬 더 큰 위상과 명예를 얻게 돼요.

강감찬이 개선하고 돌아오자 현종은 직접 개경 북쪽의 영파역으로 마중나가 강감찬을 맞이합니다. 현종은 그동안 고생한 장수와 군사들에게 연회를 베풀고 금으로 만든 꽃 여덟 가지를 친히 강감찬 머리에 꽂아주었습니다. 게다가 잔치 내내 한 손에는 금으로 된 술잔을 또 한 손에는 강감찬의 손을 잡고서 그의 업적을 높이 칭찬해줬죠. 강감찬은 연신 감사의 뜻을 전하며 몸 둘 바를 몰라 했다고 합니다. 또한 현종은 강감찬의 업적을 기리기 위해 영파역의 이름을 '의기를 높였다'라는 뜻의 '흥의역'으로 고칩니다.

전쟁이 끝나고 두 달이 지나자 강감찬은 나이를 이유로 은퇴를 청합니다. 이때 강감찬의 나이가 무려 71세였어요. 시대를 감안했을 때 완전 고령이었던 건데요. 하지만 현종은 그에게 궤장을 하사하며, 3일에 한 번만 조정에 나와도 되니 관직에 남아 있어 달라고 합니다.

그리고 그해 11월 현종은 강감찬을 검교태위 문하시랑 동내사문하평장사 천수현개국남으로 임명합니다. 문하시랑은 고려시대 최고 관직인 문하시중 바로 다음가는 관직으로 직급상으로는 강감찬의 기존 관직인 내사시랑과 같은 직급이긴 해요.

뒤에 붙은 개국남은 작위를 봉해준 겁니다. 왕자들에게 '○○군'이라는 군호를 내려주는 것과 비슷한 거라고 보면 됩니다. 현종은 강감찬 말고도 최사위, 유방, 채충순 등 전쟁에서 공을 세운 여러 신하에게도 공신호를 내려줍니다. 그뿐 아니라 그 외 군사들까지 포함해서 총 9472명에게 포상을 내리죠.

1020년 6월, 강감찬은 아무래도 더 이상 관직 생활이 힘들었는지 다시 한번 은퇴를 청합니다. 현종도 이번에는 말리지 않았는데요. 이후 강감찬은 도성 남쪽의 별장으로 돌아가 여생을 보냅니다.

1030년 5월, 현종은 강감찬을 고려 최고위 관직인 문하시중에 임명합니다. 다만 앞서 이미 강감찬이 사직을 했기에 그냥 명예직 정도로 준 것 같아요. 그리고 그다음 해인 1031년 8월에 강감찬은 향년 82세의 나이로 세상을 뜨고 말아요. 그의 죽음을 기리며 사관은 강감찬의 졸기에 이렇게 적어놨습니다.

강감찬은 평소 청렴하였기에 의복은 때가 끼고 해져서 보통 사람과 다를 바 없었다. 조정에 설 때면 엄중한 표정으로 정사에 임하였으며, 큰일을 맡을 때마다 위대한 계책을 결정하여 굳건하게 나라의 기둥과 주춧돌이 되었다.[81]

◐ 현종의 죽음 ◑

강감찬이 생을 마감한 1031년에 고려 왕 현종도 눈을 감았습니다. 현종은 제왕 교육을 단 한 번도 받지 않은 채 반란 정권에 의해 왕위에 올랐죠. 그러나 거란의 대규모 침공을 두 번이나 막아냈으며 그 외 자잘한 국지전도 모두 격퇴해냈습니다. 그 와중에 고려의 지방제도를 정립했을 뿐만 아니라 군제 개편까지 이뤄냈습니다.

현종은 전장에서 도망치고 자신에게 위해를 가하려 했던 자들에게도 관용을 베푸는 관대한 왕이었으며, 왕위에 오르기 전에 승려로 살았기 때문에 불심이 가득한 불자였죠. 1009년에 왕위에 올라 1019년까지 숨 가쁘게 살아온 현종이었지만 3차 전쟁이 끝난 뒤로는 그나마 평안한 삶을 살았던 것 같습니다.

현종이 막 즉위했을 때는 고려 왕실의 핏줄이 씨가 마를 지경이었으나, 그는 무려 13명의 부인에게서 총 16명의 자식을 출생해 고려 왕실의 핏줄이 대대로 이어지도록 했습니다. 그리고 1031년 5월에 향년 38세, 재위 22년을 일기로 눈을 감았는데요. 훗날 고려 후기의 학자 이제현은 현종에 대해 이렇게 평가했습니다.

이제현　현종은 비판할 거리가 하나도 없는 분이었다.

그리고 오늘날 우리는 그를 가리켜 이렇게 말하곤 합니다.

고려 현종은 조선 세종에 버금가는 위대한 왕이었다.[82]

◐ 전쟁이 끝나고 난 뒤 ◑

한편 전쟁이 끝나고 난 뒤 고려와 거란은 어떤 관계를 이어갔을까요? 거란은 먼저 전후 처리를 위해 고려에 사신을 파견합니다. 하지만 고려가 사대를 실행하지 않으려 하자 다시 고려를 쳐들어가려고 해요. 그러자 고려는 또다시 전쟁을 치를 수는 없다는 생각에 곧장 사신을 파견해 사대를 취하겠다고 합니다.

그리고 해가 지나 1020년이 되자, 고려는 화해의 의미로 6년 동안 억류해 있던 거란 사신 야율행평을 거란으로 돌려보냅니다. 물론 고려 조정에선 사대에 반대하는 의견이 일기도 했습니다. 전쟁에서 이겨놓고 사대를 취하는 게 말이 되느냐는 거였죠. 하지만 현종은 그렇다고 또 전쟁을 치를 수는 없으니 사대의 예를 취하고, 고려 왕자를 책봉해

달라는 사신을 거란으로 보냅니다.

2년 후인 1022년부터는 고려의 요청에 따라 거란이 고려의 국왕을 책봉하고 또한 고려는 거란의 연호를 사용하기 시작합니다. 이렇게 비로소 고려와 거란은 이전과 같이 사대 관계를 회복하게 되죠.

그렇다고 이후로 고려와 거란 사이에 아무런 무력 충돌이 발생하지 않았느냐 하면 그건 또 아니에요. 이후로도 가끔 고려와 거란의 국경 지역에서는 자잘한 무력 충돌이 발생하긴 했으나 두 나라 모두 이걸 크게 문제 삼지 않으며 사대 관계를 순조롭게 이어갔습니다.

하지만 현종을 뒤이어 왕위에 오른 고려 제9대 왕 덕종은 거란에 대해 적대적인 노선을 취합니다. 덕종은 거란에게 보주(의주) 땅을 돌려달라 했으나 거란이 이를 거절하자 외교 관계를 단절해버리죠. 심지어 거란의 침공에 대비해 천리장성을 쌓기 시작합니다. 이에 반발해 거란이 무력 시위를 전개했으나 덕종은 이를 가볍게 물리치고 계속해서 성을 쌓아갑니다.

이 천리장성은 덕종 다음 왕인 정종 때 완성되는데요. 천리장성의 축조는 북방 민족의 침입을 방어할 수 있는 거대한 방어막이라는 데 의의가 있습니다. 한편으로는 고려가 북방 지역을 개척할 의지를 잃고 현재의 국경선에 만족하게 됐다는 의미이기도 합니다.

덕종이 재위 3년 만에 사망한지라 그의 동생이 그를 뒤이어 왕위에 오르니, 그가 바로 고려 제10대 왕 정종입니다. 정종은 형 덕종과 달리 거란에 우호적인 정책을 펴서 거란과의 외교 관계를 다시 회복합니다.

이후로도 두 나라 사이엔 소규모 충돌이 가끔 있었으나 큰 전쟁으로까진 번지진 않았죠. 이후 100여 년간 사실상 요나라가 멸망할 때까지 평화가 찾아옵니다.[83]

◐ 동아시아의 국제정세 ◑

이후 고려와 거란 사이에 전쟁이 사라진 것을 두고, 고려에 패배한 거란이 더 이상 무서워서 고려를 못 쳐들어왔다고 생각하는 사람이 있습니다. 하지만 이후로 이어진 평화는 '거란이 고려를 두려워해서'가 아닙니다. 동아시아의 세력 균형이 갖춰져서 거란 입장에서 더 이상 고려를 칠 이유가 사라졌기 때문이라고 보는 게 더 맞습니다.

동아시아의 세력 균형을 이루는 나라는 거란과 송나라 그리고 고려와 서하, 이렇게 네 나라입니다. 고려가 거란과 송나라의 동쪽에서 균형을 맞췄다면, 서하는 두 나라의 서쪽에서 균형을 잡았죠.

서하는 송나라의 서북쪽에 위치한 나라로 티베트 계열의 탕구트족이 세운 나라였습니다. 이들은 스스로를 '대하'라고 불렀지만, 송나라 측에서 중국 고대 왕조인 '하나라'와 구분하기 위해 '서쪽에 있는 하나라'라고 해서 '서하'라고 불렀어요. 서하는 거란이나 송만큼 큰 나라는 아니었지만 나름 황제국을 선포하며, 둘 사이에서 세력 균형을 이루는 데 중요한 역할을 했습니다.

거란이 자꾸 고려와 마찰을 일으켰다면 송나라는 서하와 마찰을 일으켰어요. 서하는 거란에 굴복하지는 않았지만, 거란에 조공을 바치고 거란 황실과 혼인 관계를 맺는 등 거란에 우호적인 입장을 취했습니다. 반면 송나라는 서하가 생겨나기 전부터 탕구트족과 마찰이 있었기에 항상 거란과 서하의 협공을 걱정해야만 했는데요. 거란이 송나라와 고려가 협공할까 봐 걱정한 것과 비슷하죠.

1005년에 송나라는 거란에 제대로 당해서 전연의 맹약을 맺었습니다. 매년 거란에 은 10만 냥과 비단 20만 필을 바치기로 한 약속이죠.

그다음 해인 1006년에 송나라는 서하와도 비슷한 관계를 맺습니다. 송나라가 서하의 군주를 왕으로 책봉하고, 매년 은 1만 냥, 비단 1만 필, 전 3만 관, 차 2만 근을 보내기로 한 건데요. 쉽게 말해서 송나라가 거란에 매년 돈 주는 것처럼 서하한테도 돈 주기로 한 거예요.

그런데 뭔가 이상하지 않나요? 송나라가 서하의 왕을 책봉한 건데 왜 서하에서 송나라로 돈을 보내는 게 아니라, 송나라가 서하로 돈을 보내는 걸까요? 송나라는 안 그래도 서하와 관계가 껄끄러운데, 서하가 거란과 손잡고 송나라를 쳐들어오면 안 되잖아요. 그래서 서하에 돈을 주면서 달랜 거예요. 명목상으로는 서하가 송나라의 책봉국이 되어주는 대신 송나라가 서하한테 매년 돈을 지불하는 거였죠.

그런데 시간이 흘러 1038년이 되자 기세가 등등해진 서하는 송나라에 책봉 관계를 그만두고 거란처럼 자기네도 동등한 국가로 대우해줄 것을 요구합니다. 하지만 송나라는 지금 돈도 갖다주는 데 그럴 수는 없다며 이를 거절하죠. 그러자 결국 송나라를 쳐들어가는 서하! 그렇게 결국 송나라와 서하 사이에 전쟁이 발발하는데….

한편 거란은 두 나라의 충돌을 기회 삼아 송나라를 압박하기 위해 송나라와의 국경 지역에 군대를 배치하기 시작합니다. 이에 맞서 송나라도 국경 지역에 성벽과 해자를 정비하는 등 방어 태세를 세웠죠. 그러자 거란은 이걸 빌미 삼아서 송나라한테 왜 전연의 맹약을 깨려 하는 거냐고 꾸짖습니다. 거란이 먼저 군대를 깔고 압박했으면서 말이죠.

그래도 송나라 입장에서는 한창 서하와 싸우고 있는데 거란까지 쳐들어오면 큰일이겠죠. 그래서 거란한테 매년 보내는 세필에 은 10만 냥과 비단 10만 필을 더해서 보낼 테니 다시 예전의 관계로 돌아가자고 설득합니다. 거란은 이 제안을 냉큼 수용해서 매년 은 20만 냥과 비단 30만 필을 받기로 해요.

한편 서하도 전쟁이 길어지자 송나라 측에 강화를 시도합니다. 송나라는 서하가 신하의 예를 갖춘다면 매년 비단 10만 필과 차 3만 근을 주겠다고 제안해요. 그렇게 1044년, 송과 서하의 협상이 타결되면서 두 국가는 5년간의 전쟁을 종결짓습니다.

그런데 마침 그때 거란이 서하와 충돌하는 사건이 발생합니다. 송나라는 '옳다구나!' 하면서 둘 사이를 지켜보다가, 서하가 거란군을 상대로 승리했다는 소식이 들려오자 바로 서하에게 매년 보내는 물품을 비단 15만 3000필, 차 3만 근, 은 7만 2000냥으로 증액해주겠다고 약속해요.

이는 서하의 능력을 치켜세워 주면서 서하와 거란 사이의 충돌을 부추기려는 의도였는데요. 이후 서하와 거란은 지지부진하게 몇 년간 서로 승패를 주고받으며 전쟁을 이어갑니다. 그러다가 '이러다 둘 다 손해를 보고 송나라 배만 불려 주겠다'는 생각에 극적인 타협을 체결합니다.

시간이 흘러 거란에서는 황실 내부의 분란이 커졌습니다. 곳곳에서 소수민족의 반란이 일어나는 데다 자연재해까지 겹치는 바람에 쇠락의 길로 접어들었죠. 이때 만주 지역의 여진족에서는 여진 통일의 영웅 아골타가 등장합니다.

1115년 아골타는 마침내 금나라를 건국하는데요. 금나라는 송나라와 연합을 맺어 양쪽에서 거란을 쳐들어가서는 1125년, 마침내 거란을 멸망시킵니다. 그렇게 중국에까지 세력을 뻗치며 거대한 세력을 구축했던 최초의 정복왕조 거란, 요나라는 200여 년간의 기나긴 왕조를 끝으로 역사의 뒤안길로 사라지게 됩니다.

PART 3. 주요 사건 연표

※ 모든 날짜는 《고려사》, 《고려사절요》 기준이며 '음력'입니다.

1013년 5월	압록강 전투(1차 강동 6주 공방전)
1014년 10월	흥화진 전투(2차 강동 6주 공방전)
1014년 11월 1일	김훈과 최질의 난
1015년 1월	통주성 전투(3차 강동 6주 공방전)
1015년 3월	김훈과 최질의 난 진압
1015년 3월	용주성 전투(4차 강동 6주 공방전)
1015년 4월	현종의 거란 사신 억류
1015년 9월	통주성, 안북부 전투(5차 강동 6주 공방전)
1016년 1월 5일	곽주성 전투(6차 강동 6주 공방전)
1017년 8월	흥화진 전투(7차 강동 6주 공방전)
1018년 10월	강감찬 서북면행영도통사로 임명 (고려군 전쟁 준비 시작)
1018년 10월 27일	소배압 도통 임명(거란군 전쟁 준비 시작)
1018년 12월 10일	3차 고려거란전쟁, 흥화진 · 자주 · 마탄 전투
1019년 1월 3일	소배압 신은현 도착, 금교역 전투
1019년 1월	소배압 회군 시작
1019년 1월 23일	청천강 전투
1019년 2월 1일	귀주대첩
1019년 2월 6일	강감찬 개선

거란의 3차 침입로

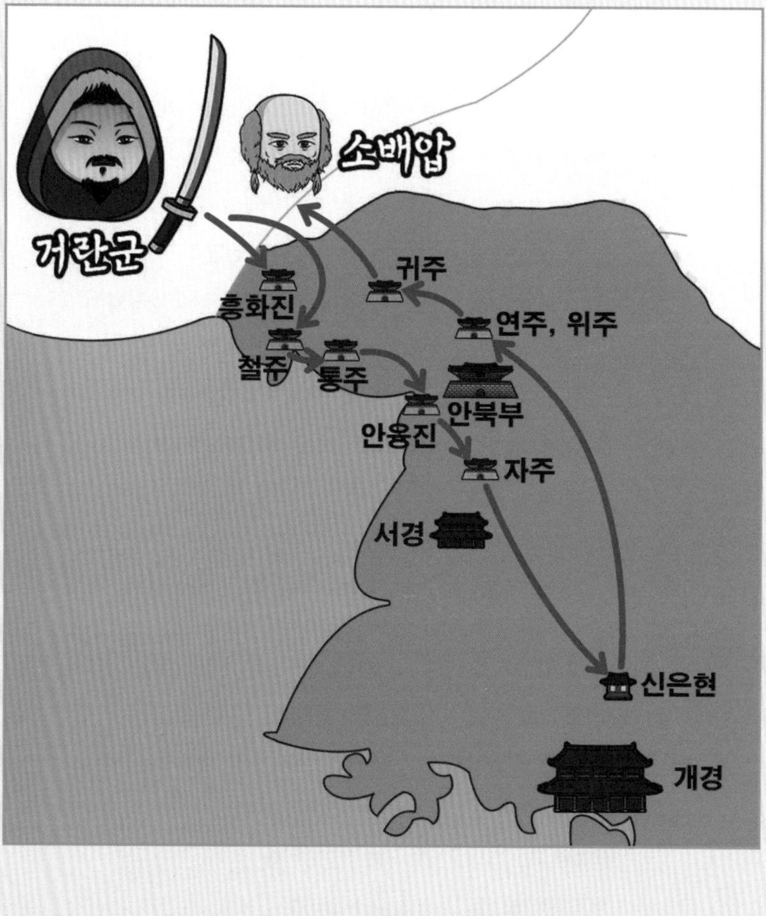

참고문헌

PART 1 • 1차 고려거란전쟁

1 《고려사절요》, 성종 12년 〉5월 〉서북계 여진이 거란이 침입할 것이라고 보고하다
《고려사절요》, 성종 12년 〉8월 〉여진이 거란군이 이르렀다고 재차 보고하다
2 《고려사절요》, 성종 12년 〉10월 〉거란이 침입하니 서희가 화평교섭을 하다

PART 2 • 2차 고려거란전쟁

1 《고려사절요》, 현종 1년 〉5월 〉함부로 여진인을 죽인 죄로 하공진과 유종을 유배 보내다
《고려사절요》, 성종 13년 〉미상 〉압강도구당을 설치하다
《고려사》, 선종 5년 〉9월 〉요에 사신을 보내 각장 설치 중단을 청하다
《요사》, 권15 본기15 성종 6 〉여진이 고려 정벌에 종군하겠다고 요청하다 (1010년 10월 1일)
2 《요사》, 권88 열전15 〉소적렬
3 《고려사절요》, 현종 1년 〉11월 〉거란의 임금이 친정을 통보하다
4 《고려사절요》, 현종 1년 〉11월 17일 〉최사위 등이 거란에 맞서 싸웠으나 거듭 패하다
5 《고려사절요》, 현종 1년 〉11월 〉거란이 흥화진을 포위하자 양규 등이 성을 굳게 지키다
《고려사절요》, 현종 1년 〉11월 〉거란이 거듭 항복을 명하였으나 고려가 따르지 않자 진군을 시작하다
6 《고려사절요》, 현종 1년 〉11월 〉최사위 등이 거란에 맞서 싸웠으나 거듭 패하다
7 《고려사절요》, 현종 원년 〉10월 1일 〉거란과의 전쟁에 대비해 군대의 인사를 단행하다

8 《고려사절요》, 현종 1년 〉 11월 24일 〉 강조가 방심하다가 거란군에게 대패하여 붙잡혔으나, 끝내 절의를 꺾지 않다

《고려사절요》, 현종 1년 〉 11월 미상 〉 거란이 거듭 항복을 권하였으나, 양규 등이 받아들이지 않고 성을 굳게 지키다

9 《고려사절요》, 현종 1년 〉 11월 미상 〉 거란이 거듭 항복을 권하였으나, 양규 등이 받아들이지 않고 성을 굳게 지키다

10 《고려사절요》, 현종 1년 〉 12월 6일 〉 거란군이 곽주를 점령하자 조성유와 박섬이 도망가다

11 《고려사절요》, 현종 1년 〉 12월 〉 화주에 주둔하던 지채문으로 하여금 서경을 구원하게 하다

12 《고려사절요》, 현종 1년 〉 12월 〉 거란군이 서경의 중흥사 탑을 불태우다

13 《고려사절요》, 현종 1년 〉 12월 〉 지채문이 거란에 항복하려던 노의 등을 죽이고 서경을 지키다가 달아나다

14 《고려사절요》, 현종 1년 〉 12월 〉 양규가 통주와 곽주를 수복하고, 거란은 서경 공략에 실패하다

15 《고려사절요》, 현종 원년 〉 12월 16일 〉 큰 유성이 떨어지다

16 《고려사절요》, 현종 1년 〉 12월 19일 〉 서경의 신사에서 돌풍이 일어나 거란군을 휩쓸다

17 《고려사절요》, 현종 1년 〉 12월 16일 〉 양규가 통주와 곽주를 수복하고, 거란은 서경 공략에 실패하다

18 《고려사절요》, 현종 1년 〉 12월 27일 〉 달아났던 지채문이 개경으로 돌아오다

19 《고려사절요》, 현종 1년 〉 12월 28일 〉 강감찬의 권유로 왕이 지채문의 호종을 받아 남쪽으로 파천하다

20 《고려사절요》, 현종 1년 〉 12월 29일 〉 창화현의 이속들이 왕의 일행을 해하려 하였으나, 지채문이 물리치다

21 《고려사절요》, 현종 1년 〉 12월 30일 〉 하공진을 거란 진영에 보내어 강화를 요청하다

22 《고려사절요》, 현종 2년 〉 1월 1일 〉 거란이 개경을 점령하다

23 《고려사절요》, 현종 2년 〉 1월 3일 〉 하공진, 고영기가 거란에 철군을 요청하러 갔다가 억류당하다

24 《고려사절요》, 현종 2년 〉 1월 1일 〉 거란이 개경을 점령하다

25 《고려사절요》, 현종 2년 〉 1월 3일 〉 하공진, 고영기가 거란에 철군을 요청하러 갔다가 억류당하다

26 《고려사절요》, 현종 2년 〉 1월 4일 〉 적도들과의 구별을 위해 호종하는 군사들의 관모에 표식을 달게 하다

27 《고려사절요》, 현종 2년 〉 1월 5일 〉 유종과 김응인이 왕을 속이고 달아났으나, 지채문은 성심껏 왕을 보필하다

28 《고려사절요》, 현종 2년 〉 1월 7일 〉 공주에서 김은부가 왕을 성심껏 모시다

29 《고려사절요》, 현종 2년 〉 1월 8일 〉 조용겸이 왕의 일행을 억류하려 하였으나, 지채문이 저지하다

30 《고려사절요》, 현종 2년 〉 1월 11일 〉 거란군이 철수하다

31 《고려사절요》, 현종 2년 〉 1월 13일 〉 왕이 나주에 도착하다

32 《고려사절요》, 현종 2년 〉 1월 16일 〉 송균언과 정열이 거란군의 철수를 아뢰는 서신을 가지고 오다

33 《고려사절요》, 현종 2년 〉 1월 17일 〉 김숙흥과 보량이 구주에서 거란군을 격파하다
《요사》, 권15 본기15 성종 6 〉 귀주에서 갑옷과 병장기를 잃고 회군하다 (1011년 1월 1일)

34 《고려사절요》, 현종 2년 〉 1월 18일 〉 양규가 무로대와 이수에서 거란군을 격파하고 양민 포로들을 되찾다

35 《고려사절요》, 현종 2년 〉 1월 22일 〉 양규가 여리참에서 거란군을 격파하고 양민 포로들을 되찾다

36 《고려사절요》, 현종 2년 〉 1월 28일 〉 양규와 김숙흥이 거란의 대군에 맞서 싸우다가 전사하다

37 《고려사절요》, 현종 2년 〉 1월 29일 〉 정성이 압록강에서 거란군을 격파하고 여러 성을 수복하다

38 《고려사절요》, 현종 2년 〉 1월 21일 〉 왕이 환도하여 복룡현에 머물다

39 《고려사절요》, 현종 2년 〉 1월 26일 〉 왕이 전주에 머물다

40 《고려사절요》, 현종 2년 〉 2월 3일 〉 왕이 공주에 머물면서 김은부의 장녀를 왕비로 들이다

41 《고려사절요》, 현종 2년 〉 2월 13일 〉 왕이 청주에 머물다

42 《고려사절요》, 현종 2년 〉 2월 16일 〉 왕이 청주를 출발하여 도성에 도착하다

43 《고려사절요》, 현종 2년 〉 12월 〉 하공진이 거란의 회유를 거부하며 절의를 지키다가 죽임을 당하다

44 《고려사절요》, 현종 2년 〉 2월 〉 양규와 김숙흥을 추증하다

《고려사절요》, 현종 2년 〉 4월 〉 양규의 처에게 곡식을 하사하고, 그 아들을 교서랑에 임명하다

45 《고려사절요》, 정종 6년 〉 7월 〉 양대춘을 안북대도호부사로 삼다

46 《고려사절요》, 현종 2년 〉 8월 〉 전사한 김숙흥의 모친에게 곡식을 하사하다

47 《고려사절요》, 현종 10년 〉 9월 〉 양규와 김숙흥에게 공신녹권을 하사하다

《고려사절요》, 현종 15년 〉 4월 〉 양규와 김숙흥에게 공신호를 하사하다

48 《고려사절요》, 정종 12년 〉 11월 〉 거란 침입 시 전공을 세우고 전사한 자들을 공신각에 그리다

49 《고려사절요》, 예종 4년 〉 2월 〉 양규의 후손에게 상을 내리다

50 《고려사절요》, 현종 2년 〉 2월 〉 왕을 성심으로 호종한 공로로 지채문에게 토지를 하사하다

51 《고려사절요》, 현종 17년 〉 4월 〉 지채문을 우복야로 삼다

52 《고려사절요》, 현종 2년 〉 7월 〉 전사한 승려 법언을 수좌로 추증하다

53 《고려사절요》, 현종 2년 〉 7월 〉 최사위와 장연우, 채충순을 관직에 임명하다

54 《고려사절요》, 현종 2년 〉 1월 〉 도망갔던 박섬이 거란군 퇴각 후 다시 돌아와 사재경에 임명되다

55 《고려사절요》, 현종 2년 〉 4월 〉 채온겸 등 전사자의 집에 쌀과 베를 내려주다

《고려사절요》, 현종 2년 〉 4월 〉 전사한 자들의 유해를 수습하고 제사를 지내주게 하다

《고려사절요》, 현종 2년 〉 8월 〉 불우한 백성들에게 음식과 물품을 하사하다

56 《고려사절요》, 현종 2년 〉 2월 〉 거란군에 항복한 유언경의 처자식을 유배 보내다

57 《고려사절요》, 현종 2년 〉 8월 〉 파천 중 동요를 일으킨 조용겸 등을 제명하여 유배 보내다

58 《고려사절요》, 현종 2년 〉 4월 〉 탁사정을 우간의대부로 삼다

59 《고려사절요》, 현종 2년 〉 8월 〉 강조의 당여인 탁사정 등을 유배 보내다

PART 3 • 3차 고려거란전쟁

1 《고려사절요》, 현종 2년 〉 1월 〉 중대성을 중추원으로 고치다

2 《고려사절요》, 현종 2년 〉 10월 〉 궁궐을 수리하다
《고려사절요》, 현종 5년 〉 1월 〉 궁궐 수리가 완료되다
3 《고려사절요》, 현종 1년 〉 윤2월 〉 성종 이래로 폐지되었던 연등회를 다시 거행하다
《고려사절요》, 현종 1년 〉 11월 〉 팔관회를 다시 설행하고, 왕이 거둥하여 연회를 관람하다
4 《고려사》, 선종 4년 〉 2월 〉 대장경의 완성을 경축하다
5 《고려사절요》, 광종 4년 〉 10월 〉 경주 황룡사 9층탑에 화재가 나다
《고려사절요》, 현종 3년 〉 5월 〉 경주의 조유궁을 헐어 황룡사 탑을 수리하다
《고려사절요》, 고종 25년 〉 윤4월 〉 몽고군이 동경에서 황룡사 탑을 불태우다
6 《고려사절요》, 현종 3년 〉 1월 〉 동경유수·절도사를 폐지하고 경주방어사·5도호·75도 안무사를 설치하다
《고려사절요》, 현종 9년 〉 2월 〉 안무사를 혁파하다
7 《고려사절요》, 현종 13년 〉 4월 〉 주현 장리의 칭호를 정비하다
《고려사절요》, 현종 10년 〉 2월 6일 〉 강감찬 등에게 연회를 베풀고 포상하다
8 《고려사절요》, 현종 9년 〉 9월 〉 삼위군, 응양군, 공신 자손 등의 무예를 시험하다
9 《고려사절요》, 현종 1년 〉 11월 24일〉 강조가 방심하다가 거란군에게 대패하여 붙잡혔으나, 끝내 절의를 꺾지 않다
10 《고려사절요》, 현종 1년 〉 11월 〉 거란이 거듭 항복을 권하였으나, 양규 등이 받아들이지 않고 성을 굳게 지키다
11 《고려사절요》, 현종 5년 〉 11월 1일 〉 김훈과 최질 등이 궁궐에 난입하여 장연우와 황보유의를 유배 보내다
12 《고려사절요》, 현종 5년 〉 11월 3일 〉 상참 이상의 무관은 문관을 겸하게 하고, 금오대와 도정서를 설치하다
13 《고려사절요》, 현종 6년 〉 3월 〉 연회를 틈타 김훈 등 무신 19인을 주살하다
《고려사절요》, 현종 7년 〉 2월 〉 연좌된 김훈의 가족들에 대한 처벌을 감경하다
14 《고려사절요》, 현종 20년 〉 8월 〉 개경에 나성을 쌓다
《고려사절요》, 현종 20년 〉 11월 〉 이가도에게 공신호와 왕씨 성을 하사하고, 장원을 지급하다
《고려사》, 권94 〉 열전 권제7 〉 제신(諸臣) 〉 왕가도

15《고려사절요》, 현종 2년 〉8월 〉송악성을 보수하다

《고려사절요》, 현종 2년 〉8월 〉서경에 황성을 쌓다

16《고려사절요》, 현종 2년 〉7월 〉최사위와 장연우, 채충순을 관직에 임명하다

《고려사절요》, 현종 2년 〉8월 〉최사위를 서경유수에 임명하다

《고려사》, 현종 2년 〉9월 〉최사위 등을 관직에 임명하다

17《고려사》, 현종 2년 〉5월 〉유방 등을 관직에 임명하다

《고려사절요》, 현종 2년 〉10월 〉유방을 참지정사 서경유수로 삼다

18《고려사절요》, 현종 2년 〉4월 〉왕첨을 거란에 보내어 철군에 대해 사례하다

19《고려사절요》, 현종 2년 〉8월 〉최원신을 거란에 보내다

《고려사절요》, 현종 2년 〉10월 〉동지절을 맞아 김승의를 거란에 보내다

《고려사절요》, 현종 2년 〉11월 〉김은부를 거란에 보내어 생신을 하례하다

《고려사절요》, 현종 3년 〉3월 〉김은부가 귀국 도중 거란에 붙잡혀가다

20《요사》, 권15 본기15 성종 6 〉왕순에게 친조하라고 하다 (1012년 4월 3일)

《고려사절요》, 현종 3년 〉4월 〉거란이 왕의 친조를 요구하다

21《요사》, 권15 본기15 성종 6 〉6주의 땅을 다시 취하라고 하다 (1012년 8월 24일)

《고려사절요》, 현종 3년 〉6월 〉왕이 친조하지 않으므로 거란 임금이 고려를 침공하겠다는 조서를 내리다

22《고려사절요》, 현종 3년 〉9월 〉문유령을 거란 내원성으로 보내다

《고려사절요》, 현종 3년 〉윤10월 〉장영과 유징필을 거란에 파견하다

《고려사절요》, 현종 3년 〉윤10월 〉김은부가 거란으로부터 돌아오다

《고려사절요》, 현종 3년 〉윤10월 〉거란에서 한빈을 보내다

《고려사절요》, 현종 3년 〉12월 〉거란에서 인진사가 오다

23《고려사절요》, 현종 4년 〉1월 〉장계를 거란에 파견하다

《고려사절요》, 현종 4년 〉2월 〉채충순을 거란에 파견하다

《고려사절요》, 현종 4년 〉3월 〉거란이 사신을 보내어 흥화성 등 6개 성을 요구하다

24《고려사절요》, 현종 4년 〉5월 〉거란이 연호를 바꾸다

《고려사절요》, 현종 4년 〉5월 〉여진이 거란군을 인도하여 국경을 침범하려 하자 김승위가 물리치다

25 《고려사절요》, 현종 4년 〉 6월 〉 김작빈을 거란에 보내 개원을 하례하다
26 《고려사절요》, 현종 4년 〉 7월 〉 거란이 다시 사신을 보내어 6개 성을 요구하다
27 《요사》, 권15 본기15 성종 6 〉 황제가 고려 사정을 아는 여진인에게 묻다 (1013년 10월 8일)
28 《요사》, 권15 본기15 성종 6 〉 야율자충을 고려에 보내어 6주를 취하게 하다 (1014년 2월 8일)
29 《요사》, 권15 본기15 성종 6 〉 고려를 토벌하도록 압록강에 부교를 만들고 성을 쌓으라고 하다 (1014년 6월 미상)
30 《고려사절요》, 현종 5년 〉 9월 〉 거란이 또다시 6개 성을 요구하다
31 《고려사절요》, 현종 5년 〉 10월 〉 거란이 흥화진을 침략하자 정신용과 주연이 맞서 싸우다
32 《고려사절요》, 현종 5년 〉 11월 〉 김훈과 최질 등이 궁궐에 난입하여 장연우와 황보유의를 유배 보내다
33 《고려사절요》, 현종 6년 〉 1월 〉 거란이 압록강에 성을 쌓자 공격하였으나 이기지 못하다
34 《고려사절요》, 현종 6년 〉 1월 〉 거란이 흥화진을 포위하고 통주를 침략하다
35 《고려사절요》, 현종 6년 〉 3월 〉 왕이 서경에 행차하다
《고려사절요》, 현종 6년 〉 3월 〉 연회를 틈타 김훈 등 무신 19인을 주살하다
36 《고려사절요》, 현종 6년 〉 3월 〉 거란이 용주를 침략하다
37 《고려사절요》, 현종 6년 〉 3월 〉 구두포에 침입한 여진을 격파하다
38 《고려사절요》, 현종 6년 〉 4월 〉 거란이 6개 성을 요구하며 보낸 야율행평을 억류하다
《고려사절요》, 현종 6년 〉 4월 〉 왕이 서경으로부터 돌아오다
39 《요사》, 권15 본기15 성종 6 〉 유성·야율세량·소굴렬에게 고려를 정벌하게 하다 (1015년 5월 2일)
40 《고려사절요》, 현종 6년 〉 9월 〉 거란이 이송무를 보내어 6개 성을 요구하다
《고려사절요》, 현종 6년 〉 9월 〉 거란이 통주를 공격하자 정신용 등이 맞서 싸우다 전사하다
《고려사절요》, 현종 6년 〉 9월 〉 거란이 영주성을 공격하다
《고려사절요》, 현종 6년 〉 미상 〉 거란이 선화진과 정원진을 점령하다
41 《고려사절요》, 현종 5년 〉 8월 〉 윤징고를 송에 보내어 다시 귀부할 뜻을 전하다

42《고려사절요》, 현종 6년 〉 미상 〉 곽원을 송에 보내어 거란의 침공을 알리다

《고려사절요》, 현종 7년 〉 1월 〉 곽원이 송의 협조를 얻지 못한 채 돌아오다

43《고려사절요》, 현종 7년 〉 1월 5일 〉 거란이 곽주를 침략하다

《요사》, 권15 본기15 성종 6 〉 야율세량과 소굴렬이 곽주에서 고려를 격파하다 (1016년 1월 5일)

44《고려사절요》, 현종 7년 〉 1월 9일 〉 거란에서 사신이 왔으나, 받아들이지 않다

45《고려사절요》, 현종 7년 〉 미상 〉 송의 연호를 다시 사용하다

46《고려사》, 권82 〉 지 권제36 〉 병2(兵二) 〉 성보 〉 의주에 652간 규모의 성을 쌓고 철주성은 789간 규모로 쌓다 (1016년 미상)

47《고려사절요》, 현종 8년 〉 7월 〉 송인 임인복 등이 토산물을 바치다

《고려사절요》, 현종 8년 〉 7월 〉 서눌을 송에 보내다

48《요사》, 권15 본기15 성종 6 〉 소외아에게 고려를 정벌하라고 하다 (1017년 2월 8일)

《요사》, 권15 본기15 성종 6 〉 소합탁과 왕계충, 소굴렬에게 고려를 정벌하게 하다 (1017년 5월 1일)

《요사》, 권15 본기15 성종 6 〉 소합탁 등이 흥화군을 공격하였으나 이기지 못하다 (1017년 9월 20일-요사는 날짜 오류가 많기 때문에 이 내용이 흥화진 전투를 표현한 것으로 추측됩니다.)

《고려사절요》, 현종 8년 〉 8월 〉 견일, 홍광, 고의가 흥화진에서 거란군에 승리를 거두다

49《고려사》, 권94 〉 열전 권제7 〉 제신(諸臣) 〉 강감찬 〉 강감찬이 과거에 장원급제하여 관직에 나아가다

《고려사절요》, 성종 2년 〉 12월 〉 진사를 선발함에 왕이 복시를 친히 행하다

50《고려사》, 현종 2년 〉 6월 〉 강감찬을 한림학사 승지로 임명하다

51《고려사》, 권94 〉 열전 권제7 〉 제신(諸臣) 〉 강감찬 〉 강감찬이 현종에게 사직단의 수리와 그 제사의례의 정비를 건의하다

52《고려사절요》, 현종 3년 〉 6월 〉 감찰어사 이인택을 면직시키다

53《고려사절요》, 현종 5년 〉 7월 〉 강감찬의 요청으로 사직단을 수리하고 의전을 논의하게 하다

《고려사》, 권94 〉 열전 권제7 〉 제신(諸臣) 〉 강감찬 〉 강감찬이 현종에게 사직단의 수리

와 그 제사의례의 정비를 건의하다
54 《고려사》, 권94 〉 열전 권제7 〉 제신(諸臣) 〉 강감찬 〉 강감찬이 현종에게 개령현의 토지 12결을 군호에게 지급하기를 건의하다
《고려사절요》, 현종 7년 〉 12월 〉 강감찬의 토지를 군호에게 지급하다
55 《고려사절요》, 현종 9년 〉 5월 〉 강감찬을 서경유수 내사시랑평장사로 삼다
56 《고려사절요》, 목종 8년 〉 1월 〉 동여진이 등주에 침범하다
57 《고려사절요》, 목종 12년 〉 3월 〉 과선을 만들어 동북쪽 해적을 방어하게 하다
58 《고려사절요》, 현종 2년 〉 8월 〉 동여진이 경주를 침략하다
59 《고려사절요》, 현종 2년 〉 8월 〉 청하, 홍해 등 5개 지역에 성을 쌓다
60 《고려사절요》, 현종 3년 〉 5월 〉 동여진이 청하현 일대를 침략하자 문연 등으로 하여금 격퇴하게 하다
61 《고려사절요》, 현종 3년 〉 8월 〉 경주에 성을 쌓다
62 《고려사절요》, 현종 3년 〉 윤10월 〉 여진인들이 화맹을 요청하니 승인하다
63 《고려사》, 권4 〉 세가 권제4 〉 현종 7년 〉 1월 〉 강민첨을 내사사인으로 삼다
64 《고려사절요》, 현종 9년 〉 12월 〉 강감찬 등이 거란의 소손녕에게 맞서 대승을 거두다
65 《고려사절요》, 현종 2년 〉 4월 〉 황보유의 등을 관직에 임명하다
66 《고려사절요》, 현종 1년 〉 12월 〉 지채문이 거란에 항복하려던 노의 등을 죽이고 서경을 지키다가 달아나다
67 《고려사절요》, 현종 2년 〉 4월 〉 황보유의 등을 관직에 임명하다
68 《고려사》, 현종 9년 〉 10월 〉 송 연호를 사용하다
69 《고려사절요》, 현종 9년 〉 10월 〉 강감찬을 서북면행영도통사로 삼다
70 《요사》, 성종 7 〉 소배압 등에게 고려를 정벌하게 하다 (1018년 10월 27일)
71 《고려사절요》, 현종 9년 〉 10월 〉 강감찬을 서북면행영도통사로 삼다
72 《고려사》, 현종 9년 〉 12월 10일 〉 강감찬 등이 거란 소손녕의 군대를 크게 이기다
《요사》, 권15 본기15 성종 6 〉 황제가 고려 사정을 아는 여진인에게 묻다 (1013년 10월 8일)
73 《고려사》, 현종 9년 〉 12월 10일 〉 강감찬 등이 거란 소손녕의 군대를 크게 이기다
《고려사절요》, 현종 9년 〉 12월 10일 〉 강감찬 등이 거란의 소손녕에게 맞서 대승을 거두다

《고려사》, 열전〉강감찬 〉강감찬이 구주 등지에서 거란 침략군을 격퇴하고 개선하다
74 《고려사》, 현종 9년 〉12월 〉개경에 삼엄한 경계를 펴다
《고려사》, 현종 9년 〉12월 〉사면령을 내리다
《고려사절요》, 현종 9년 〉12월 〉경성의 경계를 강화하다
《고려사절요》, 현종 9년 〉12월 〉사면령을 내리고 미납된 조세를 감면하다
75 《고려사절요》, 현종 10년 〉1월 2일 〉거란군이 도성에 접근하자 강감찬이 경계를 강화하다
76 《고려사》, 현종 10년 〉1월 3일 〉소손녕이 개경 가까이 진군해오다
《고려사절요》, 현종 10년 〉1월 〉경성 근처에서 소손녕의 척후병을 격파하다
77 《고려사절요》, 현종 10년 〉1월 23일 〉연주, 위주에서 강감찬이 거란군을 격파하다
78 《요사》, 권80
79 《고려사》, 열전〉강감찬 〉강감찬이 구주 등지에서 거란 침략군을 격퇴하고 개선하다
《고려사》, 현종 10년 〉2월 1일 〉강감찬이 거란군을 대파하다
《고려사절요》, 현종 10년 〉2월 1일 〉강감찬, 김종현 등이 귀주에서 거란군에 대승을 거두다
《요사》, 성종 7 〉소배압 등이 고려와 싸우다가 패전하다
80 《고려사절요》, 현종 10년 〉2월 1일 〉강감찬, 김종현 등이 귀주에서 거란군에 대승을 거두다
《고려사》, 열전〉강감찬 〉강감찬이 구주 등지에서 거란 침략군을 격퇴하고 개선하다
《요사》, 성종 7 〉소한녕 등 고려 정벌군이 귀환하다 (1019년 3월 18일)
81 《고려사절요》, 현종 10년 〉2월 6일 〉강감찬 등에게 연회를 베풀고 포상하다
《고려사절요》, 현종 10년 〉4월 〉강감찬이 차사를 청하였으나, 허락하지 않다
《고려사절요》, 현종 10년 〉11월 〉강감찬에게 관직과 봉작을 하사하다
《고려사절요》, 현종 10년 〉12월 〉최사위, 강감찬, 유방, 채충순에게 공신호를 하사하다
《고려사절요》, 현종 21년 〉5월 〉강감찬에게 문하시중을 더하여 주다
《고려사절요》, 현종 22년 〉8월 〉강감찬이 사망하다
82 《고려사절요》, 현종 22년 〉5월 〉왕이 훙서하다
83 《요사》, 권16 본기16 성종 7 〉낭군에게 대군과 함께 고려를 토벌하게 하다
《요사》, 권16 본기16 성종 7 〉고려 왕의 토산물 조공을 받아들이다

《요사》, 권16 본기16 성종 7 〉 야율자충이 돌아오고 고려가 번국이 되겠다고 하다
《요사》, 권16 본기16 성종 7 〉 왕순의 죄를 용서하다
《요사》, 권16 본기16 성종 7 〉 왕순이 죽자 왕흠을 고려 국왕으로 책봉하다

- 《고려거란전쟁》, 길승수, 들녘출판사, 2023
- 《고려거란전쟁》, 안주섭, 경인문화사, 2003
- 《움직이는 국가, 거란》, 김인희 편, 동북아역사재단, 2020

역주행 고려사
고려거란전쟁 편

초판 1쇄 2024년 3월 15일

지은이 박종민

발행인 박장희
대표이사 · 제작총괄 정철근
본부장 이정아
편집장 조한별
책임편집 장여진

기획위원 박정호

마케팅 김주희 박화인 한륜아 이현지

표지 디자인 부가트 디자인
본문 디자인 김미령

발행처 중앙일보에스(주)
주소 (03909) 서울시 마포구 상암산로 48-6
등록 2008년 1월 25일 제2014-000178호
문의 jbooks@joongang.co.kr
홈페이지 jbooks.joins.com
네이버 포스트 post.naver.com/joongangbooks
인스타그램 @j_books

ISBN 978-89-278-8030-1 (03900)